U0917204

中国非洲研究院文库·学术译丛

非洲经济发展

证据、理论、政策

African Economic Development

Evidence, Theory, Policy

[英] 克里斯托弗·克雷默
(Christopher Cramer)
[英] 约翰·森德
(John Sender)
[埃塞] 阿可比·奥克贝
(Arkebe Oqubay)
/著

党军 马娟 /译

中国社会科学出版社

图字：01－2021－0063 号

图书在版编目（CIP）数据

非洲经济发展：证据、理论、政策／（英）克里斯托弗·克雷默，（英）约翰·森德，（埃塞）阿可比·奥克贝著；党军，马娟译．—北京：中国社会科学出版社，2023.5

（中国非洲研究院文库．学术译丛）

书名原文：African Economic Development：Evidence，Theory，Policy

ISBN 978－7－5203－9269－3

Ⅰ.①非… Ⅱ.①克…②约…③阿…④党…⑤马… Ⅲ.①经济发展—研究—非洲 Ⅳ.①F14

中国版本图书馆 CIP 数据核字（2021）第 213755 号

出 版 人　赵剑英
责任编辑　陈雅慧
责任校对　王　斐
责任印制　戴　宽

出　　版　中国社会科学出版社
社　　址　北京鼓楼西大街甲 158 号
邮　　编　100720
网　　址　http://www.csspw.cn
发 行 部　010－84083685
门 市 部　010－84029450
经　　销　新华书店及其他书店

印　　刷　北京君升印刷有限公司
装　　订　廊坊市广阳区广增装订厂
版　　次　2023 年 5 月第 1 版
印　　次　2023 年 5 月第 1 次印刷

开　　本　710×1000　1/16
印　　张　17
插　　页　2
字　　数　288 千字
定　　价　96.00 元

《中国非洲研究院文库》编委会名单

充分发挥智库作用　助力中非友好合作

——“中国非洲研究院文库”总序言

当今世界正面临百年未有之大变局。世界多极化、经济全球化、社会信息化、文化多样化深入发展，和平、发展、合作、共赢成为人类社会共同的诉求，构建人类命运共同体成为各国人民的共同愿望。与此同时，大国博弈加剧，地区冲突不断，恐怖主义难除，发展失衡严重，气候变化问题凸显，单边主义和贸易保护主义抬头，人类面临诸多共同挑战。中国是世界上最大的发展中国家，是人类和平与发展事业的建设者、贡献者和维护者。2017 年 10 月中国共产党第十九次全国代表大会胜利召开，引领中国发展踏上新的伟大征程。在习近平新时代中国特色社会主义思想指引下，中国人民已经实现了第一个百年奋斗目标，正在意气风发地向着全面建成社会主义现代化强国的第二个百年奋斗目标迈进，同时继续努力为人类作出新的更大贡献。

非洲是发展中国家最集中的大陆，是维护世界和平、促进全球发展的重要力量之一。近年来，非洲在自主可持续发展、联合自强道路上取得了可喜进展，从西方眼中“没有希望的大陆”变成了“充满希望的大陆”，成为“奔跑的雄狮”。非洲各国正在积极探索适合自身国情的发展道路，非洲人民正在为实现《2063 年议程》与和平繁荣的“非洲梦”而努力奋斗。

中国与非洲传统友谊源远流长，中非历来是命运共同体。中国高度重视发展中非关系，2013 年 3 月习近平担任国家主席后首次出访就选择了非洲；2018 年 7 月习近平连任国家主席后首次出访仍然选择了非洲；6 年间，习近平主席先后 4 次踏上非洲大陆，访问坦桑尼亚、南非、塞内加尔等 8 国，向世界表明中国对中非传统友谊倍加珍惜，对非洲和中非关系高度重视。在 2018 年中非合作论坛北京峰会上，习近平主席指出："中非早已结成休戚与共的命运共同体。我们愿同非洲人民心往一处想、劲往一处使，共筑更加紧密的中非命运共同体，为推动构建人类命运共同体树立典范。"在 2021 年中非合作论坛第八届部长级会议上，习近平主席首次提出了"中非友好合作精神"，即"真诚友好、平等相待，互利共赢、共同发展，主持公道、捍卫正义，顺应时势、开放包容"。这是对中非友好合作丰富内涵的高度概括，是中非双方在争取民族独立和国家解放的历史进程中积累的宝贵财富，是中非双方在发展振兴和团结协作的伟大征程上形成的重要风范，体现了友好、平等、共赢、正义的鲜明特征，是新型国际关系的时代标杆。

随着中非合作蓬勃发展，国际社会对中非关系的关注度不断提高，出于对中国在非洲影响力不断上升的担忧，西方国家不时泛起一些肆意抹黑、诋毁中非关系的奇谈怪论，诸如"新殖民主义论""资源争夺论""中国债务陷阱论"等，给中非关系发展带来一定程度的干扰。在此背景下，学术界加强对非洲和中非关系的研究，及时推出相关研究成果，提升中非国际话语权，展示中非务实合作的丰硕成果，客观积极地反映中非关系良好发展的局面，向世界发出中国声音，显得日益紧迫和重要。

以习近平新时代中国特色社会主义思想为指导，中国社会科学院努力建设马克思主义理论阵地，发挥为党和国家决策服务的思想库作用，努力为构建中国特色哲学社会科学学科体系、学术体系、话语体系作出新的更大贡献，不断增强我国哲学社会科学的国际影响力。中国社会科学院西亚非洲研究所是遵照毛泽东主席指示成立的区域性研究机构，长期致力于非洲问题和中非关系研究，基础研究和应用研究并重。

以西亚非洲研究所为主体于 2019 年 4 月成立的中国非洲研究院，是习近平主席在中非合作论坛北京峰会上宣布的加强中非人文交流行动的重要举措。自西亚非洲研究所及至中国非洲研究院成立以来，出版和发表了大量论文、专著和研究报告，为国家决策部门提供了大量咨询报告，在国内外的影响力不断扩大。按照习近平主席致中国非洲研究院成立贺信精神，中国非洲研究院的宗旨是：汇聚中非学术智库资源，深化中非文明互鉴，加强治国理政和发展经验交流，为中非和中非同其他各方的合作集思广益、建言献策，为中非携手推进“一带一路”合作、共同建设面向未来的中非全面战略合作伙伴关系、构筑更加紧密的中非命运共同体提供智力支持和人才支撑。中国非洲研究院有四大功能：一是发挥交流平台作用，密切中非学术交往。办好“非洲讲坛”“中国讲坛”“大使讲坛”，创办“中非文明对话大会”“非洲留学生论坛”“中国非洲研究年会”，运行好“中非治国理政交流机制”“中非可持续发展交流机制”“中非共建‘一带一路’交流机制”。二是发挥研究基地作用，聚焦共建“一带一路”。开展中非合作研究，对中非共同关注的重大问题和热点问题进行跟踪研究，定期发布研究课题及其成果。三是发挥人才高地作用，培养高端专业人才。开展学历学位教育，实施中非学者互访项目，扶持青年学者和培养高端专业人才。四是发挥传播窗口作用，讲好中非友好故事。办好中国非洲研究院微信公众号，办好中英文中国非洲研究院网站，创办多语种《中国非洲学刊》。

为贯彻落实习近平主席的贺信精神，更好汇聚中非学术智库资源，团结非洲学者，引领中国非洲研究队伍提高学术水平和创新能力，推动相关非洲学科融合发展，推出精品力作，同时重视加强学术道德建设，中国非洲研究院面向全国非洲研究学界，坚持立足中国，放眼世界，特设“中国非洲研究院文库”。“中国非洲研究院文库”坚持精品导向，由相关部门领导与专家学者组成的编辑委员会遴选非洲研究及中非关系研究的相关成果，并统一组织出版。文库下设五大系列丛书：“学术著作”系列重在推动学科建设和学科发展，反映非洲发展问题、发展道路及中非合作等某一学科领域的系统性专题研究或国别研究成果；“学术译丛”系列主要把非洲学者以及其他方学者有关非洲问题研究的学术著作翻译成中文出版，特别注重全面反映非洲本土学者的学术水平、学术观点和对自身发展问题的见识；“智库报告”系列以中非关系为研究主线，中非各领域合作、国别双边关系及中国与其他国际角色在非洲的互动关系为支撑，客观、准确、翔实地反映中非合作的现状，为新时代中非关系顺利发展提供对策建议；“研究论丛”系列基于国际格局新变化、中国特色社会主义进入新时代，集结中国专家学者研究非洲政治、经济、安全、社会发展等方面的重大问题和非洲国际关系的创新性学术论文，具有基础性、系统性和标志性研究成果的特点；“年鉴”系列是连续出版的资料性文献，分中英文两种版本，设有“重要文献”“热点聚焦”“专题特稿”“研究综述”“新书选介”“学刊简介”“学术机构”“学术动态”“数据统计”“年度大事”等栏目，系统汇集每年度非洲研究的新观点、新动态、新成果。

期待中国的非洲研究和非洲的中国研究在中国非洲研究院成立新的历史起点上，凝聚国内研究力量，联合非洲各国专家学者，开拓进取，勇于创新，不断推进我国的非洲研究和非洲的中国研究以及中非关系研究，从而更好地服务于中非共建“一带一路”，助力新时代中非友好合作全面深入发展，推动构建更加紧密的中非命运共同体。

中国非洲研究院

致　谢

在撰写本书的过程中，我们得到了来自各行各业的人和组织的帮助。所有人的帮助我们都铭记于心，尽管无法一一表达谢意。比如，所有选修我们政治经济学和非洲经济课程的学生都让我们深受鼓舞，并坚持思考。我们获得了伦敦大学、剑桥大学亚非学院（SOAS）、南非威特斯特兰德大学非洲经济发展再思考（APORDE）项目课程的历届学生的帮助。其他支持我们的还有 DTI 和 IDC 支助的南非寄宿学校决策者产业政策课程（IP-PM）和其他先修课程的学员，剑桥大学经济发展再思考项目（CAPORDE）的学生；莫·易卜拉欣基金会和亚非学院非洲研究中心资助的非洲寄宿制学校发展管理项目的的学生；以及亚非学院国际交流委员会举办的莫桑比克、南非和纳米比亚公共管理官员硕士班的同学们；还有，马普托爱德华多·孟德兰大学（莫桑比克）战时学习班的学员和 1994 年后几年的南非民主（运动中）的开普敦的国会议员；和其他短期班和项目学员。这些包括本科生、硕士生、博士生、工会活动家、非政府组织成员、公务员、高级决策者以及一些国家的政治家。

本书成书历经多年与同事的讨论和数易其稿，包括亚非学院同事，我们深表感激，尤其是黛博拉·嘉斯顿（Deborah Johnston）和卡洛斯·欧娅（Carlos Oya）。

本书涉及的许多问题都是经三位作者共同提出并与埃塞尔比亚前首相海尔马里亚姆·德萨莱尼讨论而得出。在这一系列精心设计的经济政策主题中，我们涵盖了一系列的话题如宏观经济政策、贸易与汇率政策、税收和财政政策、劳动力市场、产业政策、性别、艾尔伯特·赫希曼经济学、贫困、农业，以及现代中国经济发展的历史背景和政策经验。参与这些主题的嘉宾有肯·库茨（Ken Coutts）、乔纳森·迪约翰（Jonathan Di John）、迈克尔·库钦斯基（Michael Kuczynski）、彼得·诺兰（Peter Nolan）、乔纳森·平克斯（Jonathan Pincus），以及斯蒂芬妮·塞吉诺（Stephanie Seguino），对他们的贡献我们深表感激。他们无偿给予了大量时间和努力支持我们的研究。每届会议都在亚的斯亚贝巴进行为期三天的研讨，持续集中讨论成稿材料的直接政策意义。另外，我们还要感谢德萨莱尼为我们提供的机会和激烈的经济政策讨论。这些帮助我们完善了本书的观点。

2017 年 6 月，我们也为埃塞俄比亚高级官员在伦敦大学亚非学院举办了高级政策研讨班。此次研讨，我们受益匪浅。他们要求与经济学家会面，并从中受益，这些经济学家可以提供不同的观点，以填补我们自身知识体系的一些空白。这些经济学家不仅对研讨会做出了重大贡献，而且也帮助我们形成了本书中的观点。为此我们要感谢凯特·贝利斯（Kate Bayliss）、肯·库茨（Ken Coutts）、乔纳森·迪约翰（Jonathan Di John）、迈克尔·库钦斯基（Michael Kuczynski）、彼得·诺兰（Peter Nolan）、乔纳森·平克斯（Jonathan Pincus），以及伊丽莎·范·韦根伯格（Elisa van Waeyenberge）。

我们衷心感谢华盛顿新风投基金会对此次高级政策研讨班的资助。该基金会也一直慷慨地用其他方式资助本书的写作。这些资助方式包括支持我们两位作者致力于本书的写作，还资助了我们研究助理卡米拉·贝尔通辛（Camilla Bertoncin）的无价的工作。如果没有卡米拉为我们提供数据技术支撑，以及她对本书的热情，那么本书最终呈现出来的就不会像现在这样这么具有视觉冲击力。比尔和梅琳达基金会的哈迪斯·塔德斯（Haddis Tadesse）和菲利普·克劳斯（Philip Krause）在很早的时候就对本书表现出了浓厚的兴趣，他们介绍我们认识新风投基金会，我们为此也非常感激。我们也要特别感谢黛博拉·麦肯嫩（Deborah Mekonnen）、齐森·基夫（Tsion Kifle）以及海伦娜（Helena Alemu）（还有其他人），感谢他们在本项目中的极其能干的行政支持。

乔纳森·迪约翰（Jonathan Di John）经常让我们想起多产作家和诗人罗伯特·格雷夫斯（Robert Graves），他说过，从没有所谓好的作品，只有好的改编。很多人都帮助我们改进我们的观点和作品，为此我们很感激。亚当·斯沃洛（Adam Swallow）是我们在牛津大学出版社的委托编辑，他在专业性、清晰性和冷静的支持方面堪称完美。从本书的第一个正式提案开始到最后的写作阶段，他在每个步骤上都给出了极好的建议。肯·巴洛（Ken Barlow）帮我们删减了那些冗余的文字，使本书的内容更加清晰。杰西卡·米特福德（Jessica Mitford）建议我们要写好就得“忍痛割爱”：我们很高兴让肯·巴洛作为雇佣的“杀手”，他帮助我们大量删除我们作家的“心头肉”。还有其他给予我们巨大帮助的人，亚当·阿布贝克（Adam Aboobaker）、范图·切鲁（Fantu Cheru）、理查德·道顿（Richard Dowden）、本·芬恩（Ben Fine）、埃内斯托·拉奇穆尔（Ernesto Latchmoor）、马修·肯特里奇（Hein Marais）、海因·马莱（Hein Marais）、尼古拉斯·梅瑟（Nicolas Meisel）、海伦娜·佩雷斯·尼尼奥（Helena Perez-Niño）、乔纳森·平库斯（Jonathan Pincus）、尼古拉斯·庞斯·维尼翁（Nicolas Pons-Vignon）、卡洛斯·欧娅（Carlos Oya）、西蒙·罗伯茨（Simon Roberts）和米歇拉·怀恩（Michela Wrong）读了各章节的草稿，并给予了宝贵建议。还要感谢格斯·凯西·海福德（Gus Casely-Hayford）在提供图片方面的慷慨帮助，帮助我们利用贝宁青铜公鸡图片，以及凯特·芬（Kate Fountain）帮助我们搜集和编辑图片。

我们也极为感激威廉·肯特里奇（William Kentridge）慷慨地允许我们利用他的形象作为本书英文版的封面。本书支持那些在充满思想的氛围中呼吸的非洲决策者们。在使用肯特里奇（Kentridge）形象作为封面方面，他们冒着被多方面放大的政策指令的刺耳的声音攻击的危险。用我们（在讲座和餐桌）的缺席与痴迷，我们已经滥用了我们最亲近朋友的耐心。我们很庆幸尼吉斯蒂（Nigisty）、凯特（Kate）和苏西（Suzie）以及我们其他的孩子容忍了我们写作的漫长过程，甚至看起来对书中的一些观点也有兴趣。

目 录

第一部分 背景

第二部分 非洲经济发展战略

第三部分 劳动力、贫困和农业生产力

第四部分 走向可能主义的决策

第一部分

背　景

第一章

引言：关于非洲经济发展的证据、分析与政策的一个全新的展望

第一节　政策官员呼吸的空气

政策官员每天的任务就是想出解决复杂难题的办法。他们必须（往往）在人手不足和数据不可靠的情况下解决问题，对可支配的资源提出多项要求，并且在设法解决短期问题的巨大压力下进行战略思考。与此同时，他们必须引起一系列国内政治力量和国际机构［国际金融组织、双边伙伴、国际非政府组织（NGOs）和华盛顿咨询顾问］的注意。

他们一直在充满思想的氛围中自由呼吸。有些是他们在研读标准经济学教科书时吸收的；其中一些是非洲民族主义流行话语的一部分；还有一些被认为是有关全球政治经济的“普遍真理”。通常，这些想法是相互矛盾的。简言之，在非洲或任何国家担任政策官员都很困难。

在这本书中，我们将尝试介绍一些思考许多非洲国家所面临的复杂经济政策问题的新方法。然而，这并不意味着我们宣称知道政策的答案。必须以详细的方式设计政策，处理个别国家（和部分国家）在特定时期的具体需要。此外，正如我们在这本书中所说，最有趣的政策设计问题常常出现在政策执行的期间，它们要么失败，要么至少没有达到预期的效果，然后，可以针对这些不可预测的问题调整、即兴制定和改进政策。

政策是在全球和结构性背景下制定的。换句话说，各国受到其历史发展的影响，他们目前的选择可能会受到充满敌意的国际环境特点的制约。尽管如此，我们坚定地认为，实现持续经济增长和发展的关键，以政策和投资战略决策的形式，存在于非洲国家***内部***。在这个意义上，继

经济学家阿尔伯特·赫希曼之后，我们认为，政策官员可以通过拓宽视野和采取“可能性主义”的态度来取得更好结果（见第五章）。

怀疑论者也许会承认本书所提出的论点和证据是有充分根据的，但无疑会断言，由此产生的任何政策在非洲能够或将要实施的可能性微乎其微。有人可能会说，有太多的“失败国家”，太多的经济体被寻租、世袭主义和“肚皮政治”所支配。其他人可能会说，这块大陆过去的殖民历史负担太重；全球经济治理规则的套索太紧。与此相反，我们认为，虽然政策制定过程复杂，其轨迹不确定，但是往往存在灵活的政策推理空间。政策的制定和实施是通过政治领导人和政策官员之间变换的联盟来实现的，这种联盟往往融合了相互冲突的利益和逻辑。我们与非洲各国政府长期合作的经验和从其他国家政府的工作中收集到的证据表明，实际上存在着有思想、有公德心的政策官员甚至政治家；此外，工薪阶层和知识界对产业政策的需求很大，这些政策的根源是证据，而不是深奥的经济理论。这种积极的评价经过与成千上万名反思发展经济学并在寄宿学校学习了十多年的政策官员的讨论得到证实。还有那些剑桥大学和莫·易卜拉欣基金会/ 英国伦敦大学亚非学院非洲治理促进发展项目资助的，在非洲国家寄宿学校参加“反思发展经济学”非洲项目的人也证实了这一积极评价，更不用说被我们在决策方面更为直接经验的证实了。

第二节　这本书与其他关于非洲经济的书不同之处

可能性主义的精神是本书与其他有关非洲的经济学著作的不同之处之一。许多人要么是极度悲观［这是由于非洲大陆殖民历史留下的遗产，以及目前世界贸易组织（WTO）和布雷顿森林机构对全球经济治理施加的限制，我们几乎无能为力］，要么是过于乐观地认为，只要扫除这个或那个障碍，一条平坦、持续、包容的经济发展之路就会自然展开。相比之下，可能性主义是一种现实主义：它反映了一种“对希望的偏见”，但它植根于对非洲和全球残酷历史记录务实、往往有点令人沮丧的认识。这实际上是资本主义发展史的记录。

需要重点指出的是，本书不是一本仅仅局限于狭隘的经济学理论或研究的“经济学”教科书。相反，为了更好地阐释本书的观点，本书借鉴了历史学家、人类学家和政治学家的研究成果，还有农学家、土壤科学家和工程师的实践成果，以及一些艺术和文学作品。经济和经济政策并非存在于与社会关系、历史行为模式、权力关系以及它们所处的自然环境相隔绝的真空之中。例如，不能简单地从劳动力供求的抽象模型或家庭谈判的博弈论模型来“解读”女性在工资劳动力市场中的参与情况。相反，这往往是家庭和更广泛的社会机构内部扭曲的权力关系和暴力胁迫的产物。在整本书中，我们讨论性别关系的方法是对大多数非洲妇女为生存而挣扎的方式提供更详尽的描述。

认真对待“跨学科”会产生两种结果。首先，这本书中引用的内容极其广泛。尽管引用了一系列的经验和观点，我们还是不可避免地未能做到全面。还留下了许多空白，我们具体选择的理由将在第一章第三节中作进一步讨论。我们不指望大多数读者会关注每一条线索和学术参考文献，但我们至少希望这些参考文献能激起一些人的好奇心，让他们进一步钻研自己感兴趣的领域，发现经济学家经常忽略的各种出版物。未发表的博士论文（可以在网上找到）也很少在教科书中引用，但可以是一个重要的资源，在本书中我们就引用了一篇。

需要广泛引用的其他原因还有很多。其中最重要的是引用与本书不同的观点。通常情况下，经济学出版物很少引用数据，即使引用了一些数据，这些数据通常来自作者所熟悉的数据处理团队。这使读者不能够看到相反观点的来源，有时，还会认为相反的观点根本就不存在。我们乐于引用世界银行和国际发展部（DfID）经济学家的观点；以及国际货币基金组织（IMF）、联合国贸易和发展会议（UNCTAD）、国际粮食政策研究所（IFPRI）、国际劳工组织（ILO）等组织提出的正式报告。许多非洲知识分子尤其不信任华盛顿的机构，在这本书中，我们提出了许多理由，对世界银行和国际货币基金组织倡导的许多经济分析提出质疑。与此同时，我们认识到这些机构并非一成不变，随着时间的推移，它们受到内部冲突和意识形态转变的影响，它们能够调动无与伦比的资源在非洲进行经济研究。然而，我们也引用了许多其他的经济学家，从亚当·斯密（Adam Smith）到卡尔·马克思（Karl Marx），从琼·罗宾逊（JoAn Robinson）到爱丽丝·安斯登（Alice Amsden）和普拉巴特·帕特奈克（Prabhat Patnaik）。这样做是不“炫耀”，而是让读者接触到一系列不同的论点，支撑书中给出的解释，并鼓励政策制定者、学生和学者们更加谨慎地对主流经济学家的言论做出自己微妙的回应。

严肃对待“跨学科”的第二个结果就是，本书对经济学和其他“学科”之间关系的理解与大多数主流经济学学者的理解有所不同。在新古典主义经济学中涌动着一股强大的思潮，他们声称他们的思想不仅能够解释市场交易，而且几乎可以解释所有的非经济学社会现象，而这无疑是一种“经济学帝国主义”趋势。例如，一些经济学家相信，通过应用新古典经济学理论，他们可以“解释”非洲内战（和其他战争）的发生和起因。相比之下，本书采用的方法更接近于阿尔伯特·赫希曼（Albert Hirschman）倡导的“侵入”思想（请参阅第六章）。我们愿意向非经济学家学习，并提倡对经济学家所用方法的相对优势（和许多弱点）保持谦逊。

在本书中，我们还借鉴了资本主义发展的历史经验。我们强调，这并不是因为某种观念，即一切最终都会以与英国或韩国相同的方式运作；或非洲经济的发展道路是由殖民主义或其遗产决定的。资本主义扩张的结果和轨迹千差万别，并通过冲突和偶然性展现出来。这意味着不应该依赖过去的“教训”，发展轨迹不太可能重复过去的经验。埃塞俄比亚不会走中国台湾的发展道路，加纳也不像马来西亚那样。尽管如此，我们仍然相信，仔细研究工业化和技术不平衡变化的历史记录是重要的。原因之一是，它至少提供了一些关于经济变化如何发生的复杂性的证据，以及这种变化对就业和福利的可能影响。然而，历史证据不应该被轻易用来强调失败——例如，非洲所谓的绿色革命“失败”——或者作为当代经济中适当政策的铁定指南。然而，存在一种合理性的层次结构，来自许多国家的证据压倒了主要基于意识形态假设的过时主张。

第三节 本书中的证据类型

在整本书中，我们利用了经济学家常用的各种统计证据，既用于单个国家，也用于跨国比较。在此过程中，我们提供了一些国家和国际统计机构绘制的图表来说明各种变量的趋势。综上所述，我们比大多数经济学教科书更严肃地对待此类统计证据多数不可靠的指控。

大量的学术论文和许多著名的经济学书籍出版时，并未过多考虑基础数据是否精确，是否具有长期或者在国家之间（甚至是国家的一部分）的可比性。这并不是吹毛求疵。我们反复地指出，如果不严肃对待证据的质量，政策官员就不可能设计、实施、监督和完善有效的政策。这适用于所有事情：我们真的知道埃塞俄比亚生产了多少咖啡，或者马拉维生产了多少玉米吗？在一个特定的经济体中，我们对食品供应增长的水平和速度有多大的把握？目前对一个国家总人口或城市化水平和速度的估计有多准确？有许多技术先进的计量经济学模型声称能够解释非洲各经济体的增长模式，但其中大多数模型对纳入其方程的证据几乎只字未提。即使潜在的理论、概念和模型看起来很复杂，但由于缺乏对证据质量的关注，这些做法也不能从表面上理解——实际上，它是“输入垃圾，输出垃圾”。有时，这种情况甚至比错误地相信这种计量经济学模型还要糟糕。我们曾多次听到资深经济学家为了服务于意识形态目的而提出证据主张，但我们完全知道，这些主张具有误导性。

这表明了本书的主要目的之一：为读者提供工具和信心来质疑“专家”的证据、主张和论点。这也是为什么我们要花相当大的篇幅来讨论缺乏证据的经济分析的困难。对于任何一位有效的政策官员来说，关键的优先事项之一应该是不断地质疑证据，这就是为什么在本书中，我们引用了一些我们不赞同的作者的观点。读者——无论是政策官员、研究生还是研究人员——在得出自己的结论之前，都需要用这些工具来批判性地审视各种立场。

同样，信任证据的困难意味着我们不能将分析限于“大型”统计证据，而是要在可用和适当的情况下利用其他种类的证据。值得注意的是，我们的例子偏向于非洲东部和南部的特定地区，特别是埃塞俄比亚、莫桑比克和南非。这并不是因为这些国家在统计上有任何“代表性”，而是因为我们对证据普遍持怀疑态度。我们对这些国家的政策辩论有更直接的经验，并在这些国家进行了大量的基础性研究。此外，我们更了解哪些其他来源的证据是可用的，以及为什么一些公布的证据可能是不可靠的。这并不是说我们对这些国家了如指掌。以埃塞俄比亚为例，我们的研究证据来自上阿瓦什山谷，而不是拉亚山谷。我们的一些证据是毫无顾忌的轶事，目的是帮助读者消化大量的理论政治经济学。简而言之，我们高兴地承认，我们对非洲的报道远远不够全面。

第四节 本书的组织框架和主要观点

不可避免的是，政策官员从头到尾阅读书籍的时间会很有限。因此，我们把这本书分为四个明确定义的部分。

第一部分以本章为开端，为后面章节的分析和论证奠定基础。第二章，关于非洲发展的矛盾，提供来自一系列国家的背景证据，以及一系列广泛的社会经济指标，从国内生产总值（GDP）增长率到少女怀孕率。然而，除此之外，本章还提出了两个密切相关的论点。首先，资本主义发展无处不在，而且一直都是一个混乱的、非线性的、往往很残酷的过程。因此，在任何特定的时刻，都不可能知道它的“走向”是什么。这一点很重要。许多评论员沉溺于“非洲例外论”，将非洲大陆与世界其他地方区分开来。事实上，人们所指出的非洲经济发展的许多特殊问题与全球许多国家的历史经验非常相似。城市贫民窟或对矿工和童工的虐待剥削不是非洲发展的病态现象，而是世界各地资本主义发展的核心。需要明确的是，虽然这并不意味着我们认为非洲经济将以与世界其他地区完全相同的方式发展，但从全球经济变化的经验中非洲有重要的特征值得提炼和强调。第二章提出的第二个论点强调了非洲各国和非洲内部最近经济经验的不同寻常的多样性和***相互矛盾***的特点。如果“非洲不是一个国家”——值得注意的是，许多人仍然很容易诉诸全大陆范围的概括——那么“尼日利亚不是一个国家”也同样正确。除了多样性，我们认为非洲国家的资本主义发展和世界上其他地方一样是矛盾的：并非所有的好事都是相伴而生的。

在第三章中，我们回到了政策官员们所吸纳的思想氛围：那些很少被质疑的常识概念，它们被浓缩后像雨点一样落在我们称之为“修辞上的常用语”的一系列短语和假设中。[①] 我们认为，这些有影响力的思想或者天真乐观或者过于悲观，这样做的目的是将政策官员从其继承的、承受着压力接受的制度化思想中解放出来。我们论点的独特之处在于，我们展示了，那些自认为彼此尖锐对立的人，在现实中，是如何分享过

① Jackson（2006）.

于乐观或悲观的态度甚至假设的。围绕政策制定者的观点也不一致。例如，在一些非洲城市，有可能发现一种有毒的思想氛围，它将“新自由主义”的元素与第三世界的民族主义元素结合在一起，而这种民族主义在理论上不应轻易与新自由主义的本能共存。第三章中所述的观点与本书中所考察的许多观点和分析相呼应。例如，关于对天真的希望“有人性的资本主义”的观点的批判则采用了第二章中所阐述的观点，即资本主义经济发展的方式一直是混乱的、非线性的、残酷的，尽管它在福利和人类潜力方面产生了历史上前所未有的进步。与此同时，对普遍存在的“小即是美”观念的批评又回到了第六章对大型项目的讨论和第九章对小型农场生产率的分析中产生的争论。

第二部分论述了持续经济增长、提高生产力、创造就业和创造外汇的战略核心政策问题。第四章以投资为主要内容，篇幅明显长于其他各章，原因是它强调避免“宏观”与“微观”，或者宏观经济政策与产业政策之间的错误区分。在报告中，我们认为，非洲各国政府应紧急提高其在 GDP 中的投资份额。此外，它们应积极地将这种投资用于最具有增加规模和范围效益潜力的活动，以增加对劳动力的需求和赚取外汇。

获得外汇是至关重要的。如果发展中国家快速增长，这不可避免地导致对进口的巨大需求，从而导致进口的增长，而这可能是很难跟上的。向国外借款或请求外国援助肯定会有所帮助，但这两种方法都可能带来新形式的不确定性，并可能威胁发展战略的连贯性。第五章讨论了经济战略的其他国际层面。在此过程中，第五章讨论了非洲净易货贸易条件的趋势，以及这些趋势如何影响政策选择、汇率政策以及非洲区域贸易（相对于更广泛的国际贸易）在总体增长和发展战略中的地位。简言之，我们认为，持续、广泛地改善福利的增长取决于维持进口的高增长率，而这反过来又需要出口的快速增长。适度的竞争力——也就是低估的汇率——是支持这种增长的一种方式（必要但不充分）。非洲经济体之间的区域一体化可能也会产生一些积极的影响（尽管可能主要是帮助非洲大陆最发达经济体的大型企业）。然而，我们认为，区域贸易不应被推广到出口到更遥远的、规模更大、价值更高的市场。非洲内部贸易可能是对雄心勃勃的全球贸易战略的补充，但肯定不是替代。

我们关于贸易的论点力证了我们在第二部分和整本书中所提倡的可能性主义。这种可能性还延伸到“大型项目”（如大规模灌溉），以及拒绝所有平衡增长建议的总体战略。在第六章中讨论的赫希曼（Hirschman）的方法，并不能简化为不平衡增长与平衡增长的对比，而是代表了在低收入经济体中进行经济分析和思考项目和政策时的深刻差异。最重要的是，我们牢记赫希曼关于如何看待一个国家经济发展前景的观点。绝大多数经济学家——无论是“左派”还是“右派”，主流经济学还是非正统经济学——似乎都认为，一个国家的前景取决于该国的历史、要素禀赋、语言碎片和地理位置。赫希曼认为，相反，一个国家的前景取决于一个国家的***所作所为***以及由此产生的结果。①

第三部分扩展了第二部分中提出的一些论点，并指出了它们的含义。最重要的是，它涉及非洲国家人民的广泛福利，尤其是低收入人群，特别是妇女的福利。第八章认为，在经济学家和国际组织如何定义和衡量贫困以及如何设计减贫政策方面存在着许多神话和问题，这些神话有助于解释这些方案。我们将这些与关于谁是最贫穷的人的非常不同的“程式化事实”进行了对比。最贫穷的人住在小而不是大的家庭里。此外，虽然他们生活的家庭中女性的比例相对较高，但并不意味着他们生活在“女性当家”的家庭中。此外，最贫穷的人的生存依赖于获得有工资的劳动机会——主要问题是，这样的机会往往很少，而且与家相隔很远，即使有这样的机会，工作的报酬和条件也很可怜。

工资就业——创造更多更好的就业机会是这本书的核心。这也是出人意料地不同寻常，许多关于非洲的有影响力的文章甚至很少提及就业。即使它们这样做了，重点也往往是小农场主、个体经营者和创业型企业，而不是那些为工资而工作的人。事实上，许多人仍然把个体经营归类为雇佣经济活动。这方面的一个例子是，年轻人以摩托车载客，或兜售汽车和小型公共汽车票的方式获得报酬。

第二部分讨论的宏观经济政策将扩大工资就业作为其主要目标之一。第八章认为，绝大多数最贫穷的人为了生存，不得不临时地、季节性地为工资而工作，但如果非洲农村对雇佣劳动力的需求不能持续下去，他们的贫困就会加剧。第七章汇集了关于工资劳动力市场和关系的一系列论点，并再次强调缺乏关于劳动力市场和就业状况的高质量数据，是国家和国际组织的重大失误，也是进步政策设计的重大障碍。

---

① Hirschman（1967：5）.

在第七章中，我们还认为，在强有力的工会组织能够发展的情况下，提高生产力和减少贫穷的前景可能会实现。在资本主义发展的历史长河中，工会和其他个人组织在保护和改善工作条件方面发挥了极其重要的作用。这些改善中的许多是在长期的社会冲突之后取得的，而不是供求关系的转变、技能的提高和生产力的提高带来的必然结果。例如，挪威和瑞典在 20 世纪 20 年代和 30 年代是相对贫穷的经济体，有着世界上最高水平的工业冲突。[①]

在中国这样的经济体中，工会也发挥了重要作用。工人组织已经能够在法律上做出改变，从而大大改善了工作条件。[②] 工会在非洲发展中非常重要，在结束种族隔离以及最近在要求苏丹政权更替的运动的最前沿发挥了至关重要的作用。[③]

提高农业生产率是经济更广泛、持续发展的基础，因此应该是政策官员的优先关注事项。这是有很多原因的。第一，尽管城市化速度很快，但在未来一段时间内，非洲大多数最贫穷的人将继续生活在农村地区。无论是中小型农场，还是依赖工资收入的无地劳动者，他们的福利都依赖于农业生产率的提高。第二，提高非洲工资工人购买和消费的粮食产量，是维持盈利、投资和增长（以及政治稳定）的非通胀战略的关键部分。第三，农业是确保外汇收入的核心，而外汇收入可以扩大进口，从而推动投资和增长。第四，农业生产和加工越来越有机会获得生产率和其他以前只与制造业相关的收益，这些收益在整个经济中具有更广泛的溢出效应。第九章致力于了解非洲经济体提高农业生产率的制约因素，对关于推广咨询和小额信贷在提高产量方面作用的传统论点提出质疑，并对需要和可以做什么提出论点。

最后，在第十章（第四部分）中，我们总结了前几章的政策重点。为此，我们强调战略政策的优先次序及其合理性，而不是制定一份冗长的“必须做”的蓝图。考虑到政策选择实际上是技术官僚和政客们不得不应对现行经济环境的压力以及强大的，往往相互矛盾的阶级利益的产物，我们不相信这样的蓝图有可能在如此多样的背景和不确定性中发挥

---

① Moene and Wallerstein (2008); Bengtsson (2019).

② Chan (2019).

③ Marais (2013: 56ff.); Webster and Englert (2020: 6); El-Gizouli (2019: 7-9).

作用。此外，所有政策一旦出台，都可能会产生意想不到的和无法预测的后果，从而从根本上改变其动态。

我们希望本书能给官员们提供提出问题的信心，以及设计、实施、监督和完善具体政策的手段。与其他教科书相比，我们向经济学专业的学生提供的资料更加富有挑战性和刺激性，而且关于非洲陈词滥调式的描述也会少得多。

图 1.1　非洲经济发展前景对比

我们的观点非常鲜明，其中许多都是批判性的。在批评其他社会学家在非洲政策问题上的工作时，我们不会退缩。我们通过不懈的努力提出可替代的理论和具有实践意义的建议，来证明我们所提出的许多有力的批评具有合理性。例如，我们不仅展示了针对农村劳动力市场和贫困的最流行方法的局限性，而且建设性地提出了处理此问题的非常不同的方法。为了鼓励辩论和进一步阅读，我们试图强调我们如何以及为什么不同于许多广泛流行的观点的原因。图 1.1 突出显示了其中的一些差异。

第二章

不平衡、矛盾和残酷的非洲经济发展

第一节 概述

本章为支撑本书的分析和政策讨论提供背景，强调国家之间和国家内部的差异对刺激政策可能性的重要性。在此过程中，我们提出了理解非洲经济表现和考虑政策设计的三个基本要点。

第一，资本主义无论何时何地都是矛盾的。即使资本主义扩张带来了戏剧性的、在许多方面进步性的变化，它也是矛盾的、不平衡的和残酷的。因此，非洲发展的矛盾不应令人惊讶，也没有任何理由残忍地将非洲国家区别对待。这些矛盾也意味着，任何试图将非洲纳入简单的“悲剧式成长”或“非洲崛起”叙述的尝试都注定会失败。因为资本主义从来就不是线性的和平滑的，也从来不是无摩擦的扩张。一些善意的说法认为“所有好的事情都是相辅相成的”，比如增长、市场自由化、民主和减少贫困的结合，这种观点纯属幻想。①

第二，不平等和多样性构成了非洲经济发展实践的一个核心事实。我们所强调的不仅是国家***之间***的差异，而且是国家***内部***惊人的实践差异，这些差异往往是由性别、阶级和种族身份的差异造成的。尽管如此，经济学家们仍继续用平均数来压制差异，仅以少数几个国家为基础，对整个非洲大陆提出了广泛的主张。②

---

① 案例参见 Mills et al.（2017：1）。

② 例如，请参阅一本广为阅读的学术期刊文章，该文章声称知道“非洲增长悲剧”背后的秘密（Easterly and Levine，1997），或者笼统的说法是“40 年来，非洲停滞不前，而其他发展中地区却在增长”（Collier And O'Connell，2008：77）。

第三，国家内部和国家之间表现的多变性、多样性和不均衡性不是描述性的异国风情。尽管其中一些变化——比如女孩受教育的机会或出口业绩——是不同历史的作用，但变化是可能性主义的一种形式。也就是说，它表明：存在着**改变**业绩，从其他政策经验中学习，并摆脱结构、过去遗留问题和先前的“禀赋”联系的空间。例如，如果一些非洲国家可以迅速降低新生儿死亡率，那么，为了评估其他地方加速改善的前景，肯定有必要了解其原因。

政策制定者处境艰难。受（一些）学者与援助机构强加的线性发展理念的限制，他们也面临实现快速、平稳增长和发展的压力。我们认为，这是一个有用的平台，可从中推出政策，对资本主义发展历史和非洲国家内部经济变化的不同轨迹形成更现实的理解。

第二节　矛盾、残酷、不平衡

城市剥夺

撒哈拉以南非洲地区的苦难，比如快速增多的城市贫民窟，常常被哀叹为该地区所特有的。这些恐怖真实存在，但远非非洲人所独有。它们一直是资本主义增长的核心特征。城市的肮脏并不是非洲资本主义停滞不前或“悲惨”增长的好迹象；这种肮脏和其他形式的苦难在历史上与增长、结构变化和发展是相容的。这些都是资本主义发展中形成的各种灾难的特征。

19 世纪末期伦敦的穷人，通常是城市的新移民，生活条件往往是个很好的例子。[①] 人们挤在狭小的空间，饱受疾病折磨，拼凑起最基本的生活。这种肮脏与在开普敦边缘的卡耶利沙可以看到的“无边无际、千篇一律的棚屋之海，拥挤、贫穷，人口不断增长”的景象，别无二致。[②] 尽管开普敦被认为是非洲第二富裕的城市，但在卡耶利沙的一些地区，2006 年只有不到四分之一的人可以使用水龙头，不到一半的人可以使用连接污水处理设施的厕所。此外，当时的失业率极高，许多人都拼命从

---

① Wise（2009）.

② Seekings（2013：2）.

"经济回报微乎其微"的活动中赚钱以维持生计。[①]

矛盾、残酷和不平衡的发展并不是什么新鲜事。早期现代资本主义在英国（和其他地方）的扩张带来了农村地区、新城镇和不断扩张的城市贫民窟的肮脏和贫困——"肮脏、疾病肆虐、浸满杜松子酒的地狱之洞"。[②] 实际工资增长停滞不前，尤其是在19世纪上半叶，不平等加剧。此外，20世纪上半叶欧洲境内社会经济发展记录显示出极为矛盾的趋势。1913年至1945年期间"充斥着内战、饥荒、经济萧条、人口流离失所、种族清洗和世界大战"，[③] 但即便如此，死亡率下降还是导致欧洲人口的大幅增加。1913年，东欧和南欧的死亡率远高于欧洲大陆其他地区，但到了1945年，尽管在1914年后遭受了创伤，死亡率却大幅趋同。

在这一章中，我们将展示非洲内部变化和矛盾发展的重要性，以及为什么这很重要。我们坚持认为非洲和欧洲所经历的不平等和矛盾具有相似性；但我们否认，我们对英国经济史和偶然结果的引用，是欧洲中心主义偏见或目的论错觉的证据。

强迫及监禁劳工

资本主义的特征之一是"自由"的劳动力市场——却在很多地方和时候采用强迫劳动。例如，在内战后的西班牙，政府强迫数千名政治犯劳动，修建灌溉渠，造福支持军事政变的土地所有者。[④] 与此同时，在19世纪和20世纪，罪犯劳动集中在美国经济中一些增长最快和最重要的行业，包括木材业、铁路和国有煤矿，"现代性的承载者经常与之背道而驰"。[⑤] 强迫劳动继续广泛存在，尽管有人质疑这类劳动与更广泛的极端剥削性工作条件有很大区别。[⑥]

因此，用囚犯代替雇佣劳工并非是惊人又独特的"非洲"特色。例如，2013年，吉马附近一家埃塞俄比亚私营咖啡种植园的经理毫不尴尬地（向本书的两位作者）提供了有关他如何支付租金雇佣监狱劳工的详

---

① Du Toit and Neves（2007：23）.

② Hilton（2006）.

③ Millward and Baten（2010：233）.

④ Preston（2012）.

⑤ Lichtenstein（1996）.

⑥ Lerche（2007）.

细信息。乌干达在大规模的私人农场广泛使用监狱劳工也有详细调查报告。[①] 21世纪初，安哥拉武装部队通过强迫劳动经营一些钻石矿，也是寻常现象。[②]

非洲历史上最著名的例子之一，是法国在西非的殖民统治通过各种官僚形式使强迫劳动正常化，包括公共工程的强制性监狱劳动、预备役或通过地方酋长组织的、经常动员儿童和妇女修路的救济或劳动税制度。[③] 虽然比利时利奥波德国王加入现代殖民资本主义列强俱乐部的努力导致极端的、臭名昭著的强迫劳动的使用，[④] 但在比利时殖民主义后期，强迫劳动似乎产生了更复杂和矛盾的影响。例如，当一些被迫加入殖民地军队的新兵在七年后以士官身份返回他们的村庄时，他们的成功令当年招募他们的库巴族首领们震惊。[⑤]

秩序与纪律

现代资本主义扩张的一个方面通常是资本家的努力——尤其是在资本密集型的矿山和大型工厂——他们说服自由劳动力坚持生产制度的节奏。现代工厂的成功发展有很多制约因素，但正如弗里曼在大型工厂的发展历史中指出的那样，“在纪律问题面前，这些限制因素显得苍白无力”。[⑥] 在控制和“社会化”新的资本主义劳动力方面，雇主往往采取性别化的方法：

> 许多当地男性证明了这一点……他们不愿意服从不习惯的严密监督和纪律。无论如何……雇主们不希望成年男性占据大多数工作岗位，他们更喜欢那些薪水更低的女性和儿童。[⑦]

在这方面，英国和美国的工业化经历与埃塞俄比亚等非洲经济体最

---

① Todrys and Kwon (2011); https: //www.bbc.co.uk/programmes/w3cswf5b.

② Marques de Morais and Falcão de Campos (2005).

③ Tiquet (2018: 135).

④ See Hochschild (1999).

⑤ Vansina (2010: 327).

⑥ Freeman (2018: 18).

⑦ Freeman (2018: 18).

近的经历非常相似，比如埃塞俄比亚，创建一支将工业资本主义的节奏和要求内化的劳动力队伍对雇主提出了挑战。① 正如弗雷德里克·库珀（Frederick Cooper）所讨论的那样。在非洲其他地方，招聘、留住和约束工资工人一直是个难题，② 20 世纪 90 年代初，南非一家金矿的总经理对工人的态度仍非常简单："给他们涂上橡胶，然后让他们回去工作。"③

在 20 世纪 70 年代韩国快速工业化期间发生的一场争端中，管理层试图通过钉住女宿舍的门来阻止工会选举，并切断了她们的水电供应。当罢工妇女遇到防暴警察时，她们相信如果她们脱光衣服，警察就不会攻击她们——但无济于事。两年后，这家工厂的经理指使人用几桶粪攻击工会。④ 此外，正如英国警方在 20 世纪 80 年代声称对罢工矿工施暴时采取自卫行动一样，2012 年南非警察在马里卡纳也采取了自卫行动，由矿主提供直升机和后勤支持。在南非的案件中，警察开枪打死了 34 名工人。⑤ 早些时候，津巴布韦安全部队在 2008 年 10 月的"恰兹瓦大屠杀"中犯下了更严重的暴行。在杀害矿工和恐吓当地居民之后，他们很容易利用强迫劳动，包括童工，在马兰格开采钻石。⑥

童工也对欧洲和美国的工业化做出了重要贡献。在英国，许多女孩在 19 世纪迁移到城市工厂工作，尽管 1870 年为工资而工作的大多数儿童仍然从事农业和农村职业。在欧洲，"儿童交易由弃婴之家、孤儿院或贫困救济机构管理；在德国和斯堪的纳维亚农村，贫困儿童也被公开拍卖"。⑦ 这些儿童"在早期工业发展中发挥了特别重要的作用"，他们经常遭受身体和性虐待。⑧ 监督者用长时间的工作折磨他们：

> 如果孩子犯困了……有一个装满水的铁水箱。他抓住男孩的腿，

---

① Oya (2019).

② Cooper (1992); see Also Gibbon (2011).

③ Donham and Mofokeng (2011: 125).

④ Kim (2011).

⑤ Bench Marks Foundation (2012).

⑥ Towriss (2013: 106).

⑦ Horrell and Humphries (2018: table 1A)；关于女孩工作的信息参见 Rawson (2017)。

⑧ Honeyman (2016: 7).

把他浸在水池里，然后送他回去工作。[①]

温室折磨

如今，名人甚至政客都在批评东亚制衣厂和其他工厂的恶劣劳动条件。但农业工人很少得到同样的关注，就像19世纪末20世纪初的英国和美国一样，当时“农业工人、家庭生产者、佣人……和其他人的长期被剥削基本上被政治家、记者和作家所遗忘。”[②]

例如，成千上万的季节性移民在美国的园艺和水果农场工作，住在公众视线之外的不隔热和不卫生的劳工营地。在这些女性采摘者中，早产和发育畸形的发生率很高。[③] 在世界其他地区，包括西西里的温室和非洲一些地区，移民工人受到的虐待更为严重。[④] 该部门内部的矛盾包括，一方面向妇女提供急需的有工资的就业机会，另一方面有证据表明，特别是在受教育程度低和组织薄弱的工人中，增加接触杀虫剂可能导致不利健康的后果，包括发病和自然流产。[⑤] 2010年，在乌干达恩德培最大的玫瑰出口农场，一群妇女举行罢工，警方对她们进行了恶意攻击。[⑥] 1986年7月，在坦桑尼亚20名抗议国有糖业公司拖欠工资的农业移民工人被驻坦桑尼亚部队枪杀。[⑦]

农业劳动条件不被重视的另一个原因是，在非洲经济体中，人们认为农村带薪就业在非洲经济中并不十分重要。之后的章节，特别是第五章，批判了这个谬见。带薪就业是农村生活的一个主要特点。

资本主义的累赘

资源经常被浪费在宏伟或构思不周的基础设施项目上。刚果（金）印加水电站的延期、超支和反复的设计，使这个（印证资源浪费的）目标变得简单而公平。但是，当涉及大型计划的资源浪费和项目进度缓慢

---

① Honeyman（2016：7）.

② Freeman（2018）.

③ Holmes（2013：266，553）.

④ Tondo and Kelly（2017）；Cole and Booth（2007）.

⑤ Handal and Harlow（2009）；Mrema et al.（2017）.

⑥ http：//www.monitor.co.ug/News/National/688334－851606-ca2dt2z/index.html.

⑦ https：//www.tzaffairs.org/1987/01/tanzania-in-the-international-media-18/.

时，非洲也不是例外。就拿柏林新机场的例子来说，计划在2011年就开放，但是直到2018年都没有开业，超出了约50亿欧元的预算。[①] 2014年，在纳卡拉（莫桑比克）的新机场航站楼的确正式营业。该航站楼可容纳50万人次，年货运量为5000吨。但是，在腐败传闻的侵袭下（柏林的情况也是如此），它仅以4%的动力运行了三年。我们将在第七章讨论其他非洲大型项目，其中还将介绍支持大型项目的理由。

采掘业的坏、丑、善

矛盾可能特别集中在采矿业。许多发展经济学家对采掘业嗤之以鼻，他们引用的统计数据显示，“在非洲，生活在资源丰富的国家相比不丰富的国家是受惩罚”。[②] 虽然采矿业的发展可能会有助于外汇收入，但它也可能使经济受大宗商品价格波动的影响。尽管非洲矿产开采部门的产值是巨大的（2010—2012年，每年约1760亿美元），但非洲各国政府矿产业的税收仅占总收入的3%，其中一些政府“没有出售国家资产”，而是实际上“将其赠予”了外国矿业公司。[③]

采矿可能会挤占其他活动的外汇收入和投资。它通常被认为是一种飞地活动，会对国民经济产生负面影响。这些负面影响包括污染，这可能会降低农业生产率和减缓农产品产量的增长。乐施会认为，采矿会导致柴火的耗竭、获取水源受到限制和更加严重的污染，妇女也会因此遭受更多的苦难。妇女可能不得不花更多时间来收集水和柴火。正因如此，妇女可能会无法找到带薪工作并越来越依赖男性。[④]

例如，如果更大的财政赤字不是增加公共物品供给而是滋生更大的腐败，那么采矿业可能会产生其他负面影响。津巴布韦的马兰吉冲积钻石矿就是一个鲜活的例子。当马兰吉冲积钻石矿在2006年被发现时，人们如潮水一般涌向马兰吉冲积钻石矿，在那里从事采矿工作。但是国家安全部门很快介入，对奇科罗科扎·查佩拉（结束非法贸易行动）发动

---

① https：//www. bbc. co. uk/programmes/w3csy81k. 在美国，拖延、巨额超支以及对政治腐败和渎职行为的指控经常被记录在案。例如，耗资150亿新元的波士顿城市交通项目在历时15年后终于在2007年完工（Smith，2010）。

② Chuhan-Pole et al. （2017B：3）.

③ Moore，Prichard，and Fjeldstad（2018：92，258）.

④ Oxfam International（2016：7）.

了一系列暴力袭击。剩下的手工采矿者被残忍地驱逐出去，马兰吉钻石矿区被一个由安全和政治精英主导的监管部门吞并。[①]

但是，事实证明，大型外国公司的投资可以为住在矿山附近的人们带来一些好处。近年来，大型露天金矿在许多非洲经济体中得到扩展，包括布基纳法索、刚果民主共和国、埃塞俄比亚、加纳、科特迪瓦、塞内加尔和坦桑尼亚。这些金矿的存在确实造成了严重的污染，可能会降低农业产量并给周围地区的婴儿死亡率带来负面影响。但是，调查证据表明，婴儿死亡率反而迅速***下降***，这可能与妇女的就业和改善的医疗保健机会有关。[②] 一项对加纳、马里和坦桑尼亚金矿开采的研究也发现了一些积极的结果：与居住在更远地方的妇女相比，更靠近金矿居住的妇女全年找到工作的机会增加了；[③] 加纳靠近金矿的社区婴儿死亡率下降；马里矿山附近的谷物产量***高于***其他地区。[④]

资本主义的不稳定性，“后发展”和进步的可能性

资本主义矛盾和不确定性的特征，不仅仅是英国早期工业历史的一个怪癖，也不仅仅是21世纪非洲资本主义的一个衰败特征，它是资本主义的一个经久不衰的核心特征，以至于大多数资本主义理论都关注它的不稳定性和危机倾向。资本主义的结果是如此不确定，以至于它的未来经常受到质疑。[⑤] 事实上，资本主义的一个矛盾之处在于，它一再超越人们对其灭亡的预期，而技术的转变或政治与监管的戏剧性重组拯救了它。另一个明显的矛盾是，尽管资本主义扩张常常被视为和平的源泉，但在现实中，资本主义往往被军国主义拯救。资本主义通过抑制“激情”或更大的罪恶来追求“利益”或更小的罪恶，从而可以***促进***和平的观点并不新鲜。[⑥] 一些新古典主义经济学家和新自由主义理论家，尽管在20世纪经历了可怕的事件，但已经重新萌生了将暴力归咎于穷人和缺

---

① Towriss (2013); Rutherford (2018).

② Benshaul-Tolonen (2018).

③ Chuhan-Pole et al. (2017B: 137–8).

④ Sanoh and Coulibaly (2015: 25–6).

⑤ 最新的案例参见 Streeck (2016)。

⑥ Hirschman (2013).

乏资本主义发展的想法，以支持对国际干预采取“自由和平建设”的方法。[①]

在不稳定、不平等和战争的总体格局中，许多福利方面的惊人收获都是通过长期的政治斗争获得的，而且往往付出了极高的代价。看到资本主义矛盾的根本性和持久性，可能有助于政策官员保护自己不受误导，即发展可以预期为一个平稳的、线性的过程，或者某些障碍会突然消除。跨越意识形态的“宏大叙事”，支持不可阻挡的发展和进步的理念，具有强大的吸引力。一些人被简单化、斯大林主义版本的马克思主义所吸引，[②] 而另一些人则被索洛—斯旺新古典主义增长模型所包裹的“自动收敛”的承诺所吸引。他们预测，“如果”各国只能停止扭曲市场价格，那么，考虑到流动资本和收益递减，低收入国家将吸引投资流入，并在人均收入方面向经合组织（OECD）国家靠拢。[③]

对大事记发生的担忧与经济发展和21世纪资本主义所带来的种种失望交织在一起，以及频繁发生的金融危机和环境灾难，导致了“后发展”阶段的想法。人类学家弗格森（Ferguson）和李（Li）写下了“长期确立的转型叙事的失败，特别是叙事集中在从以农业为基础的‘传统’生计到现代工业社会‘适当工作’的普遍轨迹”。[④] 但是，这些和类似的对“过渡”叙事的批评忽略了关于资本主义发展不平衡、矛盾和不确定性的历史。查尔斯·狄更斯捕捉到了这一点：

> 这是光明的季节，这是黑暗的季节，这是希望之春，这是绝望之冬，人们目前应有尽有，人们目前一无所有……[⑤]

一些社会学家，如戈兰·瑟伯恩（Göran Therborn），毫不犹豫地承认资本主义发展可以取得真正的进步：“例如，在科技知识、经济增长和预期寿命方面，趋势线是显而易见的。”[⑥] 人类正处于能力的巅峰，一项对

① Cramer（2006）.

② Cohen（2001：134－74）；Howard and King（1992）.

③ Barro and Sala-i-Martins（1992）.

④ Ferguson and Li（2018）；Li（2017）.

⑤ Dickens（2003：17）.

⑥ Therborn（2016）.

其成就的调查显示，“在人力资源开发和人类自由方面取得了真正的进步”。[①] 政治经济学家认为这一进步是根本性的：劳动力的发展是生产力发展的中心（劳动力与生产资料相结合以生产产品），生产力的发展反过来塑造和巩固经济结构（一套生产关系）。[②]

实证规则

本章的其余部分追溯了赛伯恩（Therborn）在非洲经济发展领域确定的“趋势线”。我们不依赖于绘制国内生产总值（GDP）图表，尽管这是一个非常有用的综合指标，但有众所周知的局限性。[③] 我们也不试图参照第六章讨论的人类发展指数、多维贫困指数或其他贫困指标来总结非洲的经验。相反，我们使用选定的个别指标。

我们强调两点。正如前文已经讨论过的，首先我们要强调的是：资本主义发展**总是**表现出技术进步和福利进步的不一致和混乱模式，伴随着持续的失败、浪费、剥削和痛苦。其次我们要强调的是发展的模式通常是截然不同的。非洲的情况就是如此，在非洲，各国之间、各国内部，甚至村庄内部，一系列指标的变化率和绩效水平差别很大。所以我们忽略了宾亚万加·怀奈（Binyavanga Wainaina）的讽刺建议：

> 在你的文章中，把非洲当作一个国家来对待。这里炎热而尘土飞扬，有连绵的草原，有成群的动物，还有又高又瘦正在挨饿的人。又或者是非洲又热又蒸，有很矮的吃灵长类动物的人。不要拘泥于精确的描述。[④]

第三节　讲述关于非洲糟糕的发展故事

许多经济学家不顾资本主义经济发展的复杂性和矛盾性，讲述了被

① Therborn（2016）.
② See Cohen（1978；2001：42）.
③ Coyle（2015）；Pilling（2019）；Jerven（2013）.
④ Wainaina（2005）.

三个普遍缺陷困扰的故事：第一，通过将撒哈拉以南的非洲（非洲是一个国家）同质化来过分简化主角；第二，夸张（毫无疑问，非洲是增长灾难最悲惨的例子）①，第三，对证据的傲慢态度。② 在批评这些故事之前，我们转向不同类型的证据来讲述我们自己——关于非洲历史复杂动态和讽刺的故事。

马普托的“艺术之核”（如图 2. 1）雕塑让人产生几个相互矛盾的想法。这只优雅的鸟很像莫桑比克邮票上的黑翅长脚鹬。当它向前迈开长有脚蹼的脚，金属形象是微妙地平衡的。仔细观察，我们会发现这个和平象征的优雅和平衡是由最残暴的部分组成的，精准突击步枪残片，以及 20 世纪 70 年代、80 年代和 90 年代，为在莫桑比克发动战争而进口的数百万退役小武器的碎片。③ 残酷的历史为现在大都市里如此时髦的雕塑提供了坚实的基础。④ 这只鸟和这段历史让人想起沃尔特·本杰明（Walter Benjamin）坚持认为的，没有一种承载着文化的文献同时不是野蛮的文献。⑤

另一个古老的鸟类雕塑体现了更广泛的矛盾和恐怖。现在，这只骄傲而凶猛的公鸡像藏在剑桥大学耶稣学院的某处，以应对学生们要求它返回尼日利亚的要求。这只公鸡象征着力量（图 2. 2 展示的是史密森尼博物馆持有的类似铜雕）。19 世纪晚期，它很可能曾矗立在贝宁奥巴大院内的母后祭坛上。⑥ 1897 年，皇家大院祭坛的多件艺术品被英国军队洗劫一空，英国总领事将祭坛描述为“血迹斑斑、臭味熏天”。⑦

英国人的目的是消除贸易壁垒。对活人祭祀“恶臭”的血腥和夸张描述成为部署马克西姆枪和烧毁整个城市的借口；耸人听闻的描述也增强了贝宁艺术品在国际艺术品市场上的异国情调，为艺术品增加了令人毛骨悚然的残酷的“野蛮”起源。这只羽毛华丽、自然现实主义风格的鸟，微妙地通过黄铜脚轮的重复使用实现了抽象化和装饰，它现在不能在剑桥公开展示。当它最终向更广泛的公众展示时，观众们会对埃多

---

① Smits（2006：1）；Collier and Gunning（1999：4）.

② 关于非洲增长失败的论述参见 Sender（1999）。

③ Elmquist（2005）.

④ Verhagen（2017）.

⑤ Benjamin（1992：128）.

⑥ Ezra（1992：86）.

⑦ Admiral Rawson，引自 Bodenstein（2018）.

(Edo) 的文化成就表示敬意，并谴责殖民暴行，但他们也应该关注罗宾·劳（Robin Law）关于前殖民时代不平等和活人献祭的学术著作。①

图 2.1 把剑变成犁，把枪变成雕塑

资料来源：J. B. Sender，C. Cramer 摄。

图 2.2 贝宁青铜公鸡

注：图片由史密森学会提供。

① Law（1985）.

非洲虚拟变量

主流经济学家在他们的回归中设置了一个虚拟变量，结合可疑的数据、同质化和夸张，讲述了一个关于非洲增长失败的故事。他们试图解释为什么非洲经济的***平均***增长速度似乎比世界其他地区***慢***，每年大约慢1.5个百分点。① 为了揭开所谓非洲增长失败虚拟模型的神秘变量，变量一个接一个地被叠加。但是这些幻想中的变量越多，就越脱离有关非洲增长和变化的连贯理论的实际。② 这些变量无论是在设计方面，还是在实际数据的来源和可信度方面有太多经验性的问题。例如，建立了不可靠的量化指标来衡量"非洲"机构的质量、治理和种族—语言的分化程度。

这种回归还依赖于不可靠的人均GDP增长估计。即使在经合组织（OECD）经济体中，GDP估算背后的技术和假设也会随着时间的推移而变化。在许多经济活动没有记录的地方，如许多中低收入非洲经济体，国内生产总值涉及对农业、服务业和小型未登记制造企业活动规模的估算。对非洲"影子经济"或未记录经济规模的猜测，从津巴布韦、坦桑尼亚、尼日利亚占近60%的国内生产总值到博茨瓦纳、喀麦隆和南非约占30%不等。③

当我们进行田野调查时，我们通常会询问经营规模最大农场的农民，是否有政府官员来收集数据或出于其他原因来访。他们会嘲笑我们问题的天真。但莫桑比克的一位农民说："劳工部确实来过一次，因为我们让他们搭了车。"因此，对产出、就业和收入——或农村经济的其他方面——的规模和维度的估计不可靠，也就不足为奇了（见第六章和第七章）。一位前乌干达官员描述了20世纪90年代国家统计局资源的匮乏：由于缺少计算机，国民核算是手工计算的，而国家统计局仅有一辆可以正常上路的汽车。其结果是，非洲经济报告的年增长率为4%，实际上可能意味着年增长率高达6%，或者可能意味着增长率为零。④

---

① Jerven（2011）.

② Deaton（2009）.

③ Schneider（2005）.

④ Jerven（2013）.

计算国内生产总值是一回事，衡量人均国内生产总值则是完全不同的挑战，往往是高度政治性的人口普查数据。我们会在第七章讨论非洲人口数据的问题。

所以数据处理需要非常仔细。但是，跨国回归方法的缺点不仅源于糟糕数据的结果（尽管在大多数情况下肯定会产生错误数据），而且还在于依赖笼统的平均值来捕捉在现实中随着时间的推移而高度变化的经济表现模式。人们常说的关于非洲增长的简单故事是完全错误的。很明显，在 20 世纪 80 年代和 90 年代，当我们拥有长期数据的非洲经济体中约有一半出现经济紧缩时，出现了集中的疲软增长阶段和增长逆转。①然而，在 1950 年至 2016 年期间的大部分时间里，大多数国家都在增长，有些增长缓慢，有些则相当迅速。非洲各国经济的增长率和累积增长率***各不相同***，见图 2.3 和图 3.1（第三章）。

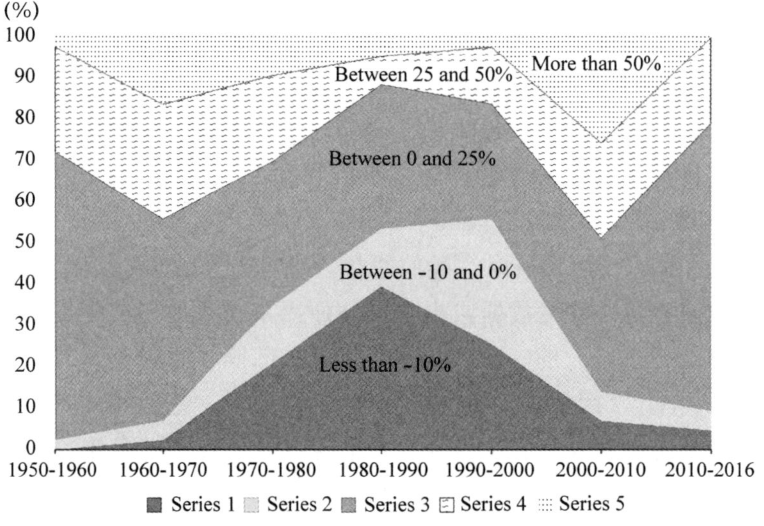

图 2.3　撒哈拉以南非洲地区的增长时期，1950 年和 2016 年

资料来源：Maddison Project（2018）.

尽管很少有国家在各个时期的增长率都极低，但非洲虚拟回归分析

① 这指的是 Maddison 项目数据库所涵盖的 43 个非洲国家：https：//www. rug. nl/ggdc/historicaldevelopment/maddison/。

对不同时期不同非洲经济体的增长动态、快速增长或增长逆转的情况提供了很少的见解。[①] 换句话说，他们对矛盾的发展没有什么可说的，他们隐含的假设是“所有的好事都会一起来”（因此坏事也会一起来）。回归分析还存在进一步的技术缺陷：例如，许多回归分析将内生增长（例如生育或机制）的变量放在方程的“解释性”右侧，这意味着它们无法捕捉因果效应。

如果非洲相对缓慢的增长是由它的机制“解释”的，那么是什么导致这么多非洲国家缺乏合适的机制呢？阿西莫格鲁（Acemoglu）、约翰逊（Johnson）和鲁滨逊（Robinson）试图回答这个问题，他们指出当欧洲人从1500年左右冒险到世界其他地方时，他们在一些地方（大洋洲、北美洲）基本上能适应环境，但在另外一些地方（非洲和亚洲部分地区）受到不适宜居住的气候和疟疾等疾病的阻碍。[②] 在前者，他们定居下来，并带来了为长期资本主义发展提供基石的“包容性”机制。在“非洲”等地，他们发现难以定居，转而选择“掠夺性”机制，使得持续经济增长难以出现。

把500年的历史压缩成这样，招致更多学识渊博的历史学家的批评。[③] 也有人批评说，至少在过去500年的大部分时间里，西欧机制可以被描述为类似于拥有安全私人财产权的透明和负责任的民主国家。一个相关的关键点是，世界上许多地方已经设法“赶上”了发达的经济体，但往往违反了“良好”制度或治理的自由原则。有人提出，制度和市场是“共同进化”的：明显薄弱的制度可能对新市场的创造性发展有用，但随着市场的扩张，要求进行机制改革以帮助巩固市场的压力将越来越大。例如，自20世纪70年代中期以来，中国的体制改革和减贫进程中就一直存在这种观点。[④] 另一种说法是，历史证据表明增长是一个非线性过程，而经济学中的增长文献大多涉及线性规划模型（另见第五章）。[⑤]

有悖逻辑常理的错误整合

计量经济学家使用非洲虚拟模型背后的悲观假设，与受依附理论和

---

① 关于这些缺陷的讨论参见 Imam and Salinas（2008）。

② Acemoglu, Johnson, and Robinson（2002）.

③ Austin（2008）and Bayly（2008）.

④ Ang（2016）. 请参阅第六章，看看这是否可以用于理解尼日利亚电影业的崛起。

⑤ Rodríguez（2008）.

资本主义的“世界体系”解释影响的学者的基本悲观主义相吻合。正如受过新古典主义训练的经济学家叹惜的低收入经济体存在“市场扭曲”一样，许多激进的经济学家也在强调非洲资本主义“扭曲”的形式。如果正统经济学家心中有一个完美竞争市场的幻想基准，那么他们的众多批评者就会援引“核心”国家未扭曲的、“自然”资本主义的幻想。

对这些受到许多非洲知识分子尊重的批评者来说，整个非洲的发展前景都被受操纵的游戏规则所束缚；他们也不愿为“二等的、老掉牙的、荒唐可笑的和注定要失败的资本主义”而奋斗。[①] 该理论认为，非洲是“脱节积累的不合理资本主义逻辑”的猎物，或者是“不正常融入”世界经济的牺牲品。[②] 这里要再次强调的一点是，发展中缺乏矛盾的空间——成功和失败的复杂和不平衡的混合的可能性。第三章将进一步讨论这种悲观论调的论据和（薄弱的）证据。

第四节 最糟糕的时代：南非

暴力的民主

不乏对非洲经济发展悲观看法的素材。我们首先选择南非来提供资本主义发展的负面例子——“最糟糕的时代”——部分原因是在撒哈拉以南非洲最明显的工业化经济体中，很多人都期望有更好的结果。南非可以说是一个“暴力的民主国家”。[③] 不仅存在大量的暴力——对外国人的大屠杀、强奸、广泛的性暴力、教师和护士的虐待、殴打、虐待和忽视儿童——而且民主和国家的制度往往是邪恶的。与政治立场有关的暗杀事件是南非政治的一个令人担忧的普遍特征。据估计，1994 年至 2012 年期间发生了 450 起政治谋杀事件。2011 年至 2017 年期间，凶残的派系争斗导致许多地方议员遇刺，而人身伤害的威胁司空见惯。[④]

国家机构，特别是警察，直接参与其他形式的暴力。虽然近年来最

---

① Achebe（1987：141）.

② Shivji（2009：70）; Moyo in Patnaik, Moyo, And Shivji（2011：72）.

③ Bruce（2014）; Taylor（2002）; Johnston（1996）; and von Holdt（2014）.

④ SALGA（2017）.

臭名昭著的例子是2012年的马里卡纳（Marikana）枪击事件（见第二章第二节），但警方也纵容并在西开普省的葡萄种植区实施暴力。首先，他们被指控对2009年11月津巴布韦移民工人在德多恩斯的房屋被拆毁和财产被洗劫视而不见。[①] 之后，在2012年末，当数万人参与了“农场工人罢工”，这场罢工从边远地区蔓延到该地区其他25个城镇时，警察使用橡皮子弹，用警棍袭击抗议者，枪杀3人。[②]

正如南非矿山和农场及其周围的冲突所表明的那样，很难区分直接涉及和集中于国家机构的暴力、劳动关系及其周围的暴力、对其他国家出生的非洲人的暴力反感以及其他社会（包括家庭）环境中的暴力。可以说，2009年在德多恩斯（De Doorns）爆发的愤怒被转移到了外国替罪羊的身上，这通常被归结为南非“仇外心理”这一笼统的、有问题的术语。例如，2008年和2019年，在许多其他场合，对非南非非洲人及其财产和企业的规模较小的“仇外攻击”一直很普遍。[③]

暴力的社会

暴力普遍存在于南非社会的大部分地区。南非的受伤死亡率是全球平均水平的两倍（图2.4），被亲密伴侣杀害的女性是全球平均水平的6倍。在警方接到的强奸报案中，约有40%涉及年龄不满18周岁的女孩，但每年5.5万起强奸案报案数量只是“性暴力”的冰山一角，实际的强奸案数量要比每年报案数量的9倍还要多。强奸是各种性暴力事件中的一部分，这些性暴力事件也包括亲密伴侣暴力、恐吓、威胁、虐待和忽视女童。在索韦托的产前诊所，20%的女性报告说她们被她们的亲密伴侣实施了性暴力，68%的女性报告说她们遭受了心理虐待（包括暴力威胁、侮辱和行动控制）。[④] 一项对普马兰加和西开普省3500多名儿童的调查发现，身体虐待的发生率为56.3%；精神虐待的发生率为35.5%；9%的儿童曾经历过性虐待。[⑤]

---

① Kerr and Durrheim（2013）.

② Eriksson（2017）.

③ Fauvelle-Aymar and Segatti（2012）；Mlilo and Misago（2019）；https：//www.BBC.com/news/world Africa-47800718.

④ Seedat et al.（2009）；Jewkes and Abrahams（2002）.

⑤ Reported in Day and Gray（2017）.

亲密伙伴暴力和高度不平等的性别关系提高了年轻女性感染艾滋病毒或者罹患艾滋病的风险。[①] 年龄段在 15 岁至 49 岁人群的患病率约为 19%；女性的患病率更高，约为 23.7%。2016 年进行的一项城市调查发现，30 岁至 39 岁年龄段的女性病患中有 60% 为艾滋病毒阳性。

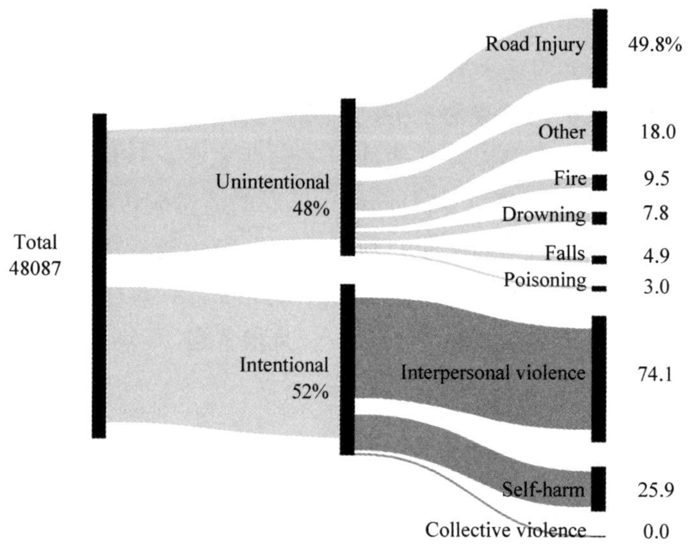

图 2.4　2016 年南非因故意和非故意伤害造成的估计死亡人数

资料来源：WHO Global Health Estimates (2018).

产妇死亡率，新生儿死亡率

南非在孕产妇死亡率方面有着糟糕的记录。一项纵向研究在夸祖鲁—纳塔尔省北部农村地区进行，该地区的特点是艾滋病毒流行率和失业率很高，结果发现当地产妇的死亡率在 2000—2014 年期间，为每 10 万新生中有 650 例产妇死亡。这大大高于最不发达国家每 10 万胎生中 436 例产妇死亡的平均水平。南非农村女性前往产前诊所往往耗时长，分娩费用非常高，服务质量差得令人无法接受。

如果大量南非母亲死于分娩时或分娩后不久，那么许多婴儿也会死亡。新生儿死亡人数“对于像南非这样的中低收入国家来说高得令人无

① Jewkes et al. (2010).

法接受”，而且似乎还与对训练有素的医务人员投入不足有关。① 投入不足是主要因素，这解释了为什么许多诊所工作人员忽视孕妇，在怀孕早期就将其拒之门外。此外，农村地区普遍缺乏输血用血设备、缺乏应急交通设施、转诊系统差且重症监护服务不足。②

低迷的经济表现

支撑这些令人沮丧信号的是南非经济整体表现不佳。投资从 1976 年（索韦托起义那一年）开始下降，占国内生产总值的比例持续下降到 1993 年。此后，固定资本形成总值停滞几年，然后在 2008 年攀升至种族隔离结束后占国内生产总值的 23.5% 的峰值（仍远低于 1976 年占国内生产总值的 32%）（见图 2.5）。然而，在 2008 年之后，这一比例再

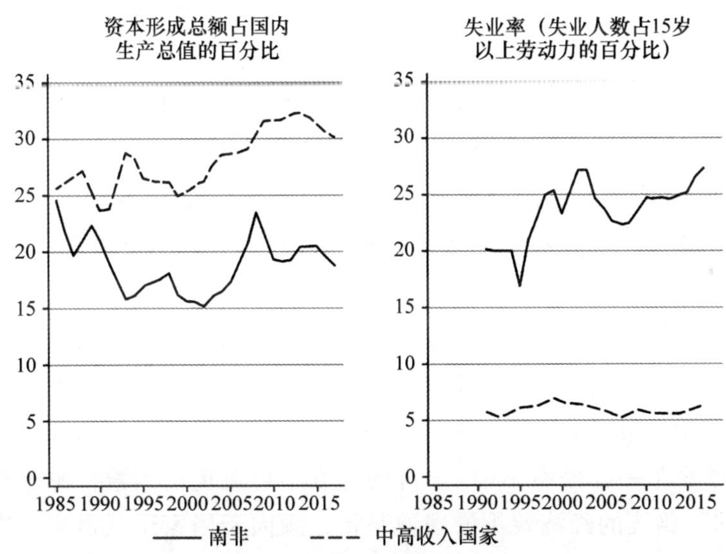

图 2.5　1985 年南非的投资和失业情况（%）

资料来源：Ilo for unemployment data. World Bank Indicators for Gross Fixed Capital Formation Database（2018）.

---

① Rhoda et al.（2018）.

② Tlou（2018）, Silal et al.（2012）, Sender（2016）.

次下降，到2018年仅为国内生产总值的18%。与此形成鲜明对比的是，自1965年以来，18个最成功的新兴经济体［如麦肯锡（McKinsey）所定义的］的平均投资占国内生产总值的比例一直**维持**在30%。[①] 我们将在第四章中指出，高投资率与持续的经济增长和结构变化有关。我们所说的结构变化，是指随着时间的推移，资源从生产率较低的经济活动转移到生产率较高的经济活动。

南非疲软的投资记录伴随着高失业率。2019年第一季度的官方失业率是27.6%。此外，南非统计局对失业采取了“严格”的定义，不包括那些非常想工作但生活在贫困地区的“沮丧的工人”，这些地区的搜索成本很高，找到工作的可能性很低，因此他们不会正式“寻找”工作。然而，随着时间的推移，追踪个人的面板数据显示，与“搜寻”失业者相比，“非搜寻”失业者（沮丧的）找到工作的可能性并不低，这为将南非失业者中囊括沮丧的工人提供了有力的理由。[②] 如果把“沮丧的工人”计算在内，预计2019年初的失业率为40%。2011年公布的“新增长路径”重申，有必要出台一项非常正统、紧缩的财政政策。尽管获得了国际上的掌声，但它没有成功。[③] 最近的政府宏观经济政策提案再次重现了正统的观点，而且不太可能成功。[④]

南非的经济增长确实出现了真正的悲剧：投资疲软；失业率居高不下；种族隔离制度结束后，不平等现象加剧，而且仍然非常严重，主要原因是劳动力市场的高度不平等；而国内生产总值的实际增长率就像耗尽燃料的汽车一样停滞不前。[⑤] 这场悲剧不可避免的因素，源于对遵循“财政部”路线的经济政策的虔诚坚持，倾向于国家干预最少，货币估值过高，以及通过宏观经济“审慎”优先考虑反通胀。

---

① McKinsey Global Institute (2018: 48).

② Posel, Casale, and Vermaak (2014).

③ Tregenna (2011).

④ Adelzadeh (2019).

⑤ Leibbrandt, Finn, and Woolard (2012); Finn and Leibbrandt (2018).

第五节　撒哈拉以南非洲妇女所遭受的失望、暴力和压迫

暴力冲突

虽然在非洲各地，关于暴力的证据都不可靠，但 2017 年一些非洲国家，与武装冲突直接相关的死亡人数尤其多。图 2.6 显示了尼日利亚、南苏丹、索马里和刚果民主共和国暴力冲突中的高伤亡水平估计值。刚果民主共和国是暴力数据问题的典型例子。全球媒体关注国际救援委员会（IRC）估计，1998 年至 2007 年间，刚果民主共和国战争死亡人数为 540 万。很明显，IRC 使用了不恰当的假设，从经历了特别激烈战斗的特定调查地点进行推断。另一种方法涵盖了同一时期，利用相同的调查证据，但对冲突前死亡率做出不同的假设，得出的估计值要低得多，不到 100 万。①

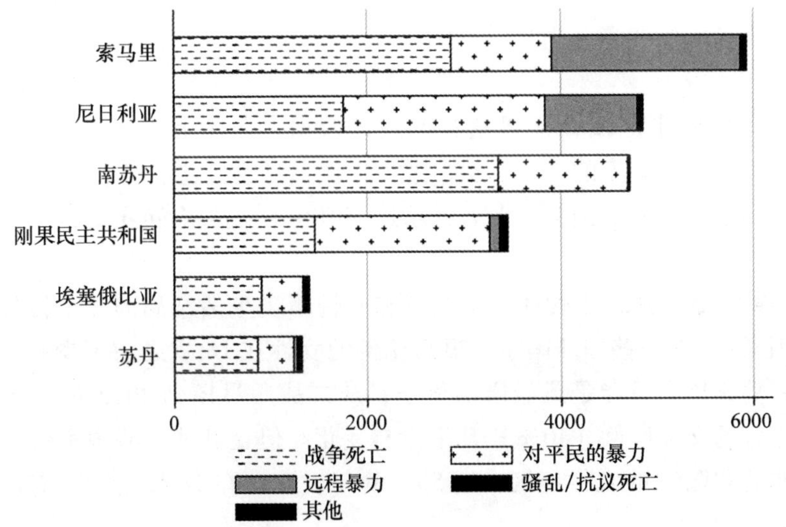

图 2.6　2017 年在暴力冲突中死亡人数最多的撒哈拉以南非洲国家（人）

资料来源：ACLED（2017）。

① Human Security Report（2013）.

1989 年至 2017 年期间，卢旺达、埃塞俄比亚、刚果民主共和国、苏丹和尼日利亚记录的有组织暴力造成的死亡人数位居世界前列。2016 年至 2017 年期间，非洲国家的非国家冲突数量急剧增加，包括尼日利亚、苏丹和南苏丹、刚果民主共和国和中非共和国的几种不同冲突类型。[①] 有证据表明，在各种暴力冲突中遭受最大痛苦的是妇女和女童。受战争间接影响，她们在获得粮食、保健服务和清洁饮水方面的机会会减少。这可能反映在跨越广泛的冲突样本中男女预期寿命的性别差距的缩小上。[②]

亲密暴力和对女孩的责难

无论是否发生大规模武装冲突，针对妇女和女童的暴力行为普遍存在。亲密伴侣间的暴力行为很难准确衡量，但它似乎是非洲女性生活的一个普遍特征，阿切比（Achebe）指出：

> 一位忧心忡忡的邻居曾打电话给警察局，报告说有一个男人正在殴打他的妻子，值班警官昏昏欲睡地问："所以呢?" 所以，我们背地里叫他"所以先生"。[③]

图 2.7 使用了 2018 年可获得的最佳数据，在几个非洲国家，超过 20% 的 15 岁至 49 岁的受访妇女在过去一年内曾遭受过亲密伴侣的暴力，在一些国家，这一比例上升到远远超过 30% 。在瑞典和英国，这一比例约为 6% 。

如第六章所述，少女怀孕是儿童和女性不良生活结局的一个极好的预测因素。[④] 在一些非洲国家，很高比例的女性在 18 岁之前至少有一个孩子。莫桑比克可能是最极端的例子，从二战后早期到 2012 年，18 岁之前生育的女性比例（40% ）几乎没有变化。但在其他一些国家（乍得和中非共和国）的农村地区，近 50% 的年轻女性在 18 岁之前生育。而

① Pettersson and Eck（2018）；https：//www. acleddata. com/data/.

② Plümper and Neumayer（2006）.

③ Achebe（1987：35）.

④ Jeha et al. （2015）；Corcoran（1998）.

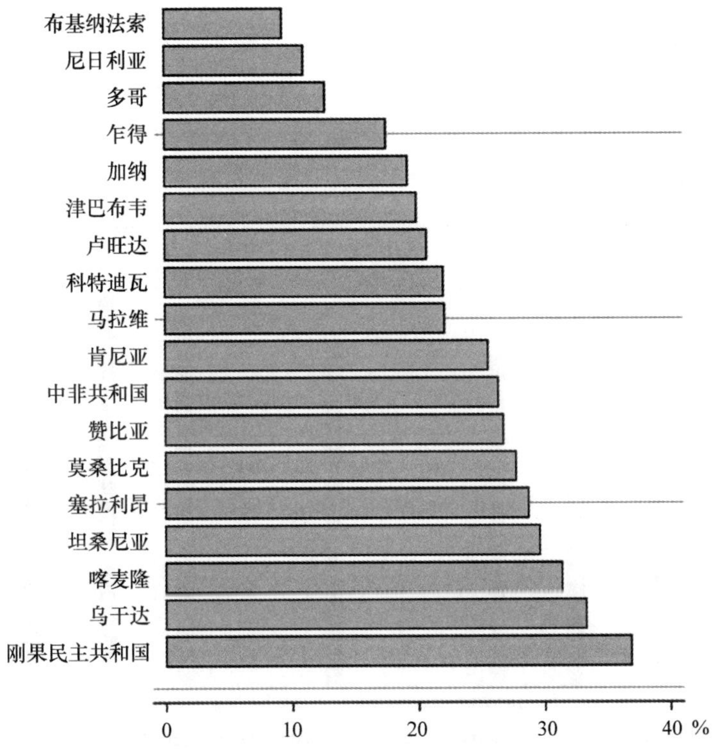

图 2.7　在选定的撒哈拉以南非洲国家报告身体和/或性暴力的妇女比例

资料来源：UNDS（2018）。

且，在非洲农村和城市，生活在最贫困家庭的女孩少女怀孕的风险最大。①

早育率高的一个明显原因是强迫童婚。来自埃塞俄比亚阿姆哈拉州的数据显示，超过一半的农村妇女和女孩在 18 岁之前结婚，其中 15 岁是 20—49 岁女性第一次结婚的平均年龄。② 在一些国家，非常高比例的女性，尤其是未婚女性，避孕需求得不到满足。例如，在乌干达，15—49 岁的未婚妇女中有一半以上表示避孕需求未得到满足（图 2.8）。政治领导人（或他们的妻子）经常强化的社会态度，加剧了年轻女性必须忍受的往往是强制性的条件。2017 年，坦桑尼亚总统坚持把怀孕的学生

① https：//data. unicef. org/topic/maternal-health/adolescent-health/.

② Jones et al. （2018：45）.

排除在学校之外，布隆迪教育部长也在2018年效仿。①

如果少女的福利受到政策选择或忽视的损害，一些国家在生育率下降方面落后于非洲的整体趋势（在第二章第八节中讨论）就不足为奇了。例如，在安哥拉、乌干达、乍得和尼日利亚，平均生育率仍然非常高，每名妇女有4.5个婴儿安全出生。②

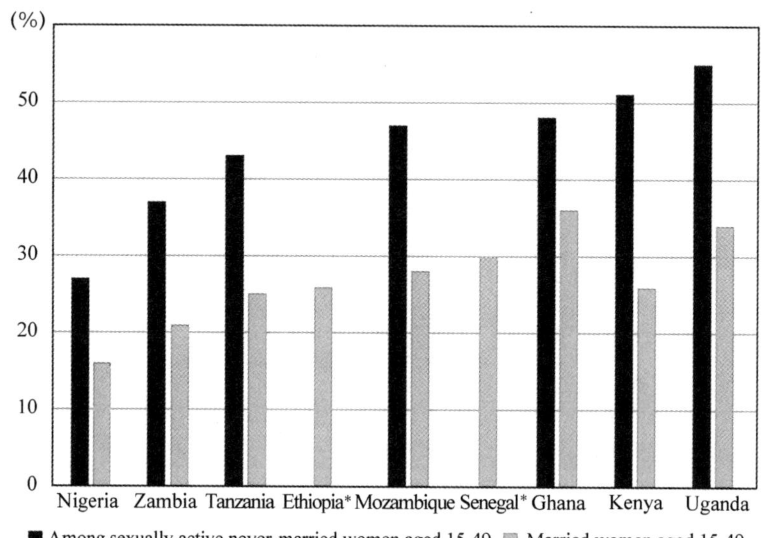

图2.8 未满足避孕需求的妇女百分比（选定的撒哈拉以南非洲国家）

资料来源：Guttmacher（2016）。

早逝的儿童

西非和中非是世界上5岁以下儿童死亡率最高的地区：在这些地区，平均每1000个新生婴儿中有98.7人死亡。这大约是高收入国家平均水平的15倍。安哥拉、乍得、索马里、中非共和国、塞拉利昂、马里和尼日利亚的5岁以下儿童死亡率高于每千名新生婴儿100人死亡。但是，无法在国家一级解释非洲的5岁以下儿童死亡率。相反，有必要研究增加死亡风险的当地因素。斯坦福大学的研究人员得出结论，不仅撒哈拉以南非洲国家的5岁以下死亡率具有高度的异质性，而且亚国家因素占

① Martínez, Odhiambo, and Human Rights Watch (Organization) (2018).

② UN (2017).

死亡率总体变化的四分之三以上。他们的研究结果支持我们制定的目标政策（第七章）。①

第六节　最好的时代：南非

电力供应可以从根本上改善生活条件——比如允许夜间读书和更安全的烹饪。毫无疑问，南非自 20 世纪 90 年代初以来取得了长足的进步，当时的接入电网水平不到 40%。到 2012—2013 年度，超过 85% 的家庭报告已接入电网。②

在南非，新生儿死亡率可能仍然高得让人无法接受，但事实上，该国的 5 岁以下儿童死亡率（U5MR）已大幅下降，从 2003 年至 2005 年（艾滋病流行高峰期）的每 1000 个新生婴儿中约有 80 人死亡，到 2015 年每 1000 个新生婴儿中有 37 人死亡。这并不是南非人口结构的唯一积极变化。未满 18 岁的女孩生育率的上升幅度已经减小，可能在下降。全国青少年友好诊所倡议设施正在针对年轻人提供生殖健康咨询。这些设施与女孩的延长教育期限、提高就业的年轻成年女性的工资以及改善年轻女性所生子女的健康状况有关。③

截至 2015 年，有 92% 的 5 岁到 6 岁学龄前儿童接受了某种形式的教育，比 2002 年增加了 38%。在三个省（豪登省、自由州省和西开普省），90% 以上的儿童能够获得安全用水。尽管在林波波省、夸祖鲁—纳塔尔省和东开普省，获得安全用水的便利仍然不足，但后两个省已经取得了巨大进展。④

在经历了多年的巨大规模生命损失和残疾影响生命年（DALYs）之后，政府被迫放弃其否认艾滋病的立场。2005 年之后，资金的激增导致世界上最大的抗逆转录病毒计划。⑤ 参加产前检查的孕妇中有 98% 以上

① Burke, Heft-Neal, and Bendavid (2016).
② Harris, Collinson, and Wittenberg (2016).
③ Branson and Byker (2018).
④ Jamieson et al. (2017).
⑤ Mayosi and Benatar (2014).

接受了艾滋病毒检测，艾滋病毒阳性孕妇中有92%以上接受了治疗。[①]更广泛地说，卫生保健能力有了重大改善。从1996年到2016年，每1000人拥有医师的估计人数从0.593人增加到0.818人。2001年，公共部门仅有约2000名黑人医务工作者，但到2016年，这一数字已接近7500人。与此同时，在2008年至2017年间，南非护理理事会注册的护士数量上升了74000人（增加35%）。[②]

第七节 撒哈拉以南非洲：隧道尽头的光明

2000年之后，当非洲的经济增长似乎在超过世界上其他大部分地区时，一个新的过于简化的叙述取代了“非洲虚拟变量”的说法。现在，故事是关于“非洲崛起”的：人们夸张地庆祝经济的突飞猛进和“行动中的狮子”的寓言；对政策教训的讨论集中在治理“改善”和选举的积极贡献上。以前预示着黑暗和无望的未来的事实，例如“青年膨胀”，现在变成了发展复苏的动力。因此，非洲人口的年龄构成和增长率不再是定义“安全人口”恐惧的标准，而是承诺了一种有价值的“红利”——快速增长的消费市场和（廉价）劳动力来源。

尽管存在夸大的预测，但实际上有证据表明，以历史标准衡量，非洲大部分地区的社会经济变化是显著的。这些变化首先是女性福利的改善，而不是GDP的短暂增长或“营商环境”分数的短暂上升。[③]在本书中，我们将概述非洲一系列指标中有关发展的重要证据。然而，我们也强调，这种经济和社会变革的经历在时间上和国家之间（和国家内部）都是***不平衡***的。我们强调在非洲发展的叙述中有必要考虑更复杂的主角。

我们已经表明，在一些非洲国家，女性在青少年时期生育的比例非

---

① Cooper et al.（2016）.

② https：//data. worldbank. org/indicator/SH. MED. PHYS. ZS? locations = ZA；http：//www. sanc. co. za/stats/stat2017/Growth% 202008 – 2017. pdf.

③ 如果说“营商环境指数”已经不被怀疑的话，那么当当时的世界银行首席经济学家保罗·罗默指出智利的排名受到了政治操纵，对智利政府造成了不利影响时，该指数的弱点就得到了广泛的承认（https：//eurodad. org/doing-business-report）。

常高。然而，这只是其中的一部分。图 2.9 显示，在其他一些非洲国家，少女怀孕的比例要小得多。这张图还表明，在一些国家，青少年生育的发生率有所**下降**，塞内加尔只是一个例子（从 1998 年到 2016 年，从 27% 下降到 18%）。

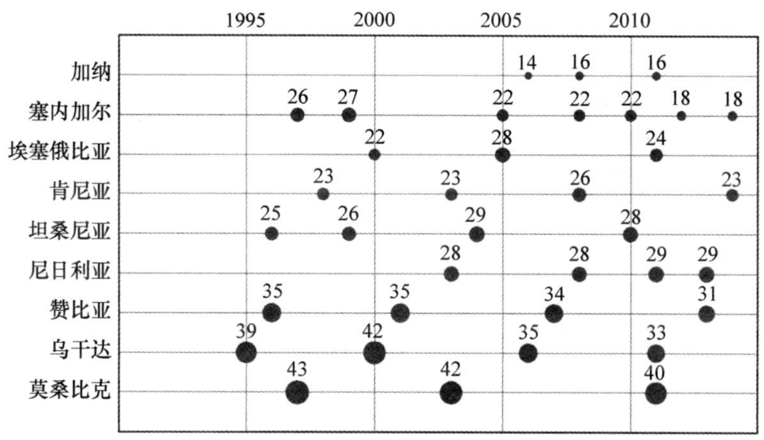

图 2.9　18 岁前至少生育一个孩子的女性所占比例（%）
（选定的撒哈拉以南非洲国家，1995 年，2016 年）

资料来源：UNICEF（2018）。

进一步削减的前景令人鼓舞。并不是所有地方都有政治领导层煽动对女学生母亲的污名化，并限制她们获得避孕套。① 许多非洲国家已经颁布法律，保护年轻女性产后重返学校的权利。一些国家通过取消学费和间接费用解决了返回的特殊障碍；另一些国家，例如塞内加尔和佛得角，为母乳喂养的母亲提供了便利；赞比亚允许灵活的学习时间表。②

有证据表明，自 20 世纪 90 年代初以来，生育率大幅下降，例如在埃塞俄比亚和卢旺达就可以看出（图 2.10）。总的来说，在非洲城市地区，生育率的转变（平均每名妇女的生育人数下降到公认的数字 2）进展相当迅速。博茨瓦纳、莱索托、斯威士兰、肯尼亚城市和埃塞俄比亚城市的生育转变几乎已经完成。与此相反，在安哥拉、莫桑比克、刚果

---

① 在乌干达，珍妮特·穆塞韦尼支持的五旬节派运动明确地一再反对销售和分发避孕套（Bompani and Brown，2015）。

② Martínez，Odhiambo，and Human Rights Watch（Organization）（2018：11）.

民主共和国、刚果（布拉柴维尔）和喀麦隆这五个经历过战争且没有有效计划生育政策的地方，农村生育转变才刚刚开始。① 随着极年轻女性怀孕人数的减少，以及生育率下降所反映的公共卫生状况的改善和生活水平的提高，一些孕产妇的死亡风险降低了。平均而言，撒哈拉以南非洲地区的孕产妇死亡率从 1990 年的每 10 万新生婴儿 987 人死亡下降到 2015 年的每 10 万新生婴儿 546 人死亡。当然，这掩盖了巨大的差异，在一些国家，产妇死亡率的改善尤其显著。例如，在埃塞俄比亚，这个比率从 1250 下降到 353；在卢旺达，这个比率从 1300 下降到 290。②

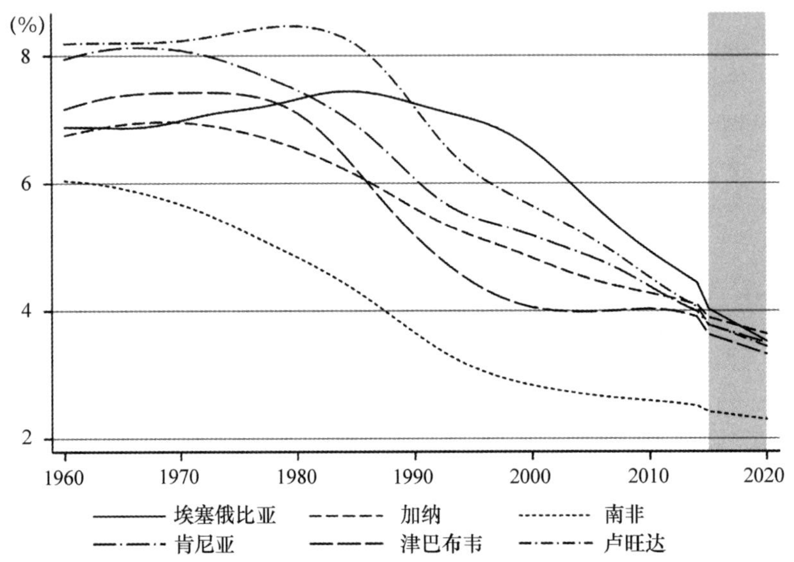

图 2.10　生育率迅速下降（选定的撒哈拉以南非洲国家）

资料来源：UN（2017）。

我们可以提出更多的人口统计数字，以说明非洲国家内部和各国之间女性福利改善率的差异。例如，我们可以描绘出女性教育地位变化的显著趋势，就如 2000 年后，加纳、坦桑尼亚、科特迪瓦，尤其是埃塞俄

① Garenne（2018）.

② https：//data. unicef. org/topic/maternal-health/maternal-mortality/.

图 2.11 埃塞俄比亚航空公司首次全为女性的机组人员

资料来源：Ethiopian Airlines。

比亚高等教育中女性入学人数的中位数显著增加。① 然而，我们更愿意按一种方式来说明一些非洲女性地位的变化。2017 年，一架亚的斯亚贝巴飞往拉各斯的波音 777 航班完全由非洲女性机组（图 2. 11）执飞；她们代表越来越多女性技术毕业生开始克服令人生畏的历史偏见。②

如前所述，数百万妇女继续遭受痛苦，因为她们的孩子在 5 岁之前死亡的比例很高，特别是在西非和中非。但是，在 2000—2015 年期间，90%的撒哈拉以南非洲国家 5 岁以下儿童死亡率的平均下降速度（ARR）高于 20 世纪 90 年代。其中 21 个国家 2000—2005 年平均下降速度要么是 20 世纪 90 年代负趋势的逆转，要么是它的三倍。③ 在整个 1950—2000 年期间，9 个撒哈拉以南非洲国家的 5 岁以下儿童死亡率实现了稳定的线性下降。武装冲突数据捕捉到的一些近期趋势显然有助于理解婴儿死亡率的降低。在安哥拉、布隆迪、埃塞俄比亚、卢旺达和乌干达等国，武装冲突直接造成的死亡人数在过去 10 年至 25 年中***急剧下***

① http：//data. uis. unesco. org/.

② Egne（2014）.

③ You et al. （2015）.

降。

大多数暴力冲突——以国家为基础或以其他方式——影响非洲国家相对较小的地理区域，索马里除外。此外，武装冲突已变得不那么暴力，至少在战斗死亡人数相对较少的意义上是这样。自 2000 年左右以来，与 20 世纪 90 年代相比，国家冲突和单方面暴力造成的死亡人数都明显下降。①

在防治艾滋病/艾滋病毒流行、提供更安全的水和获得电力方面取得的进展不仅限于南非。抗逆转录病毒药物（ARVs）的更广泛获得已使得总体预期寿命显著增加。② 据世界卫生组织（WHO）的估计，1990 年至 2015 年期间，撒哈拉以南非洲 43% 的人获得了改善的饮用水源。③

在 1990 年，只有 16% 的撒哈拉沙漠以南的非洲人有电可用；到 2016 年，这个比例已经上升到 43% 。④

第八节 尼日利亚是一个国家

像尼日利亚这样的同质化“国家”或经济体的理念需要被打破。在尼日利亚（和其他国家一样）有许多不同的变化来源。一个非常显著的指标是女孩受教育的地区差异。2015 年，埃基提州育龄妇女的平均受教育水平为 11. 3 年。这是尼日利亚最高的平均水平。尼日利亚北部几个州的教育水平不到两年（例如，凯比、索科托、约贝和赞法拉）。⑤

在尼日利亚所谓的“资源诅咒”的影响下，尼日利亚一些农作物的产量已经开始稳步增长。尼日利亚已成为非洲最大的腰果出口国和仅次于越南的世界第二大腰果生产国。现在的腰果产量是 20 世纪 70 年代世界最大腰果生产国莫桑比克的 9 倍（见第三章）⑥

尼日利亚的国情可能被认为不利于扩大生产、投资和资本积累。该

① Bakken and Rustad（2018）.

② UNAIDS（2016）.

③ WHO and UNICEF（2015）.

④ World Development Indicators.

⑤ Graetz et al. （2018：49）.

⑥ FAOSTAT（Food and Agriculture Organization Corporate Statistical Database）.

国在20世纪60年代经历了“内战”、三角洲地区低强度的断断续续的暴动、北部地区与“博科圣地”（和“伊斯兰国”）的“国家冲突”，以及“非国家冲突”的扩散，包括富拉尼牧民和定居的农业者之间的冲突。但同样的背景下，阿里科·丹格特（Aliko Dangote）不仅在非洲大部分地区建立了水泥行业，而且还将着手建立一个工业综合体：包括一个价值120亿美元的炼油厂、一个石油化工厂和一个年产300万吨尿素的化肥厂。这一庞大的项目得益于拉各斯州政府的激励措施，这已是近年来拉各斯复苏的一个标相。在拉各斯，国家干预措施的质量引发了人们对尼日利亚能力的刻板印象的质疑。拉各斯州15—25岁青少年的识字率约为95%；90%以上的人有机会获得安全的水源；90%以上的家庭拥有手机。所有这些都超过了整个尼日利亚的平均水平。①

政策的变更和适用范围

欢迎变化可能是获得政策潜力的途径。例如，如果同一地区的一些国家（以及同一国家内的一些人）努力表现得更好一些，如果那些不利条件没有持续地削弱这个国家的力量，如果在某些方面拥有类似“文化”的国家仍然降低了青少年怀孕的发生率，那么在绝望中认输并谴责殖民地的历史或全球经济中的不利条件和游戏规则会是更加困难的。

变化也常常为解释提供线索。如果一组经济体的某些特征相当相似，但结果或表现却各不相同，那么解释结果的探索可能会取得进展。我们认为，在一般情况下，性能的变化通常应该为“可能的艺术”拓展空间（见第六章）。

也许政策范围最明显的例子是农村生育率下降的变化。到2010年，卢旺达农村地区的生育率过渡已经完成一半以上，而布隆迪农村地区的生育率仅有5.6%的转变。② 这两个国家有许多相似之处，从地形、人口到殖民经历。不同之处在于卢旺达更加全面和坚决执行计划生育政策，避孕措施更加普遍。在肯尼亚农村地区，1980年至2010年间，生育率迅速下降，再次达到了生育率过渡大约完成一半的水平。但在乌干达农

---

① Pilling（2018）.

② 这是显而易见的趋势，随着经济的发展，平均生育率（即妇女平均孕育子女数量）逐渐下降。

村，生育率在很长一段时间内都保持在很高的水平。肯尼亚在独立时的生育率是世界上最高的，独立后的计划生育政策和机制有着悠久的历史，各种形式的避孕措施仍然免费，广泛传播，大多数人都可以使用。加纳持续、明确的计划生育政策与农村生育率的迅速下降形成了类似的对比。尼日利亚的政策不太一致，伊斯兰教和天主教团体的反对更为强烈，生育率过渡的进展更为不平衡和缓慢。①

非洲国家达到每户至少拥有一个经杀虫剂处理的蚊帐（ITN）水平的比率也有类似的差异。例如，贝宁拥有至少一个 ITN 的家庭比例大幅上升（2006 年至 2011/12 年，该比例从 25% 升至 80%），而安哥拉仅实现了 28% 至 35% 的微小增长。在 19 个非洲国家中，有 13 个国家还改善了 ITN 在财富水平上的分配公平性，而两个国家没有变化，4 个国家的分配恶化。同样，这种差异似乎是由国家一级政策的变化所造成的。②

另一个例子是坦桑尼亚和乌干达儿童死亡率变化的差异。1995 年，两国的儿童死亡率非常接近。在接下来的 12 年里，他们还获得了类似数额的外国卫生援助。他们有着大致相似的气候条件和殖民历史，相似的人均收入水平和相似的经济结构。然而近年来，坦桑尼亚的儿童死亡率大幅下降，而乌干达却没有。在坦桑尼亚，政府高度、持续地优先重视卫生部门，并保护政府研究人员和与他们有联系的外部研究人员卫生研究的独立性。相比之下，在乌干达，卫生干预一直是私有化意识形态和政权政治演变的牺牲品。最大的不同似乎在于预防和治疗疟疾的政策。坦桑尼亚国家疟疾控制规划的特点是任人唯贤、技术自主和关键岗位人员的连续性。与此同时，在乌干达，“有许多例子表明，在技术性的国家疟疾控制规划事务中存在政治干预，腐败的案例非常多，而且有充分的证据证明，在所涉期间，国家疟疾控制规划的工作人员更替率很高”。③

同样的原则既将变化分析作为确定政策作用的第一步，也适用于一个国家内部的变化。一个例子是由一位作者对埃塞俄比亚三个不同的制造业部门的相对业绩进行的评估。埃塞俄比亚有单一的经济战略和共同

---

① Garenne（2018）. See also Sharan et al.（2011）.

② Taylor, Florey, and Ye（2017）.

③ Croke（2012：448）.

的工业政策方针，但近年来，花木产业、皮革和皮革制品以及水泥等细分行业的业绩变化明显。对变化的评估提供了可能的解释，而这些解释反过来又使我们更清楚地了解部门间差异在何处导致了变化，以及尽管存在这些差异，但由于它们，新政策仍有改进绩效的余地。①

第九节　结论：当心“多米尼加模式”

政策制定者及其顾问的目标应该始终是更多地了解非洲国家之间和国家内部社会和经济经验的异质性。我们的观点是，他们应该首先分析具体地点和时刻的“有效现实”。我们还强调了非洲发展中相互矛盾的、往往是可怕的特点，我们认为，鉴于资本主义的历史和理论动态，这些都是可以预料到的。这两点都应该加强政策官员的警惕性，即政策官员需要抵制将复杂多样性扼杀在平均范围内并抑制了乏味的综合指数中的矛盾的政策“处方”。我们还认为，在考虑政策干预的潜力时，福利结果和经济表现模式的变化可以提供洞见。

非洲政策官员遵循的许多政策处方都是基于标准诊断，这些诊断采用本章所强调的简单化叙述和解释。标准的诊断往往基于无知：一名顾问第一次来到马普托，领导一个评估捐赠支出影响的团队，被问及他对莫桑比克了解多少。他这样回答本书的一位作者，“哦，很少，但没关系，因为我们可以使用多米尼加模式”。许多政策建议都是从书架上拿下来的，以这种形式呈现。

① Oqubay（2016）.

第三章

常识的多样性

第一节　引言：发展经济学的迷雾

决策者呼吸着充盈着传统智慧迷雾的空气，在这种空气中理念和假设的颗粒慵懒地相互依附着，形成了一股所谓常识、无须验证的真理的瘴气。其结果是，假设和证据并不总是受到质疑。常识的作用就像人们在思维上的捷径，依赖于思维习惯和偏见：行为心理学家研究的领域已经开始影响经济学家和政府政策。①

在本章中，我们概述了两种典型的传统智慧，它们已经笼罩在非洲决策的氛围中。首先是与正统的新古典主义经济学相关的一套观念。其次是与反帝国主义的“第三世界主义”发展理论以及某些形式的结构主义发展经济学相联系的一系列论点。乍看，这些是非常不同的、相互矛盾的方法。然而，我们的目标是让人们注意到它们的共同之处，而不是像其他地方那样，追踪它们的起源和复杂的轨迹。② 这两种被认为是相互竞争的方法的思想，通常可以在政府官员、顾问和大学经济学家的观点和声明中看到重叠。第三章第四节讨论的一个例子反映了对非洲大陆自由贸易区（AfCFTA）的广泛支持。

如果说有两种不同的思想流派影响着决策者，那么这两种思想流派

---

① Kahneman（2012）；Lewis（2017）．另外一种决策方法可参见 Tuckett（2011）；Chong and Tuckett（2015）；Dow（2012）。

② 例如 Thirlwall and Pacheco-Lopez（2017）；Meier and Seers（1984）；Hirschman（1981b）；Howard and King（1992）；Glyn（2007）；King（2009）。

都不是完全独立的。相反，每一种都有不同的变体，有些比其他的更狭隘。此外，这两个学派的方法通常有两种截然不同的态度：悲观主义（和“不可能主义”）或天真的乐观主义。我们将展示“不可能主义”的态度是如何被发展经济学家所认同的，否则他们会认为自己的观点大相径庭。例如，这种“不可能主义”将那些对低收入国家初级商品加工收益持悲观态度的人与那些坚持认为这些国家永远不可能创造出能够在全球价值链阶梯上爬得比最底层高的公司的人联系在一起。在言辞分歧的两边，不可能论者都认为，贫穷经济体的资本主义快速工业化将无法在工厂创造足够数量的就业机会。

然后我们将继续探讨一种非常不同但仍普遍持有的态度：天真的乐观主义。我们尤其怀疑促进自下而上、微型企业和合作发展的广泛方案。我们认为，不应将可能性主义的分析态度与天真的乐观主义混为一谈，而且，正如本书其他部分所警告的那样，不要美化资本主义发展（或者，实际上，美化非洲的长期历史）。第二章讨论的矛盾不是经济分析的“补全”，而是我们分析框架的前沿和中心，我们认为，这些矛盾应该包含所有的分析和政策设计（以及评估）。

例如，只要看一眼过去六十多年来有关经济增长的一些证据，就会发现，有关增长先决条件的常识说法是有误导性的。在 1960 年至 2016 年间，这个通过殖民定居方式接触西欧“包容性机构”［阿西莫格鲁（Acemoglu）、约翰逊（Johnson）和罗集逊（Robinson）认为这对长期发展至关重要］***最少***的国家实现了比几乎所有其他非洲国家更多的累积增长（图 3.1）。[①] 埃塞俄比亚的短暂殖民定居点是意大利法西斯占领时的形式，当时，修建了一些基础设施，亚的斯亚贝巴还发生过一场大屠杀。在此期间，埃塞俄比亚并不是内陆国家，但在 1991 年之后就变成了内陆国家。[②] 20 世纪 90 年代末，在与厄立特里亚的战争中，埃塞俄比亚与海上港口的联系更加稀缺。这个国家显然也处于一些经济学家所称的“坏邻居”之中。在这一时期的大部分时间里，它的特征就是著名正统经济学家所称的“政策综合征”（即非正统政策）。而且在大多数时期，它显然不是一个自由的多党民主国家。相比之下，在这一时期累积增长最弱

① Acemoglu, Johnson, and Robinson (2002); see also Chapter 2.

② Campbell (2017).

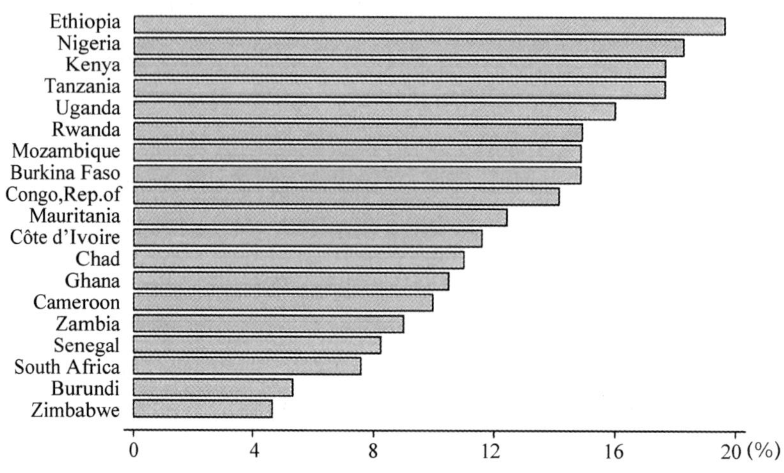

图 3.1 累计 GDP 增长率（1960 年和 2016 年的百分比增长率，选定的非洲经济体）

资料来源：Maddison Project（2018）.

的一些非洲国家，包括南非和津巴布韦，在西方定居者殖民主义方面有着更丰富的经验，特别是在南非，它们比其他国家更坚决地采取了“有利于市场”的经济政策。图 3.1 中的证据不仅突出了撒哈拉以南非洲经济经验的***多样性***，也挑战了关于经济发展“驱动力”的一些常识性假设。

第二节 常识和强大思想的再现

权力的行使包括武力和同意。[①] 霸权依赖于接受。让人们把一套思想和政策视为“自然的”，需要运用“修辞上的共性”：关键的短语和思想被传播、重复和坚持，直到它们形成合法辩论的轮廓。[②] 我们将在这本书中强调一些修辞上的共性，包括“改革劳动力市场”和“正确定价”，这将复杂的思想和论点提炼成过于简单的形式。

① Anderson（2000）；Purdy（2014）.

② Jackson（2006）；Krebs and Jackson（2007）.

修辞上的常用语强化了传统智慧："大众的世界观"。正如安东尼奥·葛兰西（Antonio Gramsci）所指出的那样，虽然"常识"可能意味着"良好的判断力"——人们所说和所做的事情通常被认为是明显和理智的——但它可能具有更复杂的意义和模糊的政治含义。在葛兰西看来，常识包含了一套信念和观念的"给予性"——它们显然是不言而喻的。常识可能成为政治变革的障碍，因为它有助于巩固穷人和受压迫人民的一种观念，即他们的境况是不可避免的，甚至是最好的。然而，如果公众的压力可以创造性地与知识分子的自律努力相结合，那么就有可能重塑常识来支持政治变革。① 在本章中，我们挑战传统智慧，以期对过去的经验提出更有说服力的叙述，并为未来制定更有效的政策。

在常识的战场上，以及它如何与非洲社会经济转型进程联系在一起，思想就是武器。它们被用来消除对立的观点，反映、服务和与物质利益相结合。正如凯恩斯的名言："那些认为自己完全不受任何学术影响的实干家，通常是一些已故经济学家的奴隶。那些凭空决断的掌权者，其雷霆大怒则源于一些早已过时的三流学者。"② 唐纳德·特朗普（Donald Trump）的总统职位吸引了许多这样的三流学者，尤其是艾恩·兰德（Ayn Rand）和塞缪尔·亨廷顿（Samuel Huntington）。与此同时，尤利乌斯·尼雷尔（Julius Nyerere）的坦桑尼亚的经济政策受到英国费边社思想的严重影响。③

想法和政策执行之间从来就没有直接的因果关系。皮诺切特在智利的政策很容易解释为仅仅是"芝加哥男孩"提出的想法的结果，或者仅参考华盛顿金融机构的智力影响来解释乌干达中央银行提出的通货紧缩政策。④ 即便如此，创意市场还是受到了操纵：大量资源继续投资于使非洲和其他地区经济发展的一系列具体想法合法化。世界银行和捐助国政府在"能力建设"上投入了大量资金，这在口头上是司空见惯的，既表明了明显的技术需求，又抵消了这种支持的政治性。⑤ 国际粮食政策研究所（IFPRI）就是一个具体的例子。在讨论埃塞俄比亚持续的、影响

---

① Gramsci（1971：422）；Crehan（2011）.

② Keynes（1936：383）.

③ Smith（1985）on Nyerere；Marshall（2018）and Robin（2017）on Trump.

④ Dafe（2017）对非洲央行政策的决定因素进行了更为细致，但仍相当机械的解释。

⑤ Van Waeyenberge，Fine，and Bayliss（2011）.

广泛的、资金充足的“支持”方案时，华盛顿援助内部人士清楚地描述了国际粮食政策研究所（IFPRI）的意识形态和政治优先事项：

IFPRI 的大部分研究（及其研究人员的培训）都植根于新古典经济学。其结果是，IFPRI 在埃塞俄比亚的研究中有很大一部分可能被描述为寻求（次优的）解决市场失灵问题的方法，而另一大部分则致力于机构的创建和运营，这可能是找到最佳解决方案的前奏。[①]

IFPRI 建议的解决办法之一是加强埃塞俄比亚商品交易，其结果对埃塞俄比亚最重要的出口商品——咖啡是灾难性的。[②]

另一个为“能力建设”提供国际支持的例子是非洲经济研究联盟（AERC），该联盟由包括美国国际开发署（USAID）、世界银行、比尔和梅林达·盖茨基金会，以及英国国际发展部（DFID）等在内的捐助者资助。对 AERC 的评估指出，其培训的重点“狭隘”地集中在经济学的技术和主流方法上，而一系列有限的宏观经济问题与国际金融机构对稳定政策的看法有关。这里强调的是“严谨性”——这本身就是一种具有说服力的修辞手法，坦迪卡·姆坎达威尔（Thandika Mkandawire）将 AERC 描述为“也许是有史以来在任何大陆上实施过的最壮观的学科变革尝试”。[③] 非洲经济研究联盟与哈佛国际发展学院（Harvard Institute for International Development）之间有着密切的联系，哈佛国际发展学院（Harvard Institute for International Development）提倡狭义的新古典主义政治分析，并通过在莫桑比克和肯尼亚规划部门派驻工作人员，强烈地影响了非洲的政策辩论。[④] AERC 只是一个经济学家网络的一部分，该网络从 20 世纪 80 年代起在非洲传播了一种单一的、排他性的新古典经济学观点。[⑤] 更广泛的现象并不局限于非洲，因为东欧的前外国顾问“似乎也获得了同样的受过教育的无能……在同一所学校和大学里，以及在以后的生活中应用同样狭隘、抽象和不相关的方法论。”[⑥]

当 AERC 开始涉及“政治经济学”时，它主要是通过公共选择理论

① Slade and Renkow（2013：11）.

② Slade and Renkow（2013：19）；Cramer and Sender（2019）.

③ Mkandawire（2014：186）.

④ Bates（2017）.

⑤ Mkandawire（2014：186）.

⑥ Wiles（1995：46）.

来实现的。将公共选择理论作为对 AERC 研究缺乏政治经济学的批评的回应，是那些在主流经济学领域工作的人本能反应的很好的例子，其中包括：

> 一种奇特的自我封闭能力。每一个批评试图从现实中释放出一些空气而在其中造成漏洞，都是通过承认这一点，但拒绝从中得出任何结果来弥补漏洞，这样旧的学说就可以像以前一样重复使用。①

然而，并非只有正统经济学家才不会受到相互矛盾的证据累积的影响。许多坚定地站在知识鸿沟另一边的人，强调发展的结构性障碍和资本主义世界市场对贫穷国家造成的危险，面对不利的证据，他们也非常顽固。第五章更详细地讨论了一个例子，其中涉及他们对出口收入不可能实现增长的理论解释的转变，导致标准政策结论侧重于国内市场的制成品生产或南南贸易。

第三节　发展经济学悲观主义的来源

不可能完成的任务：受制于要素禀赋约束

接受过新古典主义经济学培训的经济学家，以及许多接受过结构主义发展经济学或新马克思主义政治经济学培训的经济学家，往往都认为，低收入国家发展为工业经济体的现实前景渺茫。这一观点涉及两种常识，每一种都将复杂的经济思维提炼为简单的家庭真理。一个借鉴了比较优势的观点，而另一个借鉴了结构主义（有时是依附理论）关于富国和穷国之间贸易的必然后果的观点。

如果说在经济学中有修辞上的共性的话，那就是比较优势的概念，权威的《新帕格雷夫经济学词典》宣称它是“所有经济学中最深刻、最美丽的结果”。② 比较优势经常被用来阻止政府干预以加速结构变革，即使经济学家们迷恋这一想法，但当认识到它的局限性时，他们仍然对政

① Robinson（1977：22）. See also King（2015）.

② Findlay（1987：514）.

府干预成功地违背这一原则的前景极为悲观。[①]

从大卫·李嘉图（David Ricardo）在18世纪提出的比较优势理论认为[②]：一个国家应专门生产其生产成本相对于其他国家而言最低的产品，而不管该国在生产其他产品方面是否具有绝对成本和效率优势。这涉及生产和交易由当地丰富的（相对便宜）投入所产生的产品，尽量少使用那些稀缺的（相对比其他贸易伙伴国家更贵）投入。正如钱德拉（Chandra）、林和（Lin）王（Wang）建议的那样：

> 一个产业是一个经济体潜在的比较优势，如果根据由该经济体的禀赋结构决定生产要素成本，该经济体能够在该产业中具有竞争力……[③]

一种理解比较优势的有影响力的要素禀赋法分析了各国在技能与可耕地比例的差异。根据这一分析，非洲国家拥有广阔的可耕地，但拥有高水平技术技能的人相对较少——应该专门从事***未加工***初级商品的国际贸易。渐渐地，这些非洲国家的生产力可能会提高，最终，相对于可耕地的存量，技术的存量可能会增加。这种分析对政府立即干预以支持初级商品加工等领域的范围持悲观态度。2000年和2005年间英国国际开发部（DFID）的首席经济学家对这一分析表示赞同：

> 正如赫克歇尔—俄林理论和常识预测的那样，土地丰富地区的初级产品出口份额始终大于土地稀缺地区……[④]

人们很容易指出，贫穷、劳动力丰富的国家，投资于资本和技能密集型生产，只会让工厂搁浅，无法接近国际竞争标准。然而，在提倡减少贸易壁垒时，将比较优势作为一个警示故事，并不等同于从一个修正的赫克歇尔—俄林模型中得出政策结论，该模型建立在关于充分就业、

---

① Krugman（1987）.

② 马丁·路德·金清晰地讨论了李嘉图关于贸易的观点对后来的经济学家的影响（King，2013a：81－106）。

③ Chandra，Lin，and Wang（2013）.

④ Wood（2017：6）.

资本和熟练劳动力不流动的奇怪假设之上。对一些经济学家来说，假设的非现实性是科学荣誉的象征；但事实上，模型的构建方式并不代表它应该捕捉的世界，这一点***确实***很重要。一位数理经济学家认为，“当从这些模型中得出政策结论时，是时候拿起枪了。[①] 问题是，人们确实一次又一次地从这些模型中得出政策结论。

基于贸易和经济增长方面的证据，这种政策结论也应予以拒绝。甚至一个回归文献的宽泛解释也得出如下结论：“贸易政策与经济增长之间关系的性质仍然是悬而未决的问题。”[②] 不幸的是，许多经济学家不愿意等待这个问题的答案，而且“过分夸大有利于贸易开放的系统证据的趋势对世界各地的政策产生了重大影响”。[③]

正是这种盲目信仰的态度，促使世界银行在20世纪90年代向莫桑比克施压，迫使其执行激进的贸易自由化政策。世界银行的经济学家呼吁取消出口***未加工***腰果仁的壁垒，并取消国家对加工腰果的当地工厂的保护。莫桑比克曾是世界上最大的腰果生产国，并拥有大量的加工工业。然而，经过多年的战争和大多数商业阶层的离去，腰果行业在1992年陷入了危机。政府通过对生坚果出口实行禁令并随后征收高关税来持续保护加工业，未能产生高质量加工腰果出口的定期供应。对于提倡贸易自由化的世界银行官员来说，这是一个经典案例——国家支持工厂的危险，以及违反比较优势法则的代价。

如果政府能迅速取消关税，接下来会发生什么？虽然世界银行（World Bank）的经济学家预计国内加工行业会受到影响，但他们似乎并不担心大量女性工人会受到影响。他们认为，任何短期冲击都将被预期随后通过“调整价格”而带来的巨大收益所抵消。[④] 常识上的逻辑是，关税（或实际禁止出口）扭曲了价格，发出了相对充裕和稀缺的错误信号：在这种情况下，莫桑比克的加工者可以以相当低的价格购买未加工的腰果仁。

取消关税保护将使代表国际买家的腰果贸易商能够为未加工的生腰

---

① Hahn（1984：29）；Lawson（2007）.

② Rodriguez and Rodrik（2001：338）.

③ Rodriguez and Rodrik（2001：266 and 317）. 贸易政策文献中有关开放措施的不足，参见 Fujii（2017）。

④ Hilmarsson（1995）.

果“找到”“合适”的价格。在自由市场中，商人们会竞相为贫穷的农民提供有竞争力的价格；农民将以增加供应作为回应；此外，约有 100 万农村家庭将其未加工的腰果产品从效率低下的当地加工厂转移，以满足旺盛的需求（主要来自印度），从而获得可观的收入。这将使经济倒退而不是像保罗·克鲁格曼（Paul Krugman）此前提出的“城市偏向”：出口税“几乎肯定会减少，而非增加该国可怜的低收入”。[①] 有人认为，莫桑比克加工厂一万名失去工作的女性雇员是城市决策偏向的受益者，这种说法是荒谬的。这些妇女不是与农村家庭隔绝的享有特权的城市工人精英。从殖民后期开始，成千上万的妇女出于绝望，从农村地区迁移到城市，寻找分类、剥壳和包装腰果的工作。一旦被雇佣，她们通常会被污名化，被贴上“放荡女性”的标签，她们的工资低于最低工资：

> 她们在非洲城市社区整体上受到怀疑，部分原因是她们离婚、丧偶、分居或单身的比例过高。工厂工作……既不受追捧也不享有盛誉。[②]

但是，援引“合理价格”、贸易自由化和遵循比较优势等常识性原则的改革收效甚微。世界银行没有充分分析全球腰果市场或二战后莫桑比克迅速变化的政治经济。市场并不是完全公平竞争的环境：其他强大得多的国家正在干预它们自己的经济，以支持腰果的加工和生产；市场由印度需求模式主导，而非全球扩张；简单的价格改革无法解决农业产量和生产率低下的根本原因。

根据对改革的一项评估，腰果种植户的***平均***收益为 5 美元。玛格丽特·麦克米兰（Margaret McMillan）和丹尼·罗德里克（Dani Rodrik）认为，效率的提高是“微不足道的”。如果物价确实上涨，一些农村收入确实增长了一点点，那么总收益就会被工厂关闭和长期失业的损失所抵消：他们得出的结论是“自由化所产生的总静态收益是一场洗礼”，也就是说，它们一无所获。[③] 世界银行（World Bank）最近的一份研究报告

---

① Krugman（2000）.

② Penvenne（2015：213）.

③ Macmillan, Rodrik, and Welch（2002）.

回顾了莫桑比克腰果事件，发现到2008年，实际的生产商价格与改革前大致相同。虽然在规模较大的生产商中较高，但每棵腰果树的产量仍然普遍很低。规模较大的资本密集型加工厂倒闭了。在21世纪的头十年里，虽然严重依赖于公众和外部的支持，但一些更小的劳动密集型的加工企业确实在慢慢出现。改革似乎也在促进腰果加工业的“重新返种棉花”，有人声称工人的工资低于最低工资标准。① 该部门的根本问题仍然是产出水平低、腰果质量差和生产率低。② 带皮腰果的出口量从未从2001年战后的峰值（图3.2）中恢复，收入也非常不稳定。③

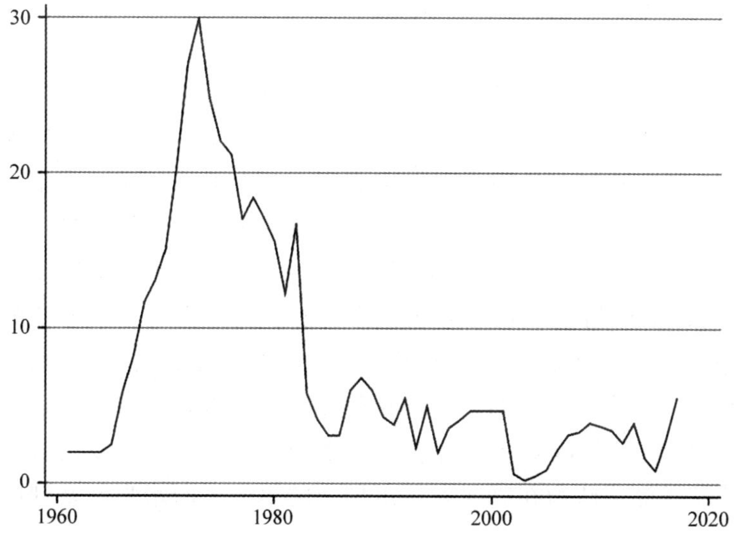

图3.2　1960年至2016年莫桑比克无壳腰果出口量（以千吨计）

资料来源：FAOSTAT（2019）.

不可能的任务：被普雷维什—辛格假设麻痹

如果说比较优势引发了新古典主义经济学家的悲观主义，那么许多其他发展经济学家的悲观主义则源于对比较优势的批评。这种悲观情绪在很大程度上源于结构主义经济学家的著作，他们将普雷维什—辛格

① Penvenne（2015：229）.

② Aksoy and Yagci（2012）.

③ Food and Agriculture Organization Corporate Statistical Database（FAOSTAT）.

(Prebisch-Singer) 命题的一个版本钉在了新古典主义正统学说的大门上。普雷维什—辛格命题是基于全球收入、需求和生产模式的实证分析，认为初级产品和产成品之间的净易货贸易条件呈长期下降趋势。1949 年，联合国经济事务部的汉斯·辛格（Hans Singer）、联合国拉丁美洲和加勒比经济委员会的劳尔·普雷维什（Raul Prebisch）强调了世界经济的重要趋势：较贫穷的国家倾向于专门生产初级产品；较富裕的国家则倾向于制造业。随着收入的增长，人们在基本（食品）商品上的支出占收入的比例通常会下降。在不断增长的全球经济中，这意味着对制造业的需求趋于强劲，而对初级商品的需求仍相对疲软。换言之，制造业需求的收入弹性相对较高，初级商品需求的收入弹性相对较低。因此，相对于农产品价格，产成品价格上升后劲较强。

贫穷国家劳动力供给过剩，较富裕国家行业协会议价能力的不断上升，驱动了制造业价格进一步攀升。因此，在对发展中国家出口前景的另一种悲观看法中，发达资本主义国家行业协会的力量意味着生产力提高和贸易的大部分收益将分配不均：发达资本主义国家将通过用产成品（包含少量的高薪劳动）交换初级产品（包含大量低薪劳动）来剥削初级商品出口国。[①] 初级产品价格下降的其他解释指出了技术变革的历史模式——包括引入合成替代品（例如，马达加斯加和乌干达的香草豆，在许多糖果工厂中被合成的香草香精所取代，或者坦桑尼亚的剑麻，在 20 世纪 70 年代受聚丙烯替代品引入带来的冲击）——以及初级商品出口国因寡头垄断采购商在这些商品市场上的实力不断增强而受到的价格下降打击。

也许关于初级产品出口的不利之处，最引人注目的观点是，它们与国内粮食供应的下降有关。著名的马克思主义学者认为：

> 近年来，因城市市场生产破坏粮食安全的典型案例与非洲有关。20 世纪 80 年代初，在布雷顿森林机制的指示下，非洲作为发达资本主义国家的农业出口国的一体化得到了极大加强……由于其初级产品出口贸易条件相对于产成品的不利变化……这种对农产品出口

① Smith and Sender (1983) 对不平等交换理论进行了批判。

的推动意味着从粮食作物生产的转移。[①]

学者、政治领导人和非政府组织（NGOs）也使用类似的论据来支持促进粮食自给自足的常识性政策。但是，非洲关于农业出口、国内市场粮食生产和营养状况的最近和历史趋势的证据对这些政策提供的支持很少（见第九章）。

那些对发展中国家出口前景持悲观态度的人也认为：

> 为了实现工业化，进口机械和其他资本货物需要外汇，在这种急切的情绪下，每一个新近非殖民化的边缘经济体都与其他国家相互竞争，尽可能多地出口其传统的初级产品。因此，抑制热带产品的名义价格（以及贸易条件的不利变化）……即使在非殖民化之后仍在继续。[②]

类似的观点认为，由于越来越多的低收入经济体试图效仿东亚成功地出口劳动密集型或低技术含量的产成品，这些产成品的市场价格相对于发达资本主义经济体生产的高科技产成品有所下降。[③] 联合国贸易和发展会议（UNCTAD）多年来一直重复这样的观点："众所周知，当许多国家同时追求出口导向型增长战略时，它们迟早会达到极限。"[④]

这种对外部环境的悲观看法的政策含义是，发展中国家生产的更大比例应面向国内市场，而不是世界市场。联合国贸发会议的专家和20世纪70年代坦桑尼亚的依附论专家一样，希望这种生产的"再平衡"也将减少进口和国际收支对增长的制约（在第四章和第五章中进一步讨论）。[⑤]

虽然"很少有发展经济学的假设比普雷维什—辛格（Prebisch-Singer）关于国际贸易初级产品价格相对于产成品价格存在长期负趋势的建议得到更深入的研究"，"研究结果的变化程度之大，以至于在文献中仍

① Patnaik and Patnaik（2017：109）.

② Patnaik and Patnaik（2017：107）.

③ Chakraborty（2012）.

④ UNCTAD（2013：i）.

⑤ Mayer（2013：1）；UNCTAD（2014：101 -2）.

然没有达成共识”。[①] 对于初级产品生产国之间更大差异化的经验案例，也没有达成明确的共识（这是对贸易条件担忧的一个关键政策回应）。国际货币基金组织（IMF）（和其他）对证据的分析得出结论，即“高收入通常与大宗商品出口国更大的多样化无关。[②]

不可能的任务：全球商业革命

一些依附论者提出了另一套悲观主义的观点，他们强调发达国家，对研发（R&D）的主导地位。因此，由于发达国家的领先作业创造了无法逾越的进入壁垒和“俘获租金”，所以撒哈拉以南非洲的发展中经济体无法生产最具全球竞争力或最具创新性的成品。[③] 下面有一个重要的例子是关于“全球商业革命”的。[④]

这场始于20世纪80年代的革命释放了强大的**集聚**力量，导致层层供应商被“系统集成商”企业控制。供应关系是在所谓的全球价值链或全球生产网络中构建的，相关文献经常强调发展中国家的企业由于高层企业设置的壁垒而无法在全球生产的阶梯上升。早期，少数民族经济体通过利用保护主义和国家干预实现了工业化；然后，它们试图“踢开”它们之前攀登的工业化阶梯。现在，“系统集成商”企业先发制人，他们在阶梯上涂上润滑油，这样，那些处于供产链后端的企业就很少能够在供应链前端企业那里获得想要的产品。

处于“消费者驱动”价值链顶端的大型超市，或处于“生产者驱动”价值链顶端的企业，拥有巨大的权力，常常模糊了企业之间的界限。例如，并不总是清楚的是种植出口到荷兰的观赏植物的肯尼亚农场企业，在多大程度上独立于荷兰企业。后者控制着大部分的基因研发和投入供应，并购买了几乎所有的农场产出。不过，有证据表明，在发展中国家，成功的国有企业正在“攀登阶梯”，[⑤] 包括泰国联合冷冻产品公司（TUF）（金枪鱼和其他海鲜）和正大食品公司（CPF）（家禽）等在内的泰国公司已

① Cashin and Pattillo（2006：845）.

② IMF（2014：10）；Lectard and Rougier（2018）.

③ Kaplinsky and Morris（2008）.

④ Nolan，Zhang，and Liu（2008）.

⑤ Ponte et al.（2014）.

经成为全球领军企业，或者巴西的JBS（世界上最大的肉类加工公司）。[①]

这样做无疑是火中取栗

不可能主义在发展经济学中以多种形式出现。它采取的另外两种形式可以在“资源诅咒”文献和避免大型基础设施“大项目”的禁令中看到。在第六章中，我们讨论了一个令人沮丧的论点，即像刚果河上的大英加大坝这样的大型项目“随着时间的推移，一次又一次地超出预算”。[②] 正如前面提到的案例一样，我们认为，这种立场创造了一个铁律，其依据可能并不是有普遍意义，并且涉及对此类项目历史的部分看法。关于资源诅咒这个主题，已经有很多相关文章，我们在此仅做简短评论。

“资源诅咒”是一种对大宗商品持悲观态度的说法，它本身也有很多种变体。一个原创的直截了当的经济学观点，认为丰富的自然资源会导致“荷兰病”。资源繁荣导致外汇暴涨，从而推高了该国家的汇率。升值的货币会导致该国其他出口产品的价格被挤出国际市场，由于这些产品不再具有竞争力，这些其他出口产品连同与之相关的就业、财政收入和国内联系的潜力一起崩溃。如果我们承认许多自然资源（石油是典型的例子）可能是“利基”或“飞地”活动，荷兰病就会加剧。这些企业在地理上集中的（甚至可能在海外），它们的资本密集度极高，并且依赖高度专业化的外派专家，同时创造的国内就业岗位或产出极少。尼日利亚的石油生产通常被认为是荷兰病在非洲的典型病例。

资源诅咒论的另一个变体涉及稍微复杂的政治讨论。在这里，自然资源为贪婪的政府提供了“宽松的资金”，从高度集中的资源中产生大量的特许经营费税流入国家预算。处于这种地位的政府不必为向民众征税和提供公共产品而烦恼。由于与人口的联系较少，而且资源租金的范围有可能成为吸引各种竞争对手的“蜜罐”，这可能导致腐败、极端不平等和暴力冲突。[③]

---

① Kingkaew（2012）.

② 长期研究大型项目的著名学者有傅以斌（Flyvbjerg 2011）。诸如奥克兰研究所和“国际河流”（https：//www. internationalrivers. org/ resources/the-new-great-walls-a-guide-to-china% E2% 80% 99s-overseas-dam-industry-3962）这样的非政府组织也对非洲大型基础设施项目发表了悲观的看法。

③ Collier（2008：38）.

资源诅咒并无特别的非洲特征：毕竟，这种疾病最初是在19世纪上半叶澳大利亚羊毛价格飙升的研究中发现的，并以1959年发现天然气后荷兰制造业的衰落而得名。还值得注意的是，这两个国家经历过的荷兰病，都没有破坏它们经济的长期运行能力。[①] 通往经济崩溃的道路异常曲折但也并非不可避免，即使委内瑞拉，经过相当长的一段时间，也实现了石油生产与多种工业产出和国内生产总值（GDP）增长相结合。[②]

在非洲内部，南非非常丰富的矿产和能源资源与异乎寻常的进口密集型制造业的增长率不足有关；但在某些时期，在国家的干预下，制造业产出确实在一定程度上实现了增长（并实现了多样化）。在简单的资源诅咒框架内，无法理解南非复杂的政治经济，包括汇率、宏观经济政策制定以及对国有企业（SOEs）的投资。[③]

最后，挪威的历史应该让地理决定论者停下来思考一下，他们曾经写过关于非洲贫穷和被诅咒的前景的文章。挪威"通过开发通常被认为有不利的地理特征"，却以"该国（当时）最大的自然资源"——瀑布为基础实现了工业化。水力发电推动了从电化学和电冶金工厂，到纸浆和纤维素工厂等许多工业的迅速发展。[④] 后来，尽管汇率面临着巨大的上升压力，挪威设法成功地发展了石油部门，同时保持了该国对自然资源的显著平等管理，并支持了一系列技术复杂的工业。[⑤]

第四节　幼稚的乐观主义和人性化的资本主义

不可能主义通常坚持认为，由于所有晚期工业化国家都受到约束，所以加速结构变革的努力将会失败。另一种截然不同的观点是艾伯特·赫希曼（Albert Hirschman）的"可能性论"。赫希曼认为，发展领域是"一个非常好的猎场，可以用来寻找绝对障碍、想象的困境和单向序列的夸张概念"。在第二章中，我们展示了有多少计量经济学家主张通过

① Stapledon（2013）.

② Di John（2009）.

③ Clark（1994）; Fine and Rustomjee（1996）; Marais（2013）.

④ Thomson（1938）.

⑤ Ossowski and Halland（2016）.

引用一系列障碍来解释非洲的发展“失败”，这些障碍是“非洲虚拟”变量中包含的各种障碍。[①] 相比之下，可能主义者方法的本质，“在于在出现的任何个别情况下，找出摆脱这种束缚结构的途径”。[②]

然而，赫希曼的可能主义并不能被视为天真乐观主义的许可证。赫希曼承认，扩大可能被认为是可能的东西的界限，代价是“降低我们辨别可能性的能力，无论是真实的还是想象的”。[③] 有明确迹象表明，可能性主义有可能陷入天真乐观的境地。当一个计划需要具备的所有条件中的“如果”列表延伸得太远时，这个项目或政策可能就不切实际了。

本节重点介绍了两种体现天真乐观主义的常识。其中一个已被提及：认为解读当前比较优势的运行规律将释放未来的经济发展和结构变革。另一种观点认为，刺激增长、扩大就业和减少贫困的最佳途径是促进小型农场，以及小型，甚至微型企业发展。两者都是误导性的幻想形式。

尽管绝对优势支撑着世界贸易的大部分增长，但非洲政策官员被错误地鼓励致力于比较优势原则。新古典主义经济学家坚持认为，只要遵循比较优势或“潜在”比较优势的指针，就会开启一个“趋同”“追赶”和发展的平稳过程，这是天真乐观主义的特征。这种天真的乐观主义也体现了其他经济学家的信念，他们相信，额外的南南合作或新开发银行等政策，将神奇地让较贫穷的经济体通过彼此间的贸易来迎头赶上。

此外，在全球资本主义日益被大型企业作为国际化生产链的“系统集成商”所主导的时代，大量的政策建议（和资源）继续推动非洲决策者制定围绕小型企业的战略。通常强烈反对的顾问和经济学家再次团结起来，这一次是支持“自下而上”的结构性改革方法。其中一个版本促进了对权力下放的信念（希望它将增强当地人民的能力，增强对当地社区需求的响应能力），同时还相信，充满活力的小农、小额融资和小额信贷将为女性和其他企业家创造一个生息之地。另一种版本受到新古典经济学分析假设的影响，即一切都可以而且应该植根于个人选择——即所谓的宏观经济学的微观基础。在围绕经济学展开的政治讨论中，最普

---

① 有关使用非洲虚拟模型进行回归分析的批评要少得多，请参阅 Collier and Gunning（1999）。

② Hirschman（1971：28 – 29）.

③ Hirschman（1971：28）.

遍的传统智慧之一是，经济体类似于家庭，因此应该像家庭一样运作。

自下而上的政策处方与一种普遍但天真的观念相一致，即开明的领导人致力于平等、团结和公民的自由价值观——“人性化的资本主义”，就可以让资本主义改头换面。在20世纪80年代末，有影响力的发展经济学家在全世界寻找一个成功推行“充分保护人的维度”的宏观经济政策的国家。① 对这些人来说，资本主义的“人性面”只代表好东西；一个没有被冲突、危机或剥削所伤害的社会民主的形象。事实上，这是一种被“ps”过的或者说是芭比娃娃式的：经过过滤、美化，资本主义的矛盾得以调和消除。

去想象完全包容的、有吸引力的“人性化的资本主义”，就是被奥斯卡·王尔德（Oscar Wilde）笔下的主人公道林·格雷（Dorian Gray）所愚弄，所有的邪恶终归于他的那张精致美丽年轻纯洁的面庞。道林的一幅画像，藏在深锁的阁楼里，与他的人脸不同的是这幅画像，是会变老。它带有背叛和犯罪的印记。当道林最后用刀刺穿画像时，他的仆人听到一声尖叫，跑到阁楼上，发现一幅英俊的年轻人的画像，还有他们的主人——用刀刺穿了他的心脏。

> 他面容憔悴，满脸皱纹、令人生厌。直到他们检查了戒指，才认出那是谁。②

我们相信，通过参观阁楼，研究保姆和肖像画，可以提高对非洲经济表现的了解。

全球自由贸易还是泛非经济一体化？共享天真的乐观主义

悲观和乐观的情绪贯穿了经济思想史的大部分时间。将反射性悲观主义和天真乐观主义区分开的是各种混合的假设。假设是一组条件——“如果”——允许模型或理论在逻辑上结合在一起并产生预测。尽管这些假设通常是反直觉的，但它们是公认的常识的基础。它们需要政策官员进行更严密的审查。

---

① Stewart（1991：1861）.

② Wilde（2006：188）.

采用李嘉图关于比较优势的原创见解并坚持认为它应该为当代政策提供启示的正式模型，是建立在一系列假设之上的。比较优势所产生最优结果和“理论上的和谐世界”是基于以下假设条件的：[①] 如果不存在非自愿失业；如果资本不能在国家间自由流动；如果价格会随着贸易自由化而迅速、自动、毫无痛苦地调整；如果贸易自由化的唯一相关收益是静态收益；如果思想、投资和规模经济的流动无关紧要，而知识积累有恒定的回报。有些模型甚至更进一步。例如，如果知识是一种非竞争性的公共产品（即所有技术知识对每个人都是免费的），如果贸易流动有助于知识的充分传播，就可以预测贸易自由化的普遍收益。

这些假设就像小广告一样，很少有人费心去仔细研究它们。然而，这些并不是次要的细节，而是围绕它们构建的模型的核心。大量的批判性文献论述了这些条件，指出在现实中，资本流动的方式与李嘉图（Ricardo）的假设截然不同。[②] 批判性文献还指出，不应指望非洲的政策官员签署一项协议，因为人们幻想，知识是一种非竞争性的公共产品，或者支付调整是快速的、自动的、没有成本。在全球经济中，许多部门都被拥有集成供应商系统的大公司所控制，知识往往在供应链中受到极其谨慎的保护。比如，一枚简单的意利咖啡胶囊就拥有 7 项设计专利。

在比较优势理论的假设无法实现的世界经济中，绝对优势占主导地位。相对价格不足以推动产出结构的变化。土地、劳动力和资本的相对价格——比较优势理论的关键——在“竞争性”知识的租金得到保护的情况下，在国家干预创造决定生产力的机构和相对“要素”成本的情况下，竞争力同样重要。[③]

与此同时，许多对全球经济一体化感到不安的人却把希望寄托在南南合作和区域经济共同体（RECs）上。他们预计，“南部”经济体之间的贸易将切断殖民历史的持久纽带，从而实现更大程度的自力更生和政策自主。对南南合作和诸如非洲大陆自贸区这样倡议的支持激增，部分是基于对可能融入更广泛世界经济的悲观看法。然而，一旦摆脱西方

---

① Milberg（2004）.

② Milberg（2004：17－18）；（King，2013a：98）.

③ Mazzucato 和 Penna 讨论了国家干预的一些形式和有决定性竞争力的银行机构的类型（2016）。

（或北方）控制的前景明朗，这种悲观情绪就会迅速转为乐观。经济民族主义、对更广泛的全球经济一体化前景的悲观、泛非和更广泛的“南南”团结以及正统经济学的种种压力交织在一起，使人们对优先考虑非洲经济一体化产生了全面的乐观。

非洲大陆自由贸易区（AfCFTA）预计将“促进非洲大陆间贸易，刺激投资和创新，培养结构转变，改善食品安全，提高经济增长和出口多样化”。[①] 加快非洲内部贸易被认为是特别有益的，因为“非洲主要向世界其他地区出口商品，而非洲内部贸易显示出高附加值产品（和服务）的高度集中”。[②] AfCFTA 预计将利用非洲的进展达到几个可持续发展目标，比如消除贫困和实现性别平等。[③] 具体而言，人们希望，区域一体化将允许开发规模经济、鼓励投资并将刺激提高生产力的竞争。区域价值链将因此而出现。所有这些发展结合在一起，将反过来减贫。[④]

这些关于非洲经济一体化的假设都建立在比较优势理论基础上，是同样幼稚和不切实际的假设之上。例如，尽管整合的理由可能来自于从静态可计算的一般均衡模型中得出的预测，但这些模型通常——正如脚注中此类练习说明的作者——忽略了“缺失的”或“低效的”市场。（换句话说，如果存在完整和完全竞争的市场，这些模式就会“奏效”。）进一步的条件包括：如果采取措施解决地区不平等问题，如果各国政府执行它们签署的协议，如果将使非洲 RECs 难以成功的根深蒂固的利益搁置一边，非洲大陆自由贸易区（AfCFTA）将实现其所有目标。这样的例子不胜枚举。

推动非洲更大程度的区域一体化，是为了利用更广泛的全球国际市场的疲弱表现。图 3.3 说明了这一失败，表明尽管自 20 世纪初以来非洲国家的出口价值有所增加，但它们在全球出口中所占的份额仍然低于6%。事实上，他们现在所占份额比 20 世纪 90 年代末还要小。非洲的初级商品出口（不论是否包括石油出口）占全球初级商品出口份额甚至

① UNECA, African Union, and African Development Bank (2017: xi).

② UNECA, African Union, and African Development Bank (2017: xi).

③ UNECA (2017: 11).

④ Mold and Mukwaya (2016).

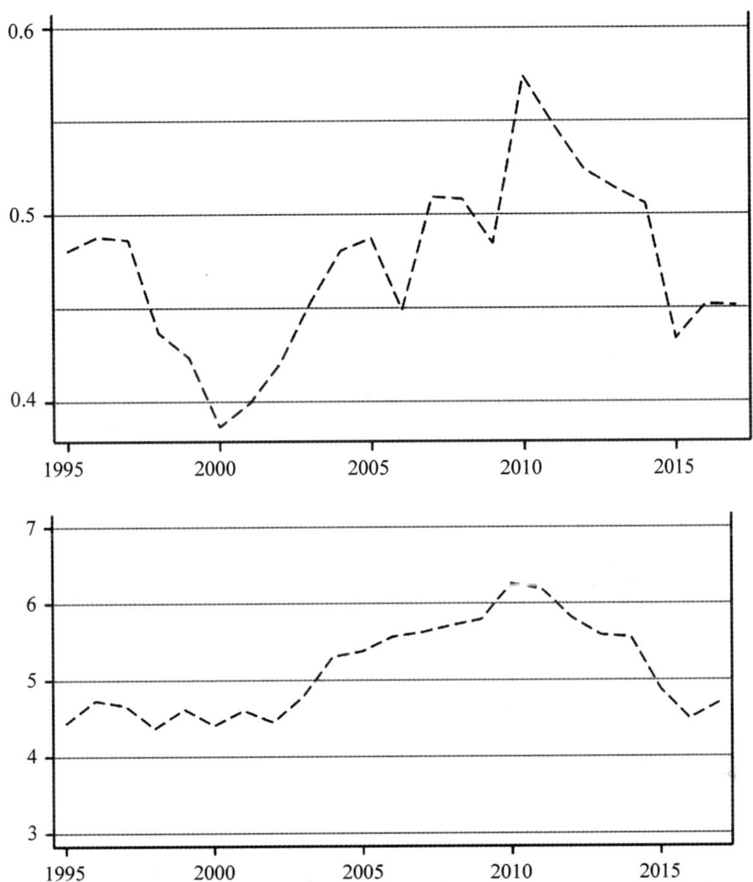

图 3.3　撒哈拉以南非洲出口占全球出口的份额，1995—2017 年（单位：%）

图 A：工业品出口（占全球出口的百分比，%）

图 B：初级商品出口（包括原油）（占全球出口的百分比，%）

资料来源：UNCTAD（2018）.

也已减少到不足 5%（见图 3.3），这意味着，世界其他地区成功地出口了一些非洲内部贸易倡导者认为毫无希望的商品。这些倡导者乐观地认为，与世界其他国家的贸易不同，与其他非洲国家的贸易将避免这种悲观的预测，因为其他商品贸易——包括更多的加工出口——的新机会将出现。

对非洲内部贸易的高期望提出质疑的一个原因是区域一体化协议的

“糟糕执行记录”。[1] 尽管在非洲的次区域和区域经济共同体内部进行了几十年的谈判和达成协议，但非洲内部贸易在非洲大陆总贸易中所占的比重仍然*很小*。如图 3.4 所示，即使考虑到最近的一些贸易内增长，它仍然只占总贸易的五分之一。

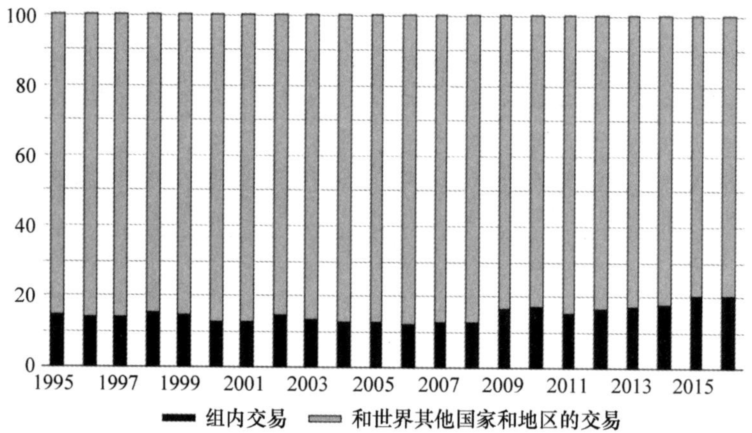

图 3.4 撒哈拉以南非洲按目的地分列的贸易内和贸易外出口份额

注：组内交易定义为组内所有成员之间的交易。

资料来源：UNCTAD（2018）.

简而言之，尽管非洲区域经济一体化和更大的非洲内部贸易可能基于经济民族主义或南南团结而在口头上具有吸引力，作为加速发展的蓝图，这是一个基于比较优势的全球自由贸易的推动，和基于完全相同的理论和有条件的假设的幻想。

小而自下而上的美：小额信贷、创业、合作发展

另一种常识是相信个人和小规模企业是发展、技术动力和结构变化的源泉。本应相互矛盾的观点在此也趋于一致，例如：支持金融包容性增长和发展小额信贷、支持创新创业以及优先小农户利益。

许多政客利用“经济体就像家庭”的观点来证明他们支持的经济政策是正确的。选民们经常被告知，就像家庭需要小心不要入不敷出一样，

① Hartzenburg（2011）.

国家也需要采取同样的态度。这意味着国家债务应该减少，公共和私人借贷（和支出）应该得到控制。这是玛格丽特·撒切尔（Margaret Thatcher）在20世纪80年代关于英国财政政策的核心言论。与此同时，在2008年全球金融危机之后，德国总理默克尔（Angela Merkel）曾说过一句常识性的格言："一个人应该问问斯瓦比亚的家庭主妇。""这是因为每个家庭主妇"都知道我们不能入不敷出。"[①]

这也许是经济学中"常识性"观点最引人注目的例子：显而易见、明智、容易理解、对政策辩论产生强烈影响，同时又带有浓厚的意识形态色彩（在马克思看来，意识形态是对现实的颠倒）。经济不像家庭。它甚至不像一家商业公司。这种斯瓦比亚家庭主妇逻辑的失败表现为两种方式。首先，与私人家庭相比，政府拥有更多有效的工具来管理债务。此外，公共部门的债务可能是维持和扩大经济活动（回报可用于偿还）的关键。其次，斯瓦比家庭主妇的逻辑陷入了一种构图上的谬误。正如凯恩斯所指出的，称之为"节俭悖论"，一个人可以通过扣留支出来增加储蓄，但如果一个经济体中的所有人同时提高储蓄，那么产出和收入就会下降，这意味着总储蓄将保持不变（最多）。

在方法论上，这一逻辑与宏观经济学仅仅是个体微观经济选择的集合这一观点有关。这些共同构成了宏观经济学的"微观基础"，因果关系从这些微观基础上升到整体宏观经济。这种观点缺失的是"向下因果关系"的可能性：一个社会的结构特征，包括宏观经济的变化，可以对个人行为产生巨大的影响（它也排除了"宏观"和"微观"可能受到其他因素共同影响的可能性）。

在发展经济学中，强调个人作为经济的基础的做法具有更广泛的影响，形成了关于经济政策应如何设计以支持最小生产单位中勇敢的个人发展努力的强烈信念的背景。事实上，非洲经济的特点是大部分生产单位规模小，在数量上由小公司和非常小的农场主导。据统计，非洲约80%的农场规模较小，第七章和第九章详细讨论了传统的观点，即"除少数例外，土地资源以相对公平的方式分配"。[②] 2000年，当我们在埃塞俄比亚开始田野调查时，该国最重要的咖啡合作联盟的国际知名总经理

① Bennhold（2010）.

② NEPAD（2013：25）.

向我们讲述了一个他曾向其他人讲过的故事：所有进行公平贸易和种植咖啡的农民***都有***一公顷的土地。① 我们花了15分钟的时间采访了一家示范性初级合作社的成员，以确定这种说法多么有误导性：很明显，合作社成员之间的农场分布很广——面积从不到0.5公顷到超过35公顷不等。一些成员只有几棵咖啡树，而另一些成员则雇工来耕种他们的大型咖啡农场。

非洲企业主要是非常小的企业，据说中小型企业（SMEs）占非洲所有企业的95%。在一个国家的样本中，正式注册企业中最常见的规模类别（模态组）包括雇用0—9人的企业。② 然而，这低估了现实情况，因为它忽略了微型企业的激增，而这些微型企业大多没有正式记录在企业调查和国民账户中。例如，卢旺达的经济"仍然由大量的单一雇员微型企业主导"。③ 许多人认为这表明这些微型和小型农场具有"最大的发展潜力"。非洲国家的首脑已承诺推出"具体政策和战略，帮助农村地区的传统小农场"。④ 同样，许多人认为，通过对创造就业、发现新市场和创新能力的贡献，非洲的"中小企业通过刺激对商品、投资和贸易的需求，成为创造财富的中心"。⑤

这种"对小型企业对增长和经济发展的重要性的普遍信念"鼓励了政府、捐助机构和慈善家向中小企业或微型、小型和中型企业（MSMEs）肆意分配资源，包括对培训、融资渠道以及商业发展计划的慷慨资助。⑥ 这一信念也体现在一些非洲领导人对创业方案的承诺。例如，卢旺达总统保罗·卡加梅（Paul Kagame）将经济发展的责任完全交给了该国的个人（具体来说，是个体企业家），他认为"创业是一个国家为最广大人民发展繁荣的最可靠的方式"。⑦ 汉加·乌穆里默（Hanga Umurimo）战略鼓励卢旺达国立大学、私营部门联合会、国际金融公司

---

① 他在一部颇有影响力的电影中担任主角，这部电影宣扬一种更美好的贸易模式：https：//blackgoldmovie.com/about-tadesse-meskela。

② Bloom et al.（2014：16）.

③ Poole（2016）.

④ NEPAD（2013：45）.

⑤ Muriithi（2017：9）.

⑥ Naudé and Krugell（2002：21）.

⑦ Kagame（2009：12）.

（IFC）和一些非政府组织支持卡加梅（Kagame）的热情。[①] 该战略旨在向卢旺达人灌输创业精神，并举例说明许多政策官员的假设，即改变态度和习俗是结构和经济变革的先决条件。阿尔伯特·赫希曼（Albert Hirschman）提出质疑的正是这一观点，他认为因果关系的方向往往是相反的。[②]

在阻碍小型农场和企业成功的明显障碍方面，许多人提倡的次佳解决办法是支持把小生产者联合起来，组成行业协会、开展信贷计划或形成生产者合作社（或中小企业集群）。当经济学家主张合作社和集体信贷时，他们往往是在强调，这有助于降低交易成本，实现规模经济。此外，信奉"信息理论"传统的经济学家认为，在小额贷款团体中进行同行监督可以解决困扰农村金融的信息问题（主要是关于信用特性的问题），这往往可以解决贷款发放的高管理成本和向农村贫困借款人收取的高利率问题。[③] 在这些群体中，借款人集体承担了选择、监督和强制执行的责任，而这些责任本来是贷款人所承担的。

其他一些影响广泛的主张有时是支持合作社的：它们认为这是共产主义的堡垒，[④] 它们保护小生产者不受腐败中间商的影响，合作社"有利于穷人"，合作社会是"赋予权力的"，特别是对女性。[⑤] 甚至有人认为，农村合作社在确保环境可持续性，防治艾滋病毒/艾滋病和疟疾流行，并将性别问题纳入主流方面功不可没。[⑥]

对一些天真的乐观主义者来说，农村合作社是生活在"后工资"社会中的妇女的庇护所，是"脱离工资劳动和生产循环"的生活的路标。[⑦] 比娜·阿加瓦尔（Bina Agarwal）或许是最突出的女性群体农业潜在效益的倡导者，尽管她承认"还没有基于精心收集的定量和定性数据，对发展中国家群体农业对女性的影响进行系统研究"。[⑧]

---

① Poole（2016）. Hanga Umurimo 音译为"创造自己的工作岗位"，副标题为"从小做起，做大做强"。

② Hirschman（1971）.

③ For example, Hoff and Stiglitz（1993）.

④ Tooze（2014）.

⑤ Wedig and Wiegratz（2018：349）.

⑥ Nannyonjo（2013：3）.

⑦ Williams（2017a）.

⑧ Agarwal（2019：3）.

我们自己对非洲农村合作社政治经济的研究表明，这种宏伟的希望是极其不切实际的。埃塞俄比亚和乌干达咖啡合作社的账本打破了农村平等主义的神话。[①] 这些生产者组织服务于极少数成员的利益，即拥有最多土地的农民，他们可以从获得更便宜的化肥和更高价格的市场机会中获得最大的利益。埃塞俄比亚咖啡生产商和乌干达茶叶和咖啡生产商的合作社——包括那些通过公平贸易认证的合作社——可能会加剧农村地区的不平等。因为它们会吸引额外的资源（例如，以"合乎道德的"贸易价格溢价的形式），这就不成比例地增加了少数成员生产者的收入，它们出售合作社的大部分"认证"产品。这些合作社往往也无法为其最贫穷成员的利益服务，更不用说那些从一开始就被排除在外的成员了。

关于合作社和小型农业企业优点的强有力的想法不是建立在实证基础上的，而是建立在现代经济理论和许多非政府组织工作人员的理想主义的基础上的。这点在提倡小型家庭农场的争论中表现得尤为明显，他们声称农场规模与生产力之间存在着反向关系：小农场被认为比大农场更有效率（关键是，每公顷按生产力率衡量而不是劳动生产率）。对此的一个解释是，农场规模较大的农民在监督大片土地上的劳动力时遇到困难。

我们在第九章花了更多的时间来研究这些论点，认为非洲政策官员不应该根据这样一个经验上站不住脚的主张来设计农业政策。在这里，我们强调传统经济学家对小农效率的信心——其中许多人在华盛顿机构和联合国（UN）担任高级职务——与更广泛知识分子的主张和偏好惊人地吻合。这些人包括那些支持农民的农业社会运动和非政府组织，他们从大学智库中的基地游说反对"大农"。例如，奥克兰研究所（Oakland Institute）对刚果民主共和国（DRC）（和埃塞俄比亚）的大型农场发表了不太严谨的研究报告，对农业综合企业"掠夺土地"造成的破坏性经济和社会成本表示遗憾，在提供资助政策建议的同时认为："刚果农民应该被视为创新和勤奋的企业家。"[②]

对于非洲许多非常小规模经营的农民来说，许多经济学家所称赞的辛勤工作和"效率"就是在无法避免长期营养不良的情况下维持有限的

---

① Cramer et al.（2014b）.

② Mousseau（2019：17）. Cotula et al.（2014）讨论了土地掠夺文学的消积影响。

生存。这是一种“效率”，与结构变革、长期发展或减少对妇女的剥削无关。例如，很大一部分埃塞俄比亚咖啡农的种植面积可能不到四分之一公顷。① 迫切需要对埃塞俄比亚老化的咖啡工厂库存进行快速和全面的检修，但在数百万块分散的小块土地上重新种植咖啡的成本和后勤需求令人望而却步。非常贫穷、非常小规模经营的农民发现，即使是低成本的改变——比如种植密度、覆盖、除草，以及收获和采摘后的照料，都是非常昂贵的，而这些变化可以相对快速地提高产量。新种植的咖啡需要很长时间（大约4年）才能显著提高产量——对于那些只能勉强糊口的人来说太长了。

这些小块土地不能成为“追赶”日益复杂、高生产率、资本密集型生产的基础，而这些生产主导着全球农业（和世界咖啡市场）。例如，哥伦比亚在咖啡生产方面比埃塞俄比亚成功得多，实现了大幅度的增产，并对全国咖啡树存量进行了彻底的补充。但哥伦比亚的成功***并不是***由“微型”咖啡农取得的，他们的前景被认为是“暗淡的”。2007年，种植面积不足1公顷的农场仅占哥伦比亚咖啡总生产面积的6%左右。②

小型和微型企业以及城市自营职业者的境况并不比非常小的农场好，这种情况不限于非洲或其他发展中经济体。例如，在英国，自营职业者的收入中值低于雇员，而新成立的小型公司的雇员的工作更不稳定，生产率更低，收入也更低；鼓励新公司的巨额国家补贴未能成功创造出可持续的新就业机会。③ 英国的自主创业率相对较高，但研究发现，没有证据表明，随着时间的推移，自主创业率的变化对实际GDP的变化有任何影响。

国际上小企业的失败率很高，在美国和英国，大约有一半的新小企业在五年内倒闭。在非洲，大约一半的新小企业在三年内倒闭，一项研究发现，七分之五的新企业在一年内倒闭。南非新成立的小型初创企业的失败率似乎特别高，根据样本和行业的不同，估计在50%至95%之间。④ 即使非洲的小公司能够生存下来（至少最初），它们也不会

---

① Minten, Schäfer, and Worako (2019); Cramer and Sender (2019).

② García-Cardona (2016: table 5.1 and 183).

③ Nightingale and Coad (2013).

④ Olawale and Garwe (2010: 730).

成长。

在非洲生存下来的中小企业往往只对增长过程做出了微薄的贡献。在肯尼亚，雇佣不到 30 名工人的公司（肯尼亚很少有初创企业持续一年）的附加值低于大型公司，小型公司在吸收新技术方面效率较低。[①] 非洲的小公司出口也比大公司少，因此可以认为它们对宏观经济平衡和持续增长的作用较小（见第四章）。[②] 此外，来自发展中国家更广泛的证据表明，小型企业的员工比大型企业的员工获得体面在职培训的机会更少。[③] 我们将在第八章讨论小型企业对撒哈拉以南非洲就业贡献的其他研究。

中小企业迅速倒闭后的政策回应，往往不是质疑这种政策潮流，也不是更加努力地抵制为企业家游说的人。相反，从改善“营商环境”，到将更多的资源投入到商业支持服务和培训，都推出了同样老套的改革方案。尽管大量资源已经投入到支持中低收入国家中小企业的计划中，但效果并不理想。[④]

卢旺达汉加·乌穆里莫（Hanga-Umurimo）方案的结果是就一个典型。他们的想法是确定具有“正确能力”的人，并让他们接受国际创业基金（IFC）支持的创业培训，从而培养“良好的商业想法”。现实是，几乎没有创造任何有工资的就业机会。许多受益人认为这些贷款实际上是赠款，导致偿还率低。此外，绝大多数旨在支持卢旺达企业活动的小额信贷贷款（84%）实际上用于平稳消费，这与国际上更广泛的证据是一致的。[⑤]

被忽视的是“自上而下”的政策对中小企业国家的成功和更广泛的作用已产生了影响。国家对中小企业的成功***推广***的确促进了增长，但也引入了官僚主义，违背了市场理论。韩国、中国台湾和日本的中小企业（定义各不相同）发展最快，它们通过各种形式的分包与更大的公司合作。从 1972 年到 1981 年，韩国政府优先发展重工业和化工业，其中包括对大型企业的支持。与此同时，政府也确实支持中小企业为这些大型

① Muriithi（2017）.

② Naudé and Krugell（2002）.

③ Bloom et al. （2014：39）.

④ 近期的研究成果参见 Bloom et al. （2014）；White，Steel，and Larquemin（2017）；Piza et al. （2016）。非洲财政和政治权力下放的后果和风险可参见 Green（2008）and Erk（2015）。

⑤ Poole（2016）.

产业提供支持，并通过 20 世纪 90 年代和 21 世纪的自由化增加了这种支持。[①]

第五节　结论：清除迷雾

我们得出的结论并不是自上而下的国家干预与全球市场的拥抱以及与大公司的交易相结合的新组合，将在任何情况下都会促进发展。我们的主要目的也不是揭露那些似乎主张共同“常识”的政策。相反，我们试图找出一个问题：发展经济学的迷雾。

在随后的章节中，我们的目标是拨开迷雾，最重要的是，鼓励政策制定者质疑支持常识观点的理论和证据，无论这些观点是由债权人、捐赠者和金融机构强加的，还是由善意的非政府组织推广的，或者是由本土民族主义者倡导的。当这些观点被不可能的假设和/或带着天真乐观的色彩所支撑时，它们对决策者尤其无益。

① Amsden（2013）.

第二部分

非洲经济发展战略

第四章

投资、工资性商品和产业政策

第一节　引言

非洲政府政策的制定者能够通过哪些政策来不断提高产能、促进生产力、提高工资水平、促进就业和提升福利（他们怎样才能成功“追赶”上先进的资本主义经济）？如果投资是至关重要的，那么要如何提高投资率？对某些经济活动的投资是否比其他经济活动更加重要？换句话说，增长的最大阻力是什么？在促进更广泛的发展方面，哪些具体类型的投资没有其他投资有效？

如果要提高一个社会的生产力发展水平：生产工具、生产水平、生产需要的能源和厂房，以及劳动者的生产技能（技能和本领），那么提高投资效率是必要的但不是充分的。尽管一些经济学家认为投资率（或者是生产率）不是决定性因素并且衡量生产率的方法也没有实质上的意义，但是投资率及其生产率仍然很重要。同样至关重要的是，政策制定者应确定鼓励投资活动的投资激励措施——特别是那些与增加投资回报、产生溢出效应和耦合效应、影响就业的直接和间接因素以及影响外汇的相关因素密切相关的投资活动。

进一步而言，尽管大部分经济学文献都极度强调供给因素和制度因素会对生产力的发展起到促进和制约的作用，但我们仍要强调的是需求因素尤为重要①。这就需要对什么样的需求是重要的，以及它们如何影响投资进行讨论。其中一种形式是国民经济的外部形式：出口需求。低

① Wolf（2018）罕见地强调需求方对非洲工业化模式的影响是关键性的。

收入和中等收入国家的结构变化动态容易产生“国际收支约束”，在这种收支约束的控制下，无论经济增长率如何，最终都会维持在平衡状态。发展中国家保持高速增长的决定性因素是它们能否采取有效的措施，保持进口的快速增长。第五章将会重点介绍。然而，还有另外一种对福利来说很重要同时对投资水平产生重大影响的需求：对工资性商品的本国需求（特别是食品，也包括其他基础性消费品）。

我们不仅反对对经济进行宏观层面和微观层面的简单划分；我们也反对传统意义上新古典经济学理论关于存在宏观经济的“微观基础”的观点（即：宏观经济只是大量独立的“代理人”所做选择的总和）。[①] 马克思认为：“社会不是由个体组成的，它的表现形式是社会中人与人之间所建立的相互联系和关系的集合。”[②] 同样地，我们认为经济的表现形式是错综复杂的关系（包括国内的和国际的）。投资比其他方式更能有效地增加储蓄，但是投资的构成因素较多，包括国内和国际收入分配情况、生产力发展水平（包括受教育水平和素质技能构成）以及需求水平。虽然投资决策本身可能是微观的，但是它们是由宏观经济的平衡和趋势、影响不同活动相对盈利能力的机制和政策、货币和财政政策的紧缩程度、资本外逃难易程度等决定的。

储蓄是投资的先决条件，在非洲众多指导性政策中经常被提及。也就是说，除非这些中低收入国家建立本国储蓄资金蓄水池来吸引更多的外国资金流入，否则它们将无法实现更多投资。这是一份明显的具有广泛性和争议性的常识性声明。我们采用对比分析的方法来研究“储蓄引导投资”，这源自新古典经济学，并且我们主张用另一种更清晰的思维方法来探讨增长与发展，这基于卡莱科（kalecki）、卡尔多（kaldor）和凯恩斯（keynes）等经济学家的研究范式。

一个问题是在建立高储蓄率***之前***以及***为了***确保能不断提升投资水平，高储蓄率到底有多重要，另一个问题是确定这些投资的方向是否重要。从大量新古典增长理论中得出的答案是：鉴于收益递减，投资流向哪个行业与之无关。另一个共识是，相比于聚焦制造业或工业化，还不如通过强化对服务业特别是信息技术服务、通信服务以及旅游业的支持获得

① 关于宏观经济学微观基础的论述，参见 King（2012）。

② Marx（1993：265）.

更好的收益。按照这种观点，低收入发展中国家也许能够跨越漫长的工业化进程——这种进程在历史上具有社会破坏性和高度剥削性，而且往往会对环境造成不可逆的破坏。

事实上，许多国家现代经济快速增长的经验都表明，投资部门的集中确实很重要。历史上，制造业的一些“特殊”之处就在于对整体经济增长和发展特别重要的部门实施高投资。简言之，制造业一直是经济“增长的引擎”。以上就是我们的解释。

近年来，许多新古典主义经济学家对产业政策进行了“重新挖掘”，其结果是，现在产业政策对不同的人具有不同的意义。与一些人持有的观点一致，我们不苟同不同流派的经济学家在某些产业政策方面意见的“趋同”。我们要对什么会存在分歧进行阐释：一些经济学家指出，明智的做法是通过新古典主义理论原则指导产业政策实施，来修正市场失灵。而另外一些经济学家则认为，任何宏观的产业政策都会与正统的经济原理背道而驰。

然而，随着产业政策的再次流行，一种新的恐惧也散播开来，那就是 21 世纪的去工业化趋势将使制造业不再是促进经济增长、提高就业率和助推结构变革的引擎。当制造业增加值占国内生产总值的比重开始下滑，人均收入水平远低于当代工业化经济体历史上出现萎缩态势的水平时，就会出现过早的非工业化。在第三节中会具体讨论这个问题，我们认为这些证据并不能支持政府放弃产业政策。

第二节 投资、储蓄和工资性商品约束

投资问题：“巧妇难为无米之炊”

如果不提高与国民收入有关的投资水平（投资率），就不可能产生持续的经济增长、推动经济结构的改变、促进工资和就业的提高以及社会福利的改善。当然，也可能会产生浪费、无效的投资：在反复无常的计划中耗尽资本或者是缺乏成熟技术的低效管理。此外，经济的发展和结构的变化需要将资源逐步转移到生产率更高的经济活动中。尽管如此，它仍然保持在长期经济增长和经济结构变化所需要的“资本深化”达到的实质性和可持续的水平。

在经济学家们关于经济增长的复杂辩论中，这一点可能会被忽略。一个不符合实际、令人难以置信的观点是，如果没有投入（包括资本）和不必要的浪费，那么发生在20世纪60年代末和70年代初的东南亚经济增长历史性受挫过程就会过渡得更快一些。一些经济学家认为，增长是资本积累的函数，而不是生产率提高的重要表现。假设收益递减，那么新加坡、韩国、中国台湾和其他地方的增长就会因为低效的过度积累而失败，就像在苏联所观察到的那样。另外一些经济学家则持相反的观点：东亚的增长是吸收了来自海外的先进技术并缩小了“观念差距”的结果。然而，这些批评者本质上都使用了相同的模型，只是采取了不同的变量估计。持有上述两种观点的人都坚信，自由市场在新加坡、韩国等国家“奇迹般的”增长中发挥了主导作用。①

藏在这场争论背后的是增长理论的发展历史。一直以来，人们都在思考是什么决定了经济增长率，以及为什么在不同时期、不同国家之间的经济增长率会存在差异。在很长一段时间里，正统经济学家心目中最有影响力的方法可能就是新古典经济学的生产函数。该模型建立在总生产函数的思想上，其中产出是生产要素（本质上是资本和劳动力）及其总生产率［或“全要素生产率”（TFP）］的乘积。

全要素生产率（TFP）估计在非洲的许多增长分析中发挥着重要作用。以19世纪中期基于18个非洲国家主要的增长核算实践的一个简单的生产函数（包括生产率增长残值）为例。② 如果资本和劳动力投入被考虑在内，那么任何在一段时间内没有被这些因素投入的变化考虑在内的增长都是一个“残值”，可以用来诠释全要素生产率。非洲经济研究联合会（AERC）增长项目的主持者认为，在非洲全要素生产率的提高并不明显，如果更多的非洲国家采取“无综合征”政策制度，那么这一问题可以得到解决。这不仅意味着要避免国家失败的“综合征”，还意味着要避免其他类型的综合征，例如将自然资源浪费在基础设施建设上或者是采用“国家管制”手段，就会造成市场干预和价格***扭曲***。③

在收集可靠的人口统计数据或确定产出的水平和增长率方面我们面

① Birdsall et al（1993）；Krugman（1994a）；Romer（1992）；Young（1992）.

② Ndulu and O’ Connell（2008：19）.

③ Fosu（2012：183）.

临着许多困难，对全要素生产率相关数据的收集我们同样也是心有余而力不足。聚焦全要素生产率估计的增长核算实践是基于纯古典形式的新古典经济学的核心假设：完全竞争、充分就业、规模收益不变和个人投入收益递减，以及资本和劳动力之间的自由替代。总生产函数假定整个经济体是一个整体部门。但是，由于每种产品的产量和质量千差万别，人们想用单一产出来计算全要素生产率（比如旁遮普省的农作物产量、南非的煤炭产量或韩国的钢铁产量）是毫无意义的。①

通常，关于全要素生产率认知模型的解释与其基础模型无关，实际上，也违背了基于变量估计所形成的假设。在某些情况下，许多不切实际的解释不胫而走。20 世纪 90 年代，一篇文章引发了关于东亚经济体的争论，该文章认为新加坡是一个自由市场经济体（符合完全竞争的假设模型），而这并不是事实。基于全要素生产率得出的关于韩国钢铁业发展情况的结论是“充满了无法解决的理论和经验问题，这些问题掩盖而不是揭示了韩国钢铁业的发展本质”。② 南非煤炭行业发展趋势的全要素生产率估计模型同样也存在误导性，该模型建立在假想的基础上，与其说是在技术上的简化，不如说是对整个南非煤炭行业的不了解。南非煤炭市场有史以来一直都是高度集中的市场，而是完全竞争的市场。这一点之所以重要，是因为煤炭行业的投资趋势源自于其结构与其政治联系的历史演进。20 世纪 80 年代，在政治上的不稳定性和外国撤资打破“政治方式解决”之前，支撑煤炭行业得以扩张的是少数矿业（和能源）公司与国家之间的紧密协调，以及种族隔离国家对劳动力的制度性剥削。③ 从总体上看，我们不难发现，现代赞比亚经济的历史无法从增长核算模型中所采用的完全竞争、持续回报和充分就业的假设来理解。如果这些条件不成立（而且在赞比亚从未成立过），那么就不清楚全要素生产率的估计值实际上应该衡量什么（这甚至没有提到基础数据的问题）。④

尽管有许多著名的经济学家在推动利用全要素生产率来量化东亚经

---

① Bharadwaj（1974）; Fine（1992）; Sato（2005）.

② Sato（2005：636）.

③ Fine（1992）.

④ Pollen（2018）批判性地评估了 Mwanawina and Mulungushi（2008）。

济增长动力方面做了大量的工作，但他们忽略了总生产函数的深刻内涵和经验问题。[①] 回顾他们的工作，可以得出这样的结论，总生产函数“是一个死胡同，因为他们从开始就提出了错误的问题，而他们又试图用错误的数据来回答这些问题，这些方法背后的模型永远不能被实证检验所驳斥”。[②] 不幸的是，有大量关于非洲经济的研究都沿用了对东亚经济增长研究的方法，在试图解释经济增长动力时忽视了来自方法上的困难。

正统的增长思维后来演变为两种不同的（如果有关联的话）轨迹。其中一种轨迹构建了早期模型中使用的增长核算方法，但试图包括越来越多的变量以“解释”剩余的残差（即，增长结果的一部分很难用较短的变量列表来解释）。在非洲，这种轨迹采用了增长回归方式，尝试解释随时间变化的非洲平均增长率与世界上其他地区之间的差异，所谓的“非洲虚拟变量”就是在因变量（要解释的变量）中捕获的变量。随着新古典主义增长理论的一个关键人物指出，这种增长回归的文献“在统计上是没有根据的”[③]，这一庞大的文献也走到了尽头。[④]

另一条轨迹是“新”或内生增长理论的发展。这一理论的关键时意识到：确实存在并显著提高回报率的现象。事实上，经济学家虽然已经确定了这一现象的存在，但是却很难从技术上解决。新古典经济学的关键人物之一阿尔弗雷德·马歇尔（Alfred marshall）则认为，收益递减规律和收益递增规律并存：“虽然自然在生产中所起的作用表现出收益递减的趋势，但人类所起的作用却表现出收益递增的趋势。”但是在他的后续版本的《经济学原理》中，人类所起的作用表现出收益递增的这一趋势逐渐变得相对不重要。[⑤] 很久以前，亚当·斯密（Adam Srnth）就认识到了收益递增的重要性，但是要不是他将收益递增拒之门外，也不至于尼古拉斯·卡尔多（Nicholas Kaldor）后来会调侃他，经济学在第1卷之后就出了问题，在《国富论》的第4章史密斯（Smith）放弃了收益递

① Krugman (1994); Pasinetti (2000); Reati (2001).

② Felipe and McCombie (2017: 2).

③ Solow (1994: 51).

④ Jerven (2011).

⑤ Marshall (1920: 196).

增的假设。[①]

因此，在经济学领域沉寂多年之后，收益递增在“新增长理论模型”中再度流行。经济新增长理论模型探讨了完全竞争的起源和持续性，并分析了经济体之间持续的差异性。如果当前处于收益递增的情况，并且是不完全竞争的来源（这是因为，如果可能的话，首先进入的企业会通过达到竞争对手可能需要很长时间才能达到的规模来建立竞争优势），那么就要随着规模收益递增进行经济投资而不是在假设收益不变或递减的模型下进行经济投资。此外，国家在培育大规模创新生产的投资方面发挥重要作用。

不出所料，关于新增长理论的有效性存在着巨大的争论，最明显的批评是，它根本不是什么新鲜事物，而是“新瓶装老酒”。毕竟，新古典正统派之外的经济学家长期以来一直主张提高经济收益递增的重要性。此外，批评者认为，这些非正统经济学家，如卡尔多（Kalaor），认为经济增长是一个累积因果关系的过程，是在紧张和不平衡中进行的，他们的观点更为现实，而不是市场通过对均衡状态的不断调整自行解决的问题（关于发展经济学中的均衡和平衡的讨论，见第六章）。非正统经济学家指责“新”增长理论家将对现实的部分认识（收益递增、不完全竞争）嫁接到一个仍然根植于同样贫瘠土壤的核心模型上，即新古典经济学的方法论个人主义、均衡论。

到 21 世纪初，一些支持正统经济增长理论声名显赫的经济学家终于开始接受一个显而易见的事实：要理解经济增长的复杂过程是极其困难的。例如，威廉·伊斯特利（William Easteny）曾认为，“非洲增长悲剧”背后的一个关键原因是民族语言分化指数过高，他写道：“事实上，高增长国家所走的是一系列令人困惑的发展道路。”[②] 另外一些经济学家的目标则是“希望能够通过相关联的事实和解释，找出能够解释‘非洲劣势’的全面的包括潜在的变量：企业特征、地理位置、基础设施、融资渠道等”。[③] 那么，增长也就变成了一锅大杂烩，需要一点市场开放，还要加上一些良好的公共治理和各种其他因素作为佐料。至少，这种方

① Thirlwall（2003：7）.

② Easterly（2009）；Easterly and Levine（1997）.

③ Harrison, Lin, and Xu（2014）. See also Commission on Growth and Development（2008）.

法承认了投资的重要性。最近，国际货币基金组织的经济学家基于对撒哈拉以南非洲长期数据的分析指出，“投资似乎在阻止增长停滞和维持增长期方面发挥了巨大作用，因为它不仅提升了总需求，也扩大了生产能力”。①

增长与“积累与创新”有关，创新——技术变革——本身体现在资本存量上（例如，投资与创新结合在纺织业中形成一种新的、速度更快的模式切割机制）。麦迪森（Maddison）分析的长期证据显示，1890 年至 1987 年间，法国、德国、日本、荷兰、英国和美国的“就业者人均非住宅总资本存量显著增长”。② 在他的历史数据中，特别令人惊讶的是，随着时间的推移，“追随者”［即那些追赶英国（现代资本主义时代的第一位经济领导人）的国家，尤其是日本］是如何实现人均资本存量增长最快的。这种历史经验集中体现了所谓的“落后优势”。③

麦迪森（Maddison）把研究重点聚焦在经济增长实践的近因上，他把这些近因与那些不太容易量化、通常更具有争议的最终原因（包括制度、意识形态、利益集团的压力、历史事件和国家政策的变化）区分开来。他对 19 世纪末至 20 世纪末期间，这些发达资本主义经济体的经济增长、领导人趋同和经济增速放缓的解释，更加强调“与劳动投入分析相比，资本存量的变动为经济增长加速和放缓提供了更加有力的解释”。④

第二次世界大战后经济“追赶”战略的发展历史证明了这一点。通过回顾经济发展最快国家的经验，我们发现：“资本积累在东亚经济良性增长机制中占据中心地位。”⑤ 积累——投资占国内生产总值的比重——从20 世纪 50 年代韩国的 10% 和中国台湾的 16% 上升到 20 世纪 80 年代的 30% 以上；印尼、马来西亚和泰国等东南亚经济体在 70 年代开始提高投资占国内生产总值的比率，并保持在较高水平；而中国的这

① Arizala et al.（2017：17）; see also Ghazanchyan and Stotsky（2013：3）。早期的跨国回归分析认为经济增长的决定性因素是脆弱的。但是 Levine and Renelt（1992）发现，在许多统计研究中，投资与增长之间的确存在显著而紧密的关系。

② Maddison（1991：65）.

③ Gerschenkron（1962）对这些优势的研究是开创性的，而最新的研究参见 Shin（2013）。

④ Maddison（1991：139）.

⑤ Storm and Naastepad（2005：1073）.

一比例从20世纪70年代初的25%持续上升并在1995—2000年期间维持在35%以上。

在支持推动高投资率的呼声中还存在这样的一个争论，那就是“巧妇难为无米之炊”。[①] 然而，通常情况下，例如，在许多拉丁美洲和非洲国家，投资要么过快减少，要么投入到投机性城市建设（而不是投入基础设施建设）。此外，在国际收支严重受限的背景下，投资往往不能够带来足够快的出口收入增长率。因此，对于那些分配投资资金的人（无论是处在国外避税天堂，国内的房地产、金融业还是制造业）来说，关键问题是有什么样的替代回报是可行的以及政策如何影响这些相对回报。

储蓄与投资：金融自由化的主流观点与命运

可是，中低收入国家如何获得并维持高投资率？如何为投资提供资金支持？在这一部分，我们要讨论的是需求是持续投资的重要驱动力，这一点比人们通常认识到的要重要得多，需求的水平和模式是由制度以及历史上特定的社会关系和政治决定的。这与经济学课本里通常所强调投资和增长来源于供给方面的观点恰恰相反。

考虑到支撑增长核算实践和全要素生产率衡量的假设（在本节前面讨论过），标准政策建议旨在：使经济体更接近完全竞争的理想状态（市场放松管制、私有化），这并不奇怪；鼓励中小型价格承受型企业（创业计划、获得融资计划、小额信贷设施）的激增；鼓励资本密集型生产和劳动密集型生产之间的无缝转换，以实现充分就业（在没有最低工资、雇佣和解雇法律限制和过度有效的工会的情况下，提高劳动力市场的“灵活性”）。金融市场是一个关键的市场，如果足够自由化，应该是把家庭储蓄注入可投资的基金中。

主流经济学家主张经济体需要着眼于从公共部门和个体单位两方面实施储蓄，以此通过金融体系为私营企业创造一个可投资的盈余池。如果银行系统以市场交易和条件为基准利率借出公共部门和个体单位的储蓄，这将有助于淘汰那些无法产生足够高回报以履行还款义务的非生产性借款人。换句话说，市场决定的利率将带来高效率的投资，而制度性的管制（或压制）利率可能导致任意的、无效的投资。按照这个观点，

① Yongzhi and Kun (2020).

那么最好是让市场价格来决定利率，以此刺激储蓄不断增加，进而促进有效投资持续增加。正如关于金融自由化主张具有影响力的麦金农·肖（Mckinnon Shaw）的观点所总结的：

> 在银行业引入市场价值和市场竞争将会提高存款利率。***这些较高的存款利率将会带来更高的投资率和储蓄率，进而带来更高的增长率***……同时竞争加剧也会给银行的利润率带来压力，尤其是贷款利率。这降低了债务成本，刺激了投资和增长。①

以往经验***没有***证明金融自由化和经济增长之间存在因果关系。② 恰恰相反，撒哈拉以南非洲国家1950年到2016年的人均GDP增长数据表明金融自由化与经济增速***放缓***有关。也没有任何证据表明，在世界上其他地方，经济增长加速与金融管制减少有关，③ 就拿拉丁美洲的几个国家来讲，在其金融自由化之后出现了一系列国内金融危机，包括1994—1995年的墨西哥“龙舌兰危机”。④ 与金融自由化相关的额外成本包括更高的金融危机的发生频率，更不稳定的资本流动性以及与“金融化”相关的社会成本。⑤

在全球金融危机之后，国际货币基金组织的经济学家们也不得不承认炙手可热的“金融全球化”的一些问题。⑥ 结果，在主流地区出现了新的相关文献，这些文献认为尽管金融全球化的直接收益是“难以捉摸的”，但也存在间接收益。然而，只有当经济体在金融程度、制度前提和人均水平超过一定的“阈值”时，这些因素才可能发挥作用。

投资和储蓄：更加凯恩斯主义/更加卡莱克主义的观点

凯恩斯（keynes）和卡莱克（kalecki）的观点是，随着时间的推移，

---

① Hermes and Lensink（2014：5）.

② Hermes and Lensink（2014：5）.

③ Arizala et al.（2017）. Arestis（2005）和 Loizos（2018）讨论了金融自由化的理论缺陷，认为其缺乏令人信服的证据。

④ Ros（2012：9）.

⑤ Karwowski，Shabani，and Stockhammer（2017）；Sawyer（2017）.

⑥ Kose，Prasad，and Taylor（2009：1）.

投资产生了支付其融资所需的储蓄。[1] 生产性投资创造了工资收入和利润，其中一些是通过雇员将储蓄存入银行，公司保留利润或银行盈余而节省下来的。

同样具有启发性的是东亚的经验：投资与国内生产总值的比率不断提高，而储蓄率却开始上升。在宏观经济平衡方面，存在“***事前***投资超过储蓄”的现象。[2] 这种投资绝不是渐进式的、以市场为导向的，而是国家干预的产物，几乎等同于“强迫投资”。东亚在许多方面可能是例外，但从投资激增带动储蓄增长的基本事实来看，该地区的经历并没有什么不同寻常。例如，在其他地方，比如20世纪40年代至70年代末的墨西哥，企业投资决定取决于以下因素：市场规模的扩大和“独立于融资的可用性”。[3]

即使有可投资的储蓄在国内产生，它们也往往不被投资，成为阿尔伯特·赫希曼（Albet Hisschman）所说的“沮丧的储蓄”。[4] 例如，在南非放松对金融市场和资本账户的管制之后，为了实现快速的资本收益，购买短期金融资产（由国内和国外投机者购买）的速度大大加快了，而用于生产性投资的流量却减少了。[5] 巨额的非洲储蓄被贮藏在海外和避税天堂，又或者是或被大公司持有，而不是用于在非洲经济体中进行有效投资。在1970年至2015年期间，30个撒哈拉以南非洲经济体的资本外流占到了相当大比重，根据一些学者的估计，这远远超过了官方发展援助和外国直接投资的资本外流，并且资本外流在持续加速。[6] 这些学者认为，非洲资本外逃的主要动机是逃避税收或没收非法获得的资产；但是这一观点可能会低估需求的重要性。如果要投资储蓄，并将公司利润再投资于非洲，则必须对扩大需求保持信心。

安哥拉和埃塞俄比亚提供了这种动态的例子。21世纪初，在安哥拉战争结束后，持续攀升的油价和中国不断扩大的需求，为安哥拉的非法

---

① 关于凯恩斯经济学的介绍参见 Skidelsky（2010）。

② Storm and Naastepad（2005：1084）. See also Vos（1982）.

③ Fitzgerald（1980）. 1950—1981年，墨西哥的GDP年增长率为6.5%（Kehoe and Meza，2011）。

④ Hirschman（1958：35）.

⑤ Isaacs and Kaltenbrunner（2018）.

⑥ Ndikumana and Boyce（2018）.

资产积累和资本外逃创造了机会。[①] 但是也存在基于石油价格攀升带动的中等收入群体消费增长的预期而激励的国内投资；同时高油价还维持了政府在战后重建和政治巩固战略中开展城市住房和基础设施项目的能力。基础设施和住房项目建设的兴盛发展产生了明显的联动效应，提振了安哥拉建筑材料和水泥生产行业（及相关的行业的就业机会）。随着安哥拉出口收入的增加，安哥拉中产阶级收入也在递增，促进了在酿酒和饮料行业的投资。这导致安哥拉的装瓶和罐装设施的发展，其中一些设施的规模已经扩大到足以出口到其他非洲经济体。[②] 在埃塞俄比亚，建造中等收入的城市住房的大规模政府计划带来了需求的增长，从而刺激了国内水泥行业的发展（随后也扩大了外资水泥的生产）和建材、服务企业的增加。[③]

这些经验验证了追随凯恩斯（Keynes）和卡莱克（Kalecki）的传统经济学家的观点。例如，金（King）就是其中之一，他强调这样一个观点：

> 总投资和总储蓄之间的关系是宏观经理论的基础，并且它们之间的互为因果关系。[④]

需要重申的是，那些认为储蓄可以带来投资的人，与那些认为投资可以带来储蓄并与储蓄相匹配的人之间，存在着巨大的分歧。向发展中国家提供的大多数政策建议都基于前一种（新古典主义）观点，而忽略了20世纪30年代经济学所面临的思想革命：

> 凯恩斯（Keynes）的思想革命是使经济学家转变思维方式，从基于现实模型的正常思考——在该模型中，一条叫储蓄的狗摇着名为投资的尾巴，转变为从另一种模型角度思考——在这种模型中，一条名为投资的狗摇着被称为储蓄的尾巴。[⑤]

---

① Ferreira and Soares de Oliveira（2018：17－18）.

② Wolf（2017；2018：211－91）.

③ Oqubay（2016：105－48）.

④ King（2013b：486）.

⑤ Meade（1975：82）.

然而基于非洲10个国家的关于储蓄和投资之间的关系的计量经济学证据显示，这种关系是复杂的，在国与国之间是不同的。[①] 这可能很难对投资与储蓄之间的因果关系作出简单而普遍的陈述，原因如下。一是“鸡生蛋还是蛋生鸡”的问题：一个投资的良性循环能够产生并可以与储蓄相匹配（在宏观经济核算中，储蓄必须等于投资），反过来一个储蓄的良性循环也需要更多的投资，因此必须从投资或者是储蓄两者之间的某一个开始。这通常涉及高额借贷（包括向国外借贷）、定向信贷和政府支出，还可能涉及利用剥削、压缩工资以及强迫或递延储蓄快速产生盈余。二是储蓄不会在需要时自己出现来实现宏观经济平衡并匹配投资。政策措施在调解这一问题上尤其重要。三是维持投资的动力可以减弱。正如已经论证的安哥拉制造业增长放缓的案例所示，政治力量之间的平衡发生变化，就会导致高工资压低利润，同时高生活成本限制了人们对更多消费品的需求，或者极端的收入不平等而导致广泛的消费需求无法增长，那么最初的融资来源就可能会消失。[②] 国外优惠资金的流动往往是不确定的，并且易受到地缘战略和政治力量驱使。[③] 由于各种（合法和非法）原因，非洲和外国投资者的动物精神（出自凯恩斯）忽隐忽现，通常会导致资本交易量发生巨大变化。这里所说的第三个问题明显就是政治问题，它涉及利润和工资之间盈余分配的斗争。

状态与不确定性

那么，如何提高投资比率、增加总需求并引发累积的增长呢？如果能够在一个庞大且不断增长的市场中发现机会，那么国内的和国外的企业都将渴望进行投资：需求推动投资。在资本主义盛行的不确定性中，有力的需求证据和不断扩大的市场有助于创造“动物精神”：在这种情况下，投资者确信市场需求会很旺盛，表现出投资者的羊群式行为特征。凯恩斯（Keynes）强调了预感、对他人行为的焦虑以及情绪在投资决策中起到的作用。最近比较流行的一些行为经济学作品，探讨了经济行为

---

① Adam, Musah, and Ibrahim (2017: 104).

② Wolf (2017). Hein and Vogel (2007) 讨论了评估收入分配不平等对经济增长影响的理论。

③ Broich (2017); Lang and Presbitero (2018).

的理性限制、系统偏见和探索步骤（较早的经济学家可能称之为经验法则），但这类作品的大部分内容实际上是在很大程度上保持不变的新古典主义模型和在原则上对“非理性”进行了适度的调整。[①]

然而，关于低收入经济体的观点认为低收入经济体的问题不仅仅在于工厂和新机器的供应量低，总需求的绝对水平也低，同时需求增长也十分缓慢。在中等收入国家，许多商品和服务的市场可能更大，但总需求增长的趋势却处于停滞状态。发展中国家的投资决策不仅取决于个别资本家或企业的选择，而且还取决于许多其他因素，例如资本市场的开放程度，收入分配的方式以及机构和基础设施的运作方式。此外，那些影响社会构建的因素（如空间范围、种族/族裔构成或性别不平等以及工会的实力），形成了对投资有影响的有效需求模式。[②] 在这种情况下，维持高投资比率通常涉及国家的领导功能。

国家还可以在维持投资方面发挥强大作用，以避免发生一些经济学家已经开始强调的会对持续的结构变化产生严重威胁的经济断崖。经济史学家们认为：从长远来看，经济绩效的改善主要是因为收缩的频率和收缩率都下降了，而不是因为增长率提高了。[③] 如果公共部门的投资未能如1982年债务危机后那样在拉丁美洲经济体中增长，那么投资与GDP的比率和增长都将停滞不前。[④] 在少数东非经济体中，20世纪80年代至90年代中期以公共部门实际工资的大幅度下降为标志，政策导致的需求下降，也与经济增长的崩溃有关。在撒哈拉以南非洲国家的广泛群体中，有人认为，较低的政府支出（与国际货币基金组织签署协议后）具有减少增长和就业，同时扩大不平等的效果。正如20世纪90年代中期以来的南非一样，在没有国际货币基金组织直接干预的情况下出台了限制国内需求的政策，经济仍处于“低速运转”状态。[⑤] 如果国家在后期发展中扮演着核心经济角色，甚至比发达经济体更重要，那么它必须发挥的重要作用就是刺激和协调投资。[⑥] 除了利用国有企业实现这些目标外，

① 参见 King（2013b：505）。

② Tilly（1999）概述了4种机制，其中最重要的是剥削，而剥削会导致长久的不平等。

③ Broadberry and Wallis（2017：3－4）.

④ Ros（2012，13－14）.

⑤ Simson（2017）；Weeks（1999）.

⑥ 如 Rodrik（1996）关于韩国的研究。

还包括管理货币政策、财政政策和发展融资：即围绕持续的长期经济增长和结构变革的目标组织宏观经济政策和金融体系。这些目标必须从增长、生产力、就业和国际收支平衡的角度来界定。然而，这与20世纪70年代末以来向发展中国家中央银行和政府提出的建议完全相反。非洲各国政府希望避免发生经济增长断崖，它们仍不得不接受一些货币基金组织经济学家的常规政策劝诫，即采取旨在降低通货膨胀率，减少市场扭曲并改善商业环境的货币政策。[①] 一些经济学家似乎对2011年国际货币基金组织的首席经济学家所指出的关于主流经济学家和政策制定者已经使自己确信存在通货膨胀这种偏见的怀疑置若罔闻。基本上能够完成任务的工具就是：利率政策。[②]

金融发展：中央银行，开发银行和政府支出

驳斥开发银行的常识性观点是如此强大，以至于认为开发银行是偏离了审慎理智的银行规范的银行发展史上的一个怪胎。回顾20世纪初以来有关金融体系辩论的历史，发现新自由主义思考银行、中央银行和货币政策的方式实际上是例外。[③] 如今，明智的做法是将中央银行置于政府的控制之下（“独立”），以便中央银行能够专注于尽可能地降低通货膨胀率，坚守紧缩政策和抑制需求的承诺。这还涉及对资本市场放松管制，由于通过中央银行政策为投资项目提供资金的难度加大，政府更难实现高的投资比率。在这种情况下，中央银行没有动力限制对购物中心和豪华公寓的投资，而促进针对结构变化、增加就业和提高生产率的投资。

事实上，各国央行可以使用，而且经常使用的工具远不止仅为低通货膨胀而修改短期利率。相反，中央银行可以通过与开发银行的联系以及自己的政策和措施发挥各种作用。许多发展中国家，以及20世纪初的英国、美国和欧洲政府对中央银行和开发银行的看法也大不相同。事实上，“大萧条”过后，中央银行逐渐成为经济发展的主要驱动力，而国有的“发展”银行历史悠久，种类繁多。这就在很大程度上证明并消除

---

① Arizala et al.（2017）.

② Blanchard（2012：1）.

③ Epstein（2013）.

了有关国有银行不可避免地会效率低下的谬论。①

有关于中央银行对银行业的监管松懈和腐败有损投资效率和政治稳定的例子，包括在已推行改革促进中央银行更加独立的国家。② 另外，除其他事项外，许多国家的中央银行已经成功地实行了资本管制，以减少面对资本流入和流出的剧烈波动的风险，同时向特定的开发机构提供低成本资本，并使用差异折扣率将信贷分配给大型优先资本项目以及规定了为政府债券提供资金准备金的要求。同时，开发银行被用来提供优惠贷款，通常采用长期还款计划，以刺激对新制造业活动的投资。③

中央银行还经常通过设计负实际利率来弄错价格（这是新古典经济学家的幻想），这再次刺激了借贷以进行投资，并使政府更容易利用实际融资来推动更高的投资率。④ 为了提高投资率，政府通常不得不花费比税收更多的钱，目的是维持高水平的需求而不是限制需求。再次强调一个关键点：对于一个家庭来说，听起来合理的经济意义对整个经济都没有意义（请参阅第三章）。

当然，政府赤字也可能导致肆意的支出和浪费极其稀缺的资源，例如为了维护政治权力，为军事冒险活动或向特殊利益集团提供援助。一个明显的例子是津巴布韦独立后的历史，该国的行政部门规模庞大、运行良好，独立后提供服务的最初成功记录似乎标志着它摆脱了非洲弱国的夸张概括。⑤ 但最终，它遭受了灾难性的经济衰退、快速的去工业化、农业产出和出口萎缩、货币崩溃以及恶性通货膨胀。

津巴布韦危机有不同的阶段，但联结起来的是一种***政治***动力：执政的津巴布韦非洲民族联盟爱国阵线领导人企图继续掌权的“暴力不容忍”。⑥ 这项承诺是通过机构和政策措施来实现的，这些措施使大多数人能够获得土地（没有土地所有权）、获得工作的最低工资保护以及获得依靠中央政府的行政部门的职位。机构管理越来越政治化，在许多情况

---

① Marois（2016）.

② 肯尼亚的案例参见 Nyambura-Mwaura and Genga（2016）。

③ Lazzarini et al.（2015），Tavares de Araujo Jr.（2013）on BNDES（Banco Nacional de Desenvolvimento Económico e Social）；de Aghion（1999）；UNCTAD（2016）；Di John（2016）. Weiss（2015）指出，在经济周期的关键时刻，开发银行可以发挥反周期支出促进需求的作用。

④ Epstein（2013）；Amsden（2001）.

⑤ Alexander and McGregor（2013）.

⑥ Raftopoulos and Mlambo（2009）；Davies（2004）；Alexander and McGregor（2013）.

下还实行军事化管理。[①] 与此同时，一个显著增加的逐利群体通过国家积累个人财富，却没有发挥生产性资本家阶级所期望的作用。[②] 在 20 世纪 90 年代，一项设计不完善和执行不力的加强结构调整计划（ESAP）受到国内精英们的积极拥护（不是国际货币基金组织和世界银行强加的，它们的失败，都是出于政府本能的考虑而纳入社会计划）。这为更快的去工业化以及为个人财富和租金积累提供更多机会铺平了道路。到了 90 年代末期，随着 1997 年货币崩盘，政府对财政赤字的控制和对经济的信心进一步下滑。21 世纪伊始至今，除其他事项外，由于对退伍军人的预算外支出，经济上误判了土地改革以及军事涉入了刚果民主共和国（DRC）的冲突，加剧了经济动荡。[③]

但是，与津巴布韦的经验相比，如果“过剩”需求代表着对提高生产率（和外汇收入）的活动和资本设备的投资，那么控制需求是没有意义的。20 世纪 70 年代，挪威政府拒绝抑制需求，导致世界其他国家净借款大幅增加，这是一个显著的例子。挪威鼓励资本设备投资迅速增加，以促进该国新石油部门生产率的提高。因此，政策制定部门的官员可以选择效仿挪威的做法，在宏观经济出现赤字时刺激供应，也可以按照过去 40 年正统理论的建议，通过抑制需求做出反应。[④]

这里最重要的一点是政策官员如何能够迅速提高投资水平。一种观点认为，积极的高实际利率将使更有效率的私营部门投资者有可能借贷和投资。如果这导致外部失衡（因为无方向的新投资可能导致进口增长快于出口收益），那么应该鼓励外国投资来弥补外部缺口，或者应该进行汇率调整以向投资者发送更适当的信号。这很大程度上是南非政府在第一次种族隔离之后的选举中采取的方法，当时该国着手（并设法）减少财政赤字，这意味着南非政府不再与私营部门竞争储蓄，通胀可能会放缓。但是，实际利率仍然很高，增长缓慢，而且国内外的私人投资都没有按照主流经济学家的预言那样做出反应。

另一种说法是，政府财政赤字支出对于提高投资比率而言至关重要，

① Verheul（2013）; Alexander（2013）.

② Davies（2004）; Dashwood（1996）.

③ Towriss（2013）.

④ Sandbu（2017）.

特别是因为私营企业不愿投资于低收入和增长缓慢的经济体，这是完全合理的。市场规模相对较小，而且通常停滞不前，尽管发生了增长事件，但这种增长通常是短暂的；不确定性无处不在，投资者面临较高风险。另外，难以获得投入且安装设备成本高昂，致使投资成本过高，基础设施匮乏，经济活动中技能和技术知识不足。尤其是在较为开放的经济体中，国内企业可能需要一段时间才能在国际市场上有效竞争，而且在某些情况下，如果其他企业可以在不减少开支的情况下获利，则私人投资者可能会警惕承担提高生产利润的成本，例如在提供灌溉或建设坡道时。因此，基础设施成为一个关键问题：运输和电力基础设施的缺陷削弱了投资者的信心，改善基础设施所需的大量融资承诺通常不适合私人投资者。

相比于私营部门对非洲运输基础设施投资的较小融资贡献，公路运输投资支出在低收入非洲经济体公共部门投资总额中所占比例相对较高。[①] 据说，在一些非洲经济体中，2005 年至 2007 年之间进行的每公里道路建设成本是其他发展中地区的两倍或三倍。不幸的是，与南亚和东南亚相比，撒哈拉以南非洲的灌溉投资成本也很高。[②] 在这种情况下，政治风险也越来越大，政府必须承担大量风险才能提供公共产品，如农村电气化和灌溉等商品。

在埃塞俄比亚的上阿瓦希河谷中可以看到一些动态的例子：在私有化土地上有崎岖不平的道路，上面有大量农场，这些农场拥有极高的价值产出：水果、农作物和酿酒葡萄。这些企业中没有一个能够（或愿意）提供财政支出来改善道路，尽管地方政府多次作出承诺，但多年来却无所作为。这直接影响了收益，根据一家大型百香果种植和加工企业的农场经理估计，纸盒在恶劣的道路上摇晃造成的损害，就损失了百香果原浆包装出口价值的 12%。[③]

投资、储蓄和“挤出”问题

各国政府不与私营部门竞争，减少了本来可以用来为有效的私营部

① Gurara et al.（2017）.

② Collier, Kirchberger, and Söderbom（2015：31）; Inocencio et al.（2007）.

③ Cramer and Sender（2019）.

门投资提供资金的储蓄池。相反，政府可能会通过提高生产率来增加赤字，增加产生收入（和储蓄）的支出，提高所有部门的利润率，并为私营部门投资以及收入和储蓄的增长创造更大的空间。世界银行对非洲公共投资和私人投资之间关系的最新讨论可能相当复杂（基于原始跨国统计数据），但他们得出结论认为，在所研究的 26 个国家中公共投资和私人投资之间存在显著正相关，也就是说，公共投资大量***涌入***私人投资。①

对大规模公共支出可以推动低收入国家增长的同样令人不安的看法是对埃塞俄比亚最近记录的评估。假设埃塞俄比亚的非正统宏观经济政策必然会产生反常的、降低增长的影响，标准的新古典主义增长核算模型显示："非正统宏观政策的负增长影响在数量上远远没有它们帮助实现的正增长驱动因素重要。"② 倾向于重写这一说法：证据表明，非正统的宏观政策推动了埃塞俄比亚经济的快速增长。对公共部门起主导作用的批评家，诸如西方国家的发展援助捐助国，以令人难以置信的反事实主张回应了埃塞俄比亚的近期增长记录：私有化，更多的外国直接投资以及较小的国家"本来会"导致更快的增长。③

埃塞俄比亚的非正统政策包括金融抑制，将负实际利率的信贷用于基础设施的公共投资，通货膨胀性金融和高估的汇率。这些政策，再加上埃塞俄比亚战争（1998—2000 年）后的财政增收努力和公共消费限制，使得埃塞俄比亚在公路和铁路、能源、教育和卫生等领域的公共投资大幅增加。这些类型的公共基础设施投资（到 2011 年占国内生产总值的 18.6%）是埃塞俄比亚经济增长加速的主要因素。2004 年至 2014 年间，埃塞俄比亚人均实际国内生产总值的年增长率为 8.3%，高于该国的历史记录，并高于同期的区域平均水平和低收入水平。尽管注意到越来越多的人认为基础设施对于增长和发展至关重要，但是世界银行的经济学家们坚持认为，埃塞俄比亚的公共部门主导战略"由于缺乏融资而导致许多私人投资项目被挤出"。④ 他们确信，无论非正统经济政策在短期内会做出什么贡献，这些政策结果都是不可持续的：

---

① Chuhan-Pole et al.（2017：79－81）.

② Moller and Wacker（2017：199）.

③ Wilson（2019）

④ Wilson（2019：198）.

> “我们”预计，宏观经济政策将会陷入公共基础设施改善、私营部门获得信贷以及对政府消费的限制等诸多因素的权衡取舍中…… 埃塞俄比亚未来的经济增长率可能会放缓……①

一个仍然谨慎但是更加与众不同、更具说服力的关于埃塞俄比亚宏观经济平衡的评估表明：只要对实现出口快速增长做出更大的承诺，核心路径很可能是可持续的。②

调动储蓄、管理消费增长

如果在没有产生收入、利润和储蓄的情况下，一项投资的驱动力消失了，那么平衡措施将不得不涉及其他地方的收缩或外国借款的急剧增加（附带条件）。因此，政府工程投资水平的急剧上升不得不同时采用有效政策，以确保投资具有生产效率并引起实际工资上涨（作为储蓄和需求的来源）。这可能会干预减少某些类型的消费（例如，精英人群及其子女的奢侈品消费或国外度假消费）并唤醒人们的储蓄动机。如今，在韩国或中国台湾限制奢侈品的消费（和境内生产）可能比 20 世纪 60 年代和 70 年代更加困难。例如，韩国和日本汽车的保有量与南非形成了鲜明的对比（如图 4. 1）。③ 在人均收入水平为 3000 美元时，韩国和日本的汽车保有量约为每千人 5 辆。对南非而言，当人均收入水平也接近 3000 美元时，人均汽车保有量则要高得多，大约为每千人 65 辆。即使如此，正如资本控制和发展银行业务多年来一直困扰着国际发展圈，在全球金融危机之后变得越来越容易被接受一样，对消费的直接控制可能仍会发挥作用。这些不一定涉及彻底的禁令，但可以包括对奢侈品消费征收高额关税，作为促进国家发展主义精神的更广泛努力的一部分。

鼓励储蓄追赶投资水平上升的政策还包括：事后储蓄计划、降低投资商品的进口关税、使用税收减免来鼓励投资以及指示银行系统以优惠条件增加某些形式的长期信贷。这些激励盈利能力的关键在于将其与绩效挂钩，也就是爱丽丝·阿姆斯登（Alice Amsden）所说的“相互控制机制”

---

① Wilson（2019：209）.

② Coutts and Laskaridis（2019）.

③ 关于韩国和日本的案例参见 Chang（2006：25）。

通常需要将那些在国家主导的发展战略方面取得成功的国家与那些具有类似激励措施但未能维持结构变革势头的国家区分开来。①

就拿非洲的一个例子来说，自 1992 年底以来莫桑比克的历史表明监测和控制国家资源是失败的。调查记者卡洛斯·卡多佐（Carlos Cardoso）于 2000 年在马普托州被暗杀，当时他正在调查该州控制的一家银行的腐败行为。② 最近，莫桑比克的工业政策的悲剧令人震惊，有相关丑闻被曝光。涉及为支持国家渔业和海洋产业的发展而签订的贷款：三家私有公司，但实际上是国有企业，在它们获得的 20 亿美元贷款中，实际到手的不到四分之一，并购买了价值超过数百万美元的设备。这些贷款对捐助者是保密的，一旦揭露，莫桑比克与国际货币基金组织以及其他捐助者就会陷入长期的争执。③

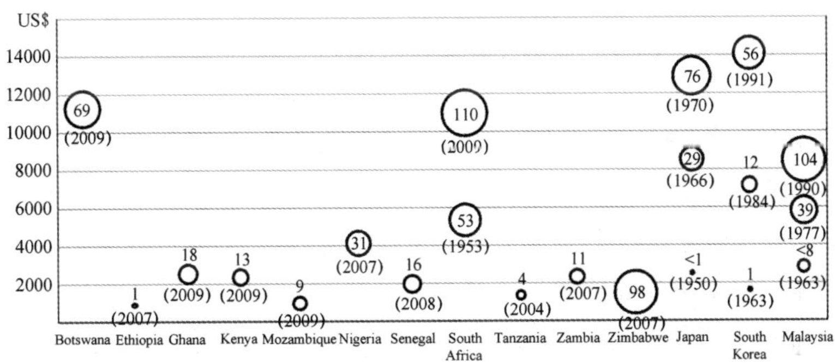

图 4.1　选定国家中人均国内生产总值不同水平的乘用车（每 1000 人）

资料来源：关于人均实际 GDP 的 Maddison 项目数据库（按 2011 年不变价美元计算），来自 African Development Indicators（2018）和 Chang（2013）的乘用车数据。

还有另一种不那么明显的腐败和不愉快的融资方式。许多政府通过通货膨胀的金融手段为已缩水的投资计划提供资金（由于价格上涨侵蚀了人们的消费能力并减少了消费，因此产生了强制储蓄）。当政府的支出超过收入时，他们必须确保能够从中央银行获得资金救助。这时中央银行必须印钞，这就可能会对整个经济产生通货膨胀的影响。由此产生的动态表现为分配（类）冲突的形式：通货膨胀至少在短期内降低了实

① Amsden（2001）.

② Fauvet and Mosse（2003）.

③ Kroll（2017）. See also Cotterill（2017）.

际工资并提高了利润。这种资源从工薪阶层向资本家的转移释放了用于投资的资源，因为资本家用利润进行储蓄的可能性要大于工人用工资进行储蓄的可能性。同理它还可以将资源从工薪阶层转移到国家。[①]

在投资、需求、政府支出和相关政策动态变化中，有一个核心问题在大多数经济文本和政策官员的建议中很少引起关注：基本工资商品的价格会如何变化。

工资品：投资融资的根本约束

投资、生产率增长、就业和储蓄的累积动力融资时，面临的最严重的限制源于基本工资商品的价格上涨。这种限制既限制了工人的储蓄，也制约了投资的盈利能力，还可能会威胁到政治的稳定。这就是米哈尔·卡莱克（Michal Kalecki）发展经济学的见解。

非洲的工薪阶级，特别是非技术工人（如家政服务人员、清洁工人和建筑工人），将大部分收入用于有限的基本生活支出。食品支出占其可支配收入的很大一部分（约75%），以及诸如服装，煤油，运输和租金等基本工资品。[②] 如果这些必需品的价格相对于名义工资有所上涨，就会产生许多影响。雇主可能面临提高工资的压力，以使他们的雇员继续工作并能有生产效率地工作。这是一个非常现实的问题，如果压力不是通过工会形式的有组织的劳动来承受的，则可能通过其他机制来承受，包括浪费大量的劳动力周转。[③] 工资品成本的上涨一直是埃塞俄比亚的花卉企业和纺织品出口商发现难以留住工人的主要原因之一。结果不仅是雇主要面对重复的培训费用，而且埃塞俄比亚的养蚕业的劳动生产率与其他国家的农场相比仍然很低。[④] 如果公司必须提高工资，那么它们的利润率可能会受到影响，从而对新投资的势头产生负面影响。即使企业避免了这种压力并保护了利润，它们可能也无法满足其生产商品的国内需求，而工薪阶层将很难维持更不用说扩大储蓄率了。最后，持续的工资品通胀可能导致***政***

---

① Joan Robinson（1964：341）将资本主义经济中“工人花自己赚的钱，资本家花自己所得”这一精辟表述归于卡内基，尽管卡内基并没有直接表述过。

② Ivanic，Martin，and Zaman（2012）and Headey and Martin（2016）评估了2009年食品价格和食品价格上涨对贫困的影响。

③ Hardy and Hauge（2019）.

④ Schaefer and Abebe（2015）；Melese（2015）.

治反应，使现有和潜在的投资者感到恐惧。

政府赤字支出的通货膨胀融资可能是工资商品通货膨胀的一种可能来源，更广泛的问题是如何为经济发展提供资金，而发展中国家决策者面临的核心挑战是如何确保这些商品有充足、非通胀供应。卡莱克（Kalecki）意识到，存在抑制农产品供应的社会经济供给刚性，随着城市工业工人人数的增加，会导致通货膨胀压力。这些供给刚性不仅会引起工薪阶层的生活成本增加，也会引起农产品加工行业的制造商的中间产品（例如糖或谷物）成本上升。因此，要进行工业化和结构改革，“必须不增加必需品的通货膨胀价格”。[①] 这就是为什么针对投资提高农业生产率的政策不能替代工业政策，而且是必不可少的（参见第八章）。

随着世界上粮食生产率的不断提高，国内粮食供应的约束力会逐渐减弱，并且在国外可以购买到廉价粮食。即使这样，全球粮食价格的波动也意味着精心设计的政府干预措施来保护贫困工资工人的实际工资仍然是当务之急。此外，更广泛的观点是，结构性变化和增长受到基本工资商品的非通货约束。因此，令人惊讶的是卡莱克（Kalecki）的观点在很大程度上被人们“遗忘或丢弃”。[②]

政策制定者需要更加深刻地认识到监控食品价格和货币工资的重要性。如果金融性投资忽视了基本工资商品的通货膨胀，那么这种分配后果可能会制约投资的进一步增长。这种策略在很长一段时间内在经济或政治上都不可行，因为它触碰了最低收入人群的利益，最低收入人群几乎没有应对食品价格上涨时迅速提高工资方面的议价能力。而且，正如有些人可能认为的那样，这对农村人口来说并不是一件好事。正如我们在第七章中所展示的那样，非洲农村地区的大多数人，尤其是最贫困的人，都依赖有薪就业机会，他们是粮食净购买者，因此，粮价上涨对他们的打击可能要比城市工人严重。事实上，在难以到达的农村地区和受暴力冲突影响的地区，粮食价格甚至比大城镇还要高。[③]

受到通胀冲击是不可避免的。暴力冲突、全球大宗商品投机和气

---

① Kalecki（1976：78）.

② Wuyts（2011：5）.

③ 例如，根据国家农业营销委员会的定期食品价格监测（http：//www.namc.co.za）中的数据，南非农村的玉米价格往往比城市高出许多。关于暴力冲突的影响，见 Raleigh（2015）。

候冲击都会引起或加剧工资品的稀缺性和以及工资商品价格的大幅上涨。在这种情况下，用适当的政策来应对价格波动就显得尤为重要。从东亚（和东南亚）的历史记录中得到的另一个“教训”是，政府干预管理基本商品价格，却把它们“搞错”了。两个结论。首先，要在解决农村贫困和降低粮食价格波动的脆弱性方面取得长期成功，就需要对农村基础设施进行公共投资，尤其是在灌溉方面。确保粮食供应不受通胀影响的关键是提高农业劳动生产率。农业增长也使农村工资上涨成为可能，否则贫困就无法减少。其次，保护低收入阶层不受周期性食品价格上涨的影响，需要国家干预来稳定价格。只要一提到这一点，就足以让大多数经济学家感到震惊，因为它违背了既定的“最佳实践”，并引发了对无效和长期补贴的担忧，这种补贴扭曲了农业市场的关键价格信号。

即便如此，政策制定者如果不注意这些警告，将是不负责任的。在非洲、拉丁美洲和其他一些地方有许多非常失败的国家管理和控制农业市场的例子，导致收入从农民转移到剥削的官僚。① 然而，正如在一些西非国家政府干预棉花市场所取得的相对成功案例清楚表明的那样，收入从农民转移到剥削的官僚这种结果并非不可避免。② 重要的是不要忽视这样一个事实，即其他国家有可能成功地干预以稳定粮食价格，以防止世界和国内市场的粮食价格波动。例如，印度尼西亚和菲律宾的粮食价格稳定，虽然价格高，但是收益却超过了成本。印度尼西亚和其他一些东亚和东南亚国家维持大米价格在一定水平虽然是有限的，但是政府对市场进行了充分干预确保了充足的库存，同时政府垄断了进口大米防止大米的国际价格大幅波动。③

第三节　部门政策和结构改革

在本章的第一部分，我们讨论了提高投资水平的挑战，分析了投资

① 例子参见 Williams（2009）。

② Gray，Dowd-Uribe，and Kaminski（2018）.

③ Timmer and Dawe（2007：11）.

是如何受到食品和其他基本工资商品供应的限制。换句话说，工资商品生产的生产率限制了一个经济体将投资推高并保持在高位的能力，以维持长期的资本积累，而资本积累历来是经济增长、发展和追赶的核心。那么，农业资源配置是否应该成为主要的优先事项？更广泛地说，如果提高投资水平是关键，那么哪些行业会吸引投资呢？

现代经济增长的历史表明，特定部门对产出增长的贡献非常重要。具体来说，最重要的是对制造业的投资。然而，狭隘的、“传统的”制造业概念会产生误导，并可能导致一种忽视一系列活动收益的战略，而这些活动以前并不完全属于这一类。在本节的稍后部分，我们将讨论与策略相关的制造业的扩展定义。

卡尔多（Kaldor）的增长规律和结构变化

经济发展包括把资源从低生产率的活动转移到高生产率的经济活动。这就是我们所说的“结构性变化”。从广义上讲，结构变化也可能意味着不同行业相对权重的变化。例如，很多发达的资本主义经济体都经历了从农业经济为主向工业经济为主转变的阶段；然后，在一个被称为“去工业化”的过程中，服务业活动成为主导。部门转变对我们的结构性转变至关重要，但它们的相关性在于，它们对整个经济的生产率变化，以及就业和出口收入的增长意味着什么。

在低收入国家，大量的人在低生产率的农业（和相关的农村）活动中备受煎熬。他们在小农场里生活和劳动，无论他们多么努力地工作，都只能获得很少的产出，往往价值很低，物质报酬很少。许多人生活和工作的地方远离平整的公路或铁路，每周步行数小时去集市，被香蕉或西红柿压弯了腰，最后只能艰难地回到没有灌溉、没有任何肥料来增加产量的农场。用干瘪的经济学术语来说就是劳动力回报率很低。他们的孩子经常得不到足够的营养食品，没有或仅仅只能获得质量很差的学校教育，卫生服务站和安全饮用水供应不足。

亚瑟·刘易斯（Arthur Lewis）提供了思考发展过程中就业结构变化的经典方法。人们常常说他关注的是农村向城市移民或从农业向工业转移的重要性，但这是一种误解——他的观点总是更多地关注向生产率更高的活动的转移，而不是具体地向城市迁移。在他的模型中，越来越多的人开始从事生产率和劳动报酬都大幅提高的活动。[①] 经济中建立了更多资本主义企业，更多的人为更大的雇主工作，赚取更高的工资。从历史上看，这既表现为制造业在GDP中所占比例上升，也表现为制造业在总就业人数中所占比例的上升。更高的劳动生产率来自于人力和其他投入的新组合，如机器、农场和公司的组织以及物流服务。[②]

有一个基本的过程，在这个过程中，人们越是关注特定的活动，他们就越擅长这些活动，然后他们通常获得的回报就越高。这是亚当·斯密（Adam Smith）关于“市场范围”（即市场规模）和“专业化”如何相互作用并相互支持的开创性讨论的领域。市场越大，专门从事某一生产过程特定部分的群体的规模就越大；从事这些专业工作的人越多，生产出来的产品越便宜，市场就越广阔。当这种情况在不同商品上重复出现时，一种累积的因果关系就会发挥作用，并支撑经济的持续增长。

累积因果关系这一过程的必然结果是产生从规模经济和范围经济中受益的新机会。生产的单位成本随着产出的增加而下降的一个原因是企业及其员工在生产产品时变得更加高效：这就是“干中学”。亚当·斯密（Adam Smith）也看到了这一点，在《国富论》调查的前几章中，规模经济发挥了重要作用。然而，在很长一段时间内，不断增长的回报从经济学的视野中消失了。

如果收益递减的假设是新古典主义经济学家的基本公理，那么对于其他经济学家来说，确定收益递增的空间是分析和政策设计的关键原则。对许多人来说已经很清楚的是，生产利润增加的余地比农业或服务业要大得多（在其他一些工业活动中，例如采矿、公用事业和建筑，也有相当大的规模经济余地）。

与其他行业活动相比，制造业似乎与更高的生产率和更快的生产率提高速度有关，有证据显示，“制造业的人均附加值远高于农业”。根据这一证据，将资源从农业转移到制造业，会带来一次性的经济收益。如果制造业生产率的增长速度快于其他行业，那么可能也会有更多的动态

---

① Lewis（1954）.

② Schaffner（2001）讨论了低收入国家和发达资本主义国家在劳动生产率（以及劳动生产率增长）方面的差异。

增长。在大多数发展中国家，历史以及最新的证据显示正是如此。[①]

正是这种证据促使卡尔多（Kaldor）制定了他的三个“增长法则”，尽管我们已经证明，为了考虑到国际收支对增长的限制，这些法则需要扩展到四个。卡尔多（Kaldor）的原始命题如下：首先，制造业产出增长率与 GDP 增长率之间存在很强的正相关关系。不仅仅是一种“联系”，而是一种因果关系，有大量的证据可以证明这一点。[②] 正是这些证据，让政府重新发现了工业政策的积极干预，以加速和促进制造业的扩张——在许多主流经济学家中间，这导致了经济学家们对新共识的误导。不同寻常的是，国际货币基金组织（IMF）经济学家最近的一篇论文明确引用了一些众所周知，但此前被忽视的关于产业政策的非正统研究。[③] 实际上，没有这样的共识；主流产业政策的理由只证明非常有限形式的政策“纠正”市场失灵而不是创造新市场。[④]

卡尔多（Kaldor）的第二个观点是，制造业产出增长率和制造业劳动生产率增长率之间存在着很强的正相关关系。这也被称为凡登定律，它捕捉到了规模经济的动态变化。它来自于更大范围的在实践中学习、专业化和制造业的规模经济，以及对工业设备和机械不断增加的投资，这本身就体现了提高生产率的技术变革。

这对就业的影响是不言而喻的。如果一家公司可以用更少的工人生产同样的产品，或者如果公司增加产量的速度比他们雇佣新员工的速度快，那么制造业的就业弹性就会下降。特雷格那（Tregenna）发现，在 1980 年到 2005 年之间，南非的工业升级和新的劳动力转移机制与制造业就业乘数下降有关。制造业仍然是经济增长的引擎，但它可能并不总是带动那么多人就业（至少不会总是带动，不是直接不会带动）。[⑤]

非洲的政策官员可能会看到一个两难境地：如果制造业不能通过创造足够就业来帮助解决快速增长的新增劳动力带来的根本性挑战，他们为什么还要推动制造业发展呢？即使在制造业内部，许多生产也会产生

---

① Szirmai（2013）.

② 更多总结见 Storm（2015）。

③ Cherif and Hasanov（2019）.

④ Cramer and Tregenna（2020）.

⑤ Tregenna（2012）。从印度的经济表现来看，这种没有就业底盘的引擎被称为“无就业增长”（Kannan and Raveendran，2009）。

大量新的就业机会，虽然制造业本身具有较低的产出就业弹性，但是这对整个经济的创造就业的间接能力也具有极其重要的意义。有证据表明，每创造一个制造业工作岗位，就有两三个工作岗位是由于制造业扩张而在该行业以外创造的。[①] 一旦我们接受了将农业生产考虑在内的更广泛的关于制造业的定义，制造业对就业的贡献也就更大，通过进一步的观察，可以明确农业生产包含在工业内（请参阅本节稍后部分）。但是，最适当的区分不是制造业和其他活动之间的区别，而是具有高回报潜力和就业乘数潜力的那些活动与没有这种潜力的那些活动之间的区别。

卡尔多（Kaldor）的第三个主张是，制造业生产力的增长与其他经济部门的生产力之间存在着很强的正相关关系。这在一定程度上是因为，就比如随着制造业从农业中抽出劳动力，留下了少量的农业劳动力但没有减少农业总产量。但是，这也是更丰富的过程的结果，在该过程中，制造业的生产率提高通过向农业生产者（例如农用化学品和灌溉泵）提供更便宜的设备和投入而分散到其他部门。它们还通过对农业投入品的工业需求进行传播（例如，将棉花用于纺织品生产），并通过组织知识的传播而传播，尽管这也是政策问题，而不仅仅是自动化过程。

实证研究在很大程度上证实了这些命题的重要性。例如，韦尔斯（Wells）和瑟沃尔（Thirlwall）通过对非洲大量经济体的实验，明确证实了卡尔多（Kaldor）提出的增长规律。[②] 在其他地方，另一项最新研究发现，在 63 个中等偏上收入国家中，卡尔多（Kaldor）的第一和第二定律也得到了支持。[③]

这意味着政府有充分的理由设计和实施工业政策以促进制造业投资，因为这会带来整个经济领域的整体利益。在本节的稍后部分，我们展示了仔细考虑将哪些活动包括在产业政策范围内以及突出其某些主要功能的重要性。不过，在此之前，我们将重点介绍国际收支约束的重要性。

国际收支约束

如前所述，可以使增长势头陷入停顿的是粮食和其他必需的工资商

---

① Lavopa and Szirmai (2012).

② Wells and Thirlwall (2003).

③ Marconi, Reis, and Araújo (2016).

品的价格上涨。另一个同样重要的因素是外汇短缺。发展中国家渴望进口，部分原因是收入增加：随着对基本商品的消费需求在人们收入中所占份额的下降，人们对进口商品的消费需求不断增加，无论是全球流行的二手牛仔裤和T恤还是智能手机。更为重要的是，从定义上讲，不断扩大的经济体必须投资于体现技术的机器和投入品，从而产生了对进口的强烈需求。发展中的经济体不必重新设计工业车轮，相反的，落后的优势之一就是可以进口经过专业设计的车轮。在某种程度上，可能限制奢侈品消费品的进口增长率，但如果进口资本和中间商品枯竭，就不可能成功维持快速发展。大埃塞俄比亚文艺复兴大坝的建设，尼日尔的坎大吉大坝以及科特迪瓦的基础设施更新计划都与进口量激增有关。[①] 在整个撒哈拉以南非洲地区，发电和非发电设备进口从2000年3月的23亿美元增加到2008年11月的116亿美元。[②]

对进口的需求越大，确保有足够的外汇来支付进口的挑战就越大。对于一个经济体而言，无限期维持不断增长的国际收支赤字非常困难。如果赤字的规模在加速增长，并且必须通过其他外国资金来筹集，那么就存在着一个现实的危险，那就是政府可能被迫放弃任何种类的独立政策举措：可以说，这有时就会影响到国家的政策方向。例如，加纳和莫桑比克。

经济体可以通过试图吸引包括优惠贷款和赠款（即外国援助或海外发展援助）在内的外国资本流动来获取为其进口账单提供资金所需的外汇，或者通过出口商品和服务赚取外汇。所有这些外汇来源都暗含着成本和不确定性。商业资本流动被认为比援助更有利于非洲，特别是高盛的雇员，例如经济学家丹比萨·莫约（Dambisa Moyo）等都这样认为。[③] 但是，与国外对农场和工厂的直接投资相反的是“热钱”转移到了非洲新兴市场债券和证券交易所，热钱的不确定性，随着利率、政策环境的国际变化的不可预测，人们对下一次全球性的富裕或灾难感到不安。那些将这些资金带入新兴市场的人被称为“内心不安定（常常

① 参见World Bank (2013)。

② Co (2014: 11 - 12).

③ Moyo (2009).

是知情人士）的基金经理——他们容易在追捧和恐慌之间摇摆”。[①] 此外，来自中国的信贷额度（由出口商品或代管账户提供担保）现在是极其重要的，是一些非洲国家新能源基础设施项目的资金来源，但通常在行政上不透明。[②] 同时，近年来，使用政府和社会资本合作（PPP）作为全球基础设施投资的融资手段已经成为时尚。在世界银行和经济合作与发展组织（OECD）等的支持下，非洲开发银行、联合国非洲经济委员会（UNECA）和非洲联盟在非洲促进了PPP。[③] 支持者认为，风险已转移至私营部门，而公私合作对公共资金具有良好的价值。但是它们在全球范围内的记录，包括在PPP的先驱者之一的英国，都给人留下了深刻的印象。[④] 许多人，包括国际货币基金组织的研究人员，都警告说，要建立有效的体制机制来保护公共财政免受不断上涨的成本和财政不可持续性的影响是相当困难的，“尤其是当政府忽略或不知道其递延成本和相关的财政风险时”。[⑤]

国外援助资金的波动已经给非洲的政策制定者和经济造成了严重的问题。援助机构可以临时起意随时改变它们承诺提供资源的活动。[⑥] 经验丰富的公职人员不得不应对的大量的捐赠者，以及这些捐赠者随时变化的捐赠偏好和各种需求消耗了高额的行政管理费用。[⑦] 国外援助在缩小了经济政策的讨论范围的同时，为主张限制需求和市场自由化的非洲精英提供了物质和智力支持，并通过不断的重复来强化有缺陷的观点。正如已经指出的那样，货币基金组织的方案仍然包括相当多的结构条件，这些条件的总数仍然远远超过1994年以前所观察到的情况。近年来结构性条件的强势回归，让人对国际货币基金组织的“我们不会再这样做了”的说法产生了怀疑。[⑧]

---

① Palma（2012：3）.

② Tang and Shen（2020）；Brautigam and Hwang（2016）. 关于中国对采矿项目的融资协议缺乏透明度或缺乏有效监督的情况，参见 Landry（2018）。

③ Loxley（2013）.

④ Boardman, Siemiatycki, and Vining（2016）；Booth and Starodubtseva（2015）；NAO（2018）.

⑤ Irwin, Mazraani, and Saxena（2018：1）.

⑥ 援助对波动的影响参见 Museru, Toerien, and Gossel（2014）及 Hudson and Mosley（2008）；关于援助的不确定性参见 Lensink and Morrissey（2000）。

⑦ Presbitero（2016：18）.

⑧ Kentikelenis, Stubbs, and King（2016：14）.

正如非洲国家间各种不同的谈判结果和谈判策略所表明的那样，可以磋商在获得国外投资和国外援助资金方面的重要改进。外国援助“本质上是指外部增长条件的改善”，也可以比作是“贸易条件的积极转变”，两者都能提高进口能力。① 然而，关于减让性和非减让性流动的谈判可能并不总是成功的（甚至不是为了国家利益而进行的）。因此，过分依赖这些外汇来源是不明智的。在进口需求的压力下，通过出口促进外汇收入的迅速增长，可能是维持增长的一种有效得多的战略。瑟尔沃尔定律（Thirlwall's Law）抓住了这一观点，它指出，一个国家的长期增长率是由出口收入增长率与需求收入弹性之比决定的。随着经济增长，进口增长得越快，要想保持经济增长，出口收入就必须增长得更快。②

将出口作为发展战略的核心要义主要存在于两个方面。一是，正如前文所解释的，如果出口收益不快速提升，那么资本积累的动力和经济结构的转变将无法维系。二是出口，特别是制造业的出口，是卡尔多命题中动态捕捉的核心。正如亚当·史密斯（Adamsmith）所言，利用规模经济，也就是制造业依靠“市场范围”具有的一种特殊倾向。鉴于发展中国家和非洲区域内的市场范围（即需求）有限，世界其他地区必须努力成为需求的主要来源。这只是制成品出口对工业化带动发展的一种方式。更正式地说，国际上有两种联系。首先，制造业的增长提高了出口收入的增长率。其次，出口收入增长越快，经济的整体增长率就越高。

什么算是制造业？

汽车装配厂、家具生产厂、番茄罐头工厂、出口服装的工业园区，蓝莓生产商：除一个以外，其他都在标准统计分类中归为制造业。蓝莓生产商就是这个明显的例外，但可以说蓝莓生产商和出口商应被视为工业原料生产商。

如果政策制定者审慎对待经济结构变化和经济投资促进的动态演变，他们需要认识到产业边界的变化，根据经济活动在经济中的作用对经济

① Kalecki and Sachs (1966: 44, 24).

② McCombie (1989).

活动进行分类：最重要的是不断扩大的产业范围和产业规模所带来的潜在报酬、对生产力的快速提高、直接或间接地促进就业增长以及创造的外汇收入。

当我们考虑到许多农业产业实际上比位于出口加工区或工业园区的大量制造业劳动密集程度更高时，改变对制造业构成要素的理解就更加重要了。例如，在埃塞俄比亚，到 2012 年，农业综合企业从事花卉种植的工人总数已经大大超过纺织品制造或基础金属和工程行业的总就业人数。同时，在肯尼亚，2015 年鲜切花行业的就业人数为 125000 人，这是纺织行业就业人数的 3 倍，比汽车行业的就业人数多 20 倍。[①]

当今时代，农场的迅猛发展离不开大量的复杂技术和先进设备投资和高素质、高效率工人。人们可能（并且确实）会随着寻找具有更高回报的就业机会而不断迁徙，从农村到城市、从农村到农村。以提高投资水平和增加经济利润为目的的发展战略，必须考虑到农村地区以及城市和城市周边工厂的生产率增长（和就业增长）的巨大发展空间。

过早的去工业化：最新版的（失败情结）

关于工业化作为发展引擎已不复存在的传言被大大夸大了。传统上，许多新古典经济学家认为经济活动发生在哪个部门无关紧要，因此，试图专门鼓励制造业是对市场的“扭曲”。此外，还有一些旧的民粹主义观点认为，在不“经历”（不愉快的）工业阶段的情况下，提高人均收入是有可能的。[②] 类似的对拉丁美洲产业政策可行性的悲观主义传统，使得阿尔伯特·赫希曼（Albert Hirschman）创造了“fracasomania”一词，指的是对失败的迷恋。

最近，另一种失败理论——“过早的去工业化”的风险传播开来，表明存在一种经济体都将经历的全球化趋势，（由于结构原因）制造业在国内生产总值中的比重不断下降，而人均收入水平却比历史上要低得多。对这个问题充满了经济民粹主义的持久吸引力的乐观看法是：如今

---

① 参见 www. unido. org/statistics；Ethiopian Horticulture Development Agency（2012：16）；Gebreeyesus（2014）；Mitullah，Kamau，and Kivuva（2017：30）。

② Kitching（1989）在发展经济学中仍然是对这种民粹主义传统的经典批判。

服务业比制造业更具生产力，因此有可能制定一项服务驱动的发展战略，而不必经历社会、环境和技术挑战性的工业化过程。[①]

然而，发展中国家的证据表明，即使考虑到传统的分类体系，“过早去工业化”的说法也有更为积极的解释。实际上在 1995 年至 2015 年期间，全球制造业增加值（MVA）逐年增加。[②] 如图 4.2 所示，从发展中国家的整体情况来看，自 2002 年开始 MVA/GDP 的总体比重就在快速上升。令人失望的是由于某些国家的政策失灵而不是工业化的结构性不可能，例如英国，制造业增加值在国内生产总值的比重与制造业就业的疲软不平衡。[③] 制造业增加值的增长在东亚尤其显著，特别是中国已经显示出了制造业扩张和制造业就业的持久性增长。

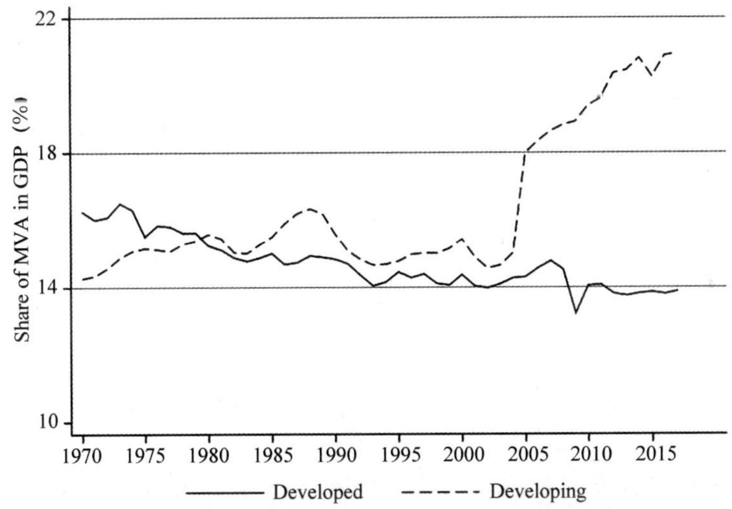

图 4.2　1970—2017 年各发展集团制造业增加值占国内生产总值的合计份额

资料来源：UN Statistics Division（2019），收入分类：世界银行人均国民收入指数，地图集方法（2019 年）。

---

① Ggombe and Newfarmer（2018）.

② Hallward-Driemeier and Nayyar（2017：fifigure 0. 5）.

③ Haraguchi，Cheng，and Smeets（2017，307）. 英国制造业就业疲软参见 Rowthorn and Coutts（2013）。

第四节　结论：政策优先级的标准

我们在本章第三节中已经一再论证过，制造业在经济发展中起着主导作用。卡尔多（kaldor）增长定律所揭示的并在国际上得到一致的验证就是最好的证明。尽管有人声称“过早的去工业化”意味着制造业不能有效推动经济增长和创造就业机会，但有证据表明事实并非如此。最近许多国家的情况并不能指导政府将来应该怎样做来促进经济发展。工业化仍然是经济发展的中心，工业政策仍然是实现工业化的核心。

产业政策的范围比以前扩大了，制造业与传统上被称为服务业或农业的其他活动越来越复杂，导致制造业的服务化和新兴化的工业化，意味着产业政策必须应对这些趋势。例如，工业政策工具已被证明在支持高价值农业生产的扩大和竞争力方面是有用的。

最后，产业政策必须聚焦于制造业出口。制造业出口与持续较高的经济增长率之间存在着很强的关联。正如更多元化、生产率更高的制造业可能有助于防范经济增长的频率和强度崩溃一样，有效的制造业出口部门也可能有助于防范经济增长的频率和强度崩溃。这是因为，除了其他好处以外，它还有助于克服国际收支方面的约束，而这种约束往往是增长停滞的原因。

促进农业综合企业的工业政策和相关政策都应遵循指导所有政府支持分配的四个标准（其他章节将根据这些标准进行介绍，因此在此仅简要介绍它们）：首先，一项活动或部门是否产生外汇收入（也就是说，这是否有助于放宽国际收支对增长的限制）？其次，这项活动的作用范围与其他部门和活动相比劳动生产率提高了吗？需要注意的是这与询问它是否是传统意义上的制造业不同。再次，这项活动能否（直接和间接）创造就业机会，特别是为妇女创造就业机会？特别是，相对于其他可能受益于国家支持的项目，这项活动是否会带来更高生产率的工作机会？最后，这项活动是否有助于满足基本工资商品的非通货膨胀需求？即使资源分配符合这些标准，投资或投资支持也必须在其他政策的支持下才能发挥作用，例如降低出口收入流入国外避税天堂的风险。

这些标准需要与政策优先级设计相结合。在考虑一项潜在的激励措施或基础设施投资时，应该提出的问题是：这种或那种投资活动将以多快的速度带来外汇收入？在某些情况下，支持一项不满足所有规定标准的活动可能是有理由的，但这确实有望特别迅速地放松一项有约束力的条件（例如外汇或工资商品供应），为追求更长期的目标创造更大的空间。随着许多政府和发展经济学家对这一领域投资的忽视，需要关心探讨的是初级商品出口的重要性。由于担心例如贸易条件的恶化而忽视这些投资活动，各国政府可能会错过某些商品的国际价格，从而丧失短期赚取外汇的机会，而这些机会可能是结构改革更深入的前提条件。

用一个例子来结束这一章，在埃塞俄比亚的大规模投资促进了高质量、高价、湿法加工咖啡生产能力的快速扩张，这可能符合我们政府有选择性干预的几个关键标准。这将涉及对基础设施（如农村道路和电气化）的大规模集中投资，如果没有政府支出，这一投资几乎不会以足够快的速度实现。它将产生额外的外汇，而不需要很长时间来发展国际竞争力。它还将大大增加女性在农村的工资就业机会。这些工人的产出将低于生产运动鞋的工厂的人均产出，但他们的劳动生产率仍将远高于埃塞俄比亚农村的大多数工人。[①] 一项促进高产量、高品质咖啡快速扩张的有效政策，同样也需要一种具有有效产业政策特征的互惠控制机制；有必要向那些在与其他活动建立联系的部门中创造外汇收入和就业机会的能力和业绩的人提供选择性激励，这些人也可能是规模经济的生产者。互惠控制机制将使诸如包装、水泥、甘蔗加工和机床等其他活动的产业政策更加可行，因为它对国际收支作出了贡献。

这些政策设计的标准和把出口增长作为一个高度优先事项的更广泛意义，都在关于贸易的第五章中提出。

---

① Cramer and Sender（2017）为埃塞俄比亚的咖啡业制定了优先战略。

第五章

贸易的必要性

第一节 引言

在主流发展经济学中，对宏观经济稳定的追求高于所有其他目标，包括生产或就业的增长。宏观经济稳定被认为是释放产出增长的基本先决条件，然后，如果市场具有适当的灵活性，那么其他积极成果（如就业增长）便会释放出来。这种主流观点还决定了贸易和汇率政策：平衡外部帐户是政策的主要目标，而不是这些帐户（必须）达到平衡的产出水平。从这个角度来看，国际收支稳定和宏观经济稳定的关键是抑制总需求。正如我们将要解释的，这就会使在政策建议上倾向于确保中低收入经济体控制进口增长。进口快速增长可能预示着“宽松”信贷表明过度需求，从而破坏了国际收支平衡。在开放经济中，抑制过剩需求的两种主要方法是，首先，限制对经济的“过度”信贷，其次，通过汇率贬值提高进口的相对成本。

非主流发展经济学家也经常对进口的快速增长提出警告，尽管理由各不相同。他们焦虑的主要原因是对进口融资可能性的悲观看法。出口悲观主义长期以来一直存在于诸如联合国贸易和发展会议（贸发会议）所提出的许多建议中。在某些版本中，这种悲观反应反映了对融入世界经济的危险的更广泛的焦虑。对汇率政策的影响并不总是很清楚，尽管一些持这一立场的经济学家批评国际货币基金组织（IMF）呼吁贬值：他们认为，试图通过贬值来降低国际买家的价格来增加出口收入是没有意义的；他们还严厉批评了 IMF 的政策建议，因为货币贬值会导致通货膨胀，对穷人的打击尤其严重。

非洲政策制定者身边围绕着这样一群经济学家，他们支持从这些（或类似的）传统中衍生出的贸易和汇率政策论点。因此，并不奇怪的是非洲政策制定者时常觉得反对进口快速增长的理由其实是来自来访的顾问或在政府部门和总理办公室任职的经济学家的压力。初看之下，关于进口增长和“不必要”进口的警告似乎是非常合理的。

在本章中，我们提倡采取一种不同的方法。我们坚持认为：生产发展、技术变革和就业增长应该是主要的政策目标，宏观经济政策应当***服务***于这些政策目标。此外，我们认为重要的是外部帐户平衡的***活动水平***，而不是只顾眼前的平衡利益（参阅第六章）。最后，我们认为，非洲各国政府必须找到通过融入全球经济获得受益的方法，而不是通过退出全球经济（转而过度依赖国内市场或区域内部贸易）。

为了促进经济增长和结构变化，政府需要刺激进口特别是生产者投入和资本品的快速增长。例如，从 1965 年到 2007 年，资本和中间产品（包含外国技术并促进国内技术变革）的进口占中国进口总额的 80% 以上。尽管中国经济发展的创新速度不断加快，但对进口投入仍然非常重要。尽管中国经济不断发展，创新速度不断加快，但进口投入仍然非常重要；尽管进口投入在产成品的出口价值中所占的比例有所下降，但仍高于 40% 。此外，自 20 世纪 90 年代末以来，这些进口投入的总值不断攀升（见图 5. 1）。更广泛地来看，只要东亚“四小虎”开始迅猛发展，投资热潮就会激发进口迅速增长。①

但是，正如我们在第三章中所述，快速发展的经济体所特有的进口需求很容易威胁到增长的可持续性。反过来，这意味着任何增长和结构改革战略都不能忽略对出口量和收入快速增长的需求。

本章提供的证据表明，从历史上看，所有持续的经济发展和结构变化的经验都涉及***快速和持续的进口增长率***。非洲收入的增长，劳动生产率的提高和工资的提高导致对进口消费品以及生产，如电力等中间产品和资本产品的需求。从历史上看，在许多国家，增长和结构变化要求采取政策来鼓励进口的快速增长，特别是生产商品的进口，尽管包括食品在内的消费者工资性商品的进口也要迅速增加。这些国家的经验既凸显了国际收支限制的重要性，也得出了这样的政策结论：既为了维持进口

① Herrerias and Orts（2013：783）.

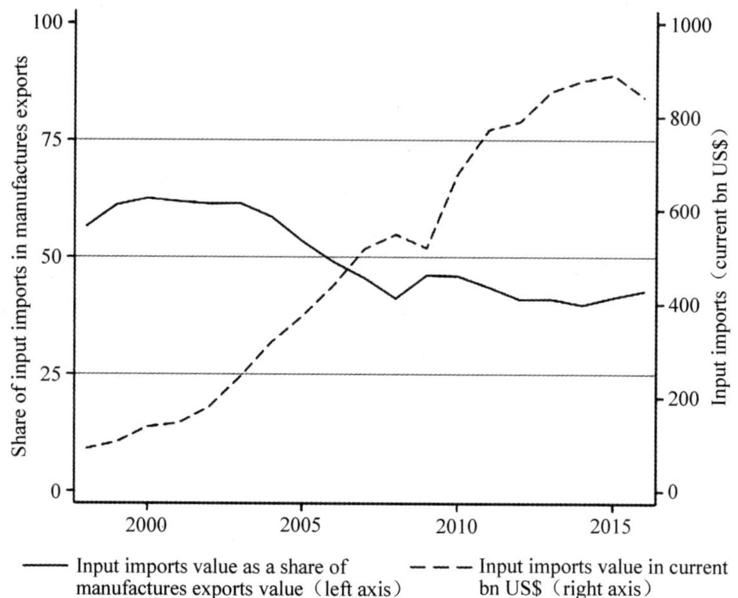

图 5.1　1998—2017 年生产中国制成品所需的进口投入

资料来源：联合国商品贸易统计委员会。

增长，非洲经济体（甚至石油出口国也将获得大量收入）将需要分配资源，以确保其***出口收入的增长率大幅度提高***。

仅仅认识到扩大出口的一般需求是不够的。重要的是，确定特定的经济活动类型和子行业，在这些行业中，投资可以带来最快和最大的生产率和出口收益，以及为扩大产量所需的配套政策。这些优先事项和针对投资的需求在“常识性”政策中已被忽略，并为创建整个经济领域的“有利环境”提供建议及用来避免“选择优胜者”过分的干预。我们认为，遵循其他“常识性”政策建议也是错误的，尤其是由于“成分谬误”而发出的不要投资扩大初级商品出口的警告。这个具有误导的政策建议基于以下假设：这些投资如果由许多低收入国家进行将导致市场泛滥，因而无法增加出口收入。如果非洲政策制定者认真对待这些警告，这可能在一定程度上解释了该地区在如此多初级商品的全球市场上份额不断下降的原因。

对这些问题的一个更好的理论指导将基于瑟尔沃尔对卡尔多增长规

律的修正，它强调制造业的中心地位。我们扩展了这一观点，认为在更高生产率的出口导向型农业的投资也适用。部分原因是卡尔多增长效应模型越来越多地在农业综合企业加工厂中发挥作用，意味着它们应被视为非洲工业生产的关键组成部分（参阅第三章）。我们也认为，许多非洲农产品出口的劳动密集程度加速了（特别是女性）劳动力从低生产率向高生产率农村就业的转变成为可能。在阐述这一论点时，我们建议政策官员重新定义什么是结构性变化。

任何旨在促进进口快速增长的投资策略都必须纳入有效的汇率政策。本章讨论了非洲汇率过高和低估的后果，以及针对任何特定国家和时间实现（和定义）适当汇率的困难。我们列出了主流经济学用来解决汇率问题的一些主要论点，并对这些论点提出了一些评论。总体而言，我们认为非洲各国政府应以具有竞争力的（即被低估的）汇率为目标，不是徒劳的寄希望于市场价格足以平衡账面和释放企业家精神，而是作为旨在促进更快增长和加快结构变革的一系列政策的一部分。

这里提出的积累策略与新古典经济学家提出的明显不同，也与许多异类经济学家提出的观点截然不同。我们在这一章的论点，就像整本书一样，支持关于进口增长的“可能性主义”（见第三章），而不是许多结构主义发展经济学家不可能的哀叹。我们还质疑经济学家的观点，他们忽视了南南贸易的限制和成本，他们认为发展中国家公司的外国直接投资比其他公司的投资给非洲人带来更大的潜在利益。

第二节　国际货币基金组织与宏观经济管理

许多中低收入国家面临着国际收支的迅速变化，这直接导致了关键进口物资的支付问题，它们不得不向国际货币基金组织求助。这个问题可能是由以下因素引起的：进口成本激增（比如由于生产性基础设施投资激增）、贸易条件冲击或还本付息义务的激增（比如在美国加息的背景下，以美元计价的债务义务激增）。不管是什么原因国际货币基金组织倾向将问题归咎于赤字国家的挥霍无度和政策错误。正如第二次世界大战后布雷顿森林会议所同意的那样，国际支付调整的负担必须始终由赤字国家承担。[①]

通常一项基金项目谈判都是孤注一掷的。由于获得国际货币基金组织（以下简称“IMF”）的批准是获得其它优惠融资的必要条件，因此可能几乎没有其他选项，据信这样也可以让商业贷方和投资者都安心。因此，了解国际货币基金组织基金项目的核心原则和 IMF 项目的操作方式十分重要，这通常强调三个方面：第一，“采取与可用融资相一致的需求抑制措施”；第二，确保“可用融资”；第三，实施改革以促进“调整”和增长。[②]

我们将在本节稍后部分讨论 IMF 如何对“可用融资”进行主观评估。在这里，我们强调 IMF，计划的核心政策规定：通过减少对进口的需求和数量来实现贸易赤字的快速削减。[③] 自 20 世纪 50 年代后期以来，IMF 思想的核心一直是波拉克模型，该模型可以用来表明，当国内信贷增长超过货币的需求和供给时，一国的外汇储备下降（国际收支赤字）。该模型还可用于将货币储备的增长分解为私人和公共信用创造，指出政府借贷和财政扩张是国际收支赤字所导致的。

该模型认为，产出取决于可用融资水平和进口倾向。[④] IMF 工作人员必须评估外部融资的可能性。例如，如果它们认为双边捐助国不会向提出一套具体政策的政府提供更多的减让性资金，它们就会更坚决地坚持对这些政策作出急剧改变。然而，评估“外部资金的可能供应情况”是一个判断问题，这种判断容易引起争议。[⑤] 例如，1997 年，世界银行前首席经济学家曾对 IMF（他认为）毫无根据的评估大加抨击，认为埃塞俄比亚在不严重抑制经济活动的情况下不太可能获得进一步的国际融资。国际货币基金组织已暂停其项目支持，并坚持进行包括金融部门自由化在内的剧烈政策改革，但埃塞俄比亚政府拒绝了。[⑥] 尽管 IMF 声称，几乎没有证据表明主要捐助者已准备好抛弃埃塞俄比亚——这一他们在敏感的军事战略地缘区的盟友。实际上，他们（后来的经验证实）似乎对

---

① Magalhães Prates, and Farhi（2015）.

② Mussa and Savastano（2000：81）.

③ Taylor（1997：147）.

④ Fine（2006）.

⑤ Fine（2006）.

⑥ On this controversy see Stiglitz（2002）.

埃塞俄比亚的经济表现越来越有信心。

一些人认为，基金贷款项目可以相当灵活，并且在财政不平衡（政府支出超过税收收入的政府支出）是危机根源的情况下，对国际收支困难的关注要比条款引起的国际收支困难更大，对需求抑制的重视程度更大。这又引起了一个问题，即如何确定预算赤字是否“不可持续”——IMF 在的宏观经济变量上的预测记录令人不敢恭维。① IMF 项目还可能包括一些支持增长的承诺，通常采取临时调整国际收支目标的形式，以使进口增长率略高，而不是（维持）模型的核心方程所接受的水平。一个问题是，由 IMF 的决策程序不透明，因此很难确定这种灵活的谈判立场（例如，与基金组织最有影响力的成员的影响相比）对谈判结果的相对重要性。②

2008 年的全球金融危机及其后果，引发了对传统的 IMF 分析和政策立场的局限性的发人深省的论调。但是，这些（与欧洲国家谈判的一揽子危机方案以及最近在非洲的计划得出的）证据表明，期望用较小的通货紧缩和 IMF 较为灵活性的方法去平衡国际收支困难可能被夸大了。③

第三节　对进口的结构主义恐惧

联合国贸易与发展会议及其理念

许多联合国贸易与发展会议报告的运行逻辑如下：发达经济体的进口增长弹性已经缩小，随着发达经济体增长放缓，发达经济体在进口上花费的额外收入减少了。这使得发展中国家很难通过出口到这些发达经济体来发展和应对国际收支挑战。而且，当发达经济体最近才缓慢增长时，发展中国家只能通过吞并其他国家在世界出口中的份额来扩大出口。考虑到这些全球经济状况，发展中国家应“更加关注国内和区域需求”，“将其生产结构与需求结构更加紧密地结合起来”。④

---

① An, Jalles, and Loungani (2018).

② Killick (1993).

③ Kentikelenis, Stubbs, and King (2016).

④ UNCTAD (2014: 102).

另外，例如国际发展经济协会（IDEAS）的会员谈到的 2008 年全球金融危机后“发展中国家出口暴跌”，尽管他们承认这次出口崩溃是一种价格现象，但也要考虑到 2000 年第 9 期的贸易增长率体量与 2010 年第 17 期相比两者并无较大区别。① 这一信息随着“发达资本主义已穷尽”的论调在国内传播。② 因此，“构成宏观经济和发展战略基础的出口痴迷不再有用的论调的基础”。③ 与这些悲观预测相反，值得注意的是，迄今为止，全球进口收缩只在资本主义时代很少发生。事实上，从 1880 年到 2010 年，全球贸易仅在 12% 的年份中出现过收缩，此外，全球进口量暴跌的想法掩盖了实际的经验异质性。在某些国家，进口下降幅度远小于在其他国家；总体而言，与 1929 年的世界贸严重易萎缩相比，2008、2009 年度的进口下降幅度要小得多。④

还有一些要关注国内市场的主张，或至少优先考虑与其他“南方”或邻国（假定）发展水平相似的国家间的贸易。进口量的快速增长可能是危险的，因为增加报酬的动力为已经在特定活动中立足的那些人提供了竞争优势：“当这些国家处在收益递增活动很显著的世界中开放对外贸易时，这种贸易将巩固国家之间现有劳动分工的机会更大。”⑤

净易货贸易条件的长期下降?

尽管贸易悲观主义在过去的几十年中呈现出了不同的形式，但其核心思想是，与较富裕的经济体进行贸易的发展中国家面临的贸易条件出现结构性（“长期”）下降。（相对于进口价格的平均出口价格或净易货贸易条件）。正如普雷维什和辛格所阐述的那样，在其最初形式揭示了初级商品出口获取的出口价格相对于进口制成品价格的趋势。

普雷维什——辛格最初的假设为进口替代策略奠定了基础，并加强了对发展中国家是否可以通过初级商品出口成功地追求发展的悲观看法。结合对未 UNCTAD 加工初级商品价格波动更大的观察，它激发了一些建

① Chandresekhar and Ghosh（2018）：http：//www.networkideas.org/featured-articles/2018/04/the-collapse-in-developing-country-exports/.

② Ghosh（2018：195）.

③ Ghosh（2018：204）.

④ Van Bergeijk（2018）.

⑤ Ghosh（2019：386）.

议（例如联合国贸发会议），即发展中经济体应使其出口的品类和类型多样化，在出口之前，它们应投资于国内加工初级商品。[①] 悲观贸易条件论后来的理论分支表明，即使在建立轻工业出口部门方面取得成功的发展中国家也将很快遭受贸易条件下降的困扰。贫穷国家制成品出口的相对价格下降的原因之一是，世界市场正被此类出口所淹没。与此同时，贫穷国家继续从较高收入的经济体中进口更加先进的制成品。

贸易条件的不利变动，特别是如果持续下去，可能会降低增长率。即便如此，以普雷维什——辛格假设为理由而忽略对初级商品出口的投资，或者更笼统地忽略有利于国家或地区自给自足的出口机会，仍然是轻率的。首先，尽管已被大量研究所证，净易货贸易条件长期下降的证据仍不清楚。[②]

第二，毫无疑问，初级商品价格是波动的，就像经历长时间的暴涨和暴跌一样。虽然这通常被认为是政府不应过度依赖商品出口，但这也为利用价格上涨带来了机会。例如，智利在铜矿开采方面的长期投资与赞比亚在全球铜产量方面长期记录不佳之间的差异是显而易见的。[③]

第三，普雷维什——辛格假说对学术辩论和政策产生了五十多年的影响；但在此期间，许多商品价格长期处于高位。中国和其他一些经济体（包括巴西、墨西哥、印度、印度尼西亚、俄罗斯和土耳其）的增长引起了能源、金属、乃至一些食品的消费增长和价格持续上涨。最近，中国和其他一些国家（包括巴西、墨西哥、印度、印度尼西亚、俄罗斯和土耳其）在煤炭、基础金属、贵金属和大多数食品的消费中所占的份额，都超过了七国集团。[④] 此外，在现代全球化资本主义的历史长河里，人们并不认为非洲贸易条件会持续恶化。一份新的长期非洲大宗商品数据显示，自 1820 年至 1880 年，非洲国家的贸易条件持续改善，其贸易条件优越程度高于其他地区。[⑤]

第四，如图 5.2 所示，初级商品价格并***没有***一起波动。从平均商品贸易条件中汲取政策灵感是一种误导。不同食品需求的收入弹性差异很

① Osakwe, Santos-Paulino, and Dogan (2018).

② Spraos (1980); Cuddington and Urzua (1989); Pfaffenzeller (2018).

③ 其他案例参见 Cramer and Sender (2019)。

④ Baffes et al. (2018).

⑤ Frankema et al. (2018).

大。尽管谷物的需求弹性通常小于1（即需求增长慢于收入增长），但脂肪和蛋白质含量更高的食品的弹性更高—随着人们的生活富裕，他们可以负担得起更多的此类食物。此外，如本章第五节所阐述的，在食品生产（及相关商品，如花卉）中品牌和产品差异化方面的机会不断扩大，这是在贸易中将“非商品”与商品分开的因素之一。实际上，澳洲坚果、鳄梨、特色阿拉比卡咖啡和其它农作物的需求（和价格趋势）的收入弹性非常高，在计划实施投资、贸易和多元化策略时，分清贸易条件十分重要。尽管“新兴”经济体占全球金属，能源和食品消费的大部分，而收入较高的经济体，尤其是欧盟（EU），却是“加工农业”产品最重要的市场。尽管如此，近年来，一些非洲国家的这种高价值加工农产品出口到欧盟的份额却下降了。①

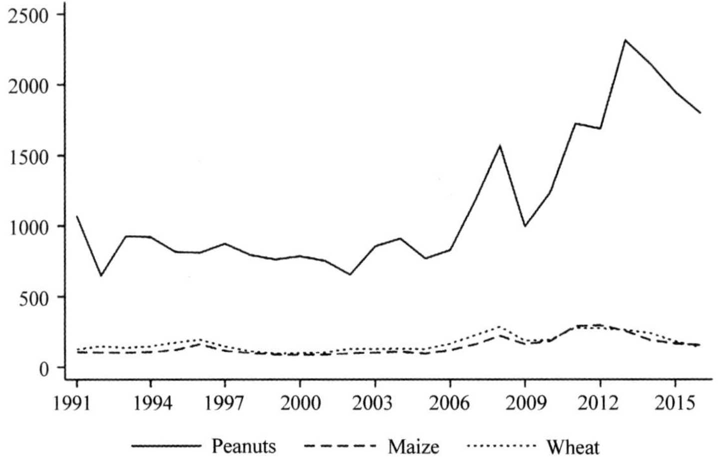

图5.2　商品价格：花生、小麦和玉米（每公吨美元）

资料来源：国际货币基金组织商品价格（2018年）

第五，非洲的贸易条件在1950年至2000年期间表现良好，甚至在1970年初石油价格上涨，整体商品贸易条件下降之后也保持稳定。但是，不管给定时期内商品的净易货贸易条件是什么样的趋势，这都绝对

① Partridge and Pienaar（2015）.

不是任何**单个**国家或甚至一组国家的净易货贸易条款的指南。因此，“几乎没有证据表明撒哈拉以南非洲大多数国家的商品贸易条件与国家净易货贸易条件之间存在长期稳定的关系。”①

没有令人信服的理由说明非洲各国政府应忽略扩大初级商品出口的投资努力。相反，他们应该设计规划来最大程度地控制进口。这就需要一种投资策略，目标是那些中期收益最大的出口产品——外汇，如果可能的话也包括就业。它还意味着克服——而不是屈服于——有时被用作逃避参与全球贸易的借口的困难。例如，必要条件的严格的植物卫生检验束手无策，尽管肯尼亚的出口商已经为满足这些标准而进行投资，但一些非洲政府官员仍然对促使非洲农产品贸易在全球农产品贸易中蓬勃发展。在南非，对这些标准的强制性实施的抱怨，证明了从投资失败中获利的策略是可行的，即：一种认为在国际市场上取得成功太困难的说法。帮助把与其它非洲经济体的贸易变成了一场声势浩大的声援运动。

如果价格不适合你，那么规则将会适合你

在正式贸易自由化之后（关税和配额减少），非关税壁垒（NTB）激增，② 这最全球只是通常的疲弱出口表现的部分原因。同样，南非的经验为其出口低迷提供了更具有说服力的理由。进入中国和泰国的苹果、梨和其它水果等大宗市场受到了市场准入限制，这并不是因为过度严格的植物检疫规定，而是由于南非政府未能采取必要的行动。南非政府官员花了多年时间来提供中国要求的有关苹果园中农药使用量的基本信息，而“南非的水果出口商自2008年以来一直被禁止进入泰国，因为南非政府未能更新植物检疫标准以适用于该行业的规则，从而阻碍了认证过程”。③

在2015年之前，南非已经10年没有向中国出口任何梅子了。贸易悲观者和一些南非官员可能会抱怨“市场准入”问题。但是在同一时期，智利设法向中国出口了大量梅子。智利进行了大规模的贸易谈判，并成功进入了成长中的东亚市场。南非不仅没有积极进行贸易谈判，市场进

① Cashin and Patillo（2006：856）.

② UNCTAD（2013）.

③ Viviers et al.（2014）.

入仍然非常有限。同样，秘鲁努力将鳄梨出口到了美国和日本市场，而南非则失败了。因此，在民族主义强调市场准入困难的背后，贸易谈判往往是薄弱的。

世贸组织和“政策空间”：规则与策略

相似的弱点削弱了许多政府充分利用世界贸易组织现行规则的能力，尽管许多文献强调，低收入国家政府规避世贸组织成员的严格要求的机会非常有限。例如，一些批评家担心，世贸组织不过是最发达的经济体手中的一根撬棍，最发达的经济体利用它迫使发展中国家开放市场的同时继续保护自己的竞争优势。最能说明这一观点是的：世贸组织自 1995 年成立以来减少了发展中国家的“政策空间”，使这些国家几乎不可能采用早期发展中经济体（尤其是东亚和东南亚）所采用的工业政策。正如罗伯特·韦德所主张的：

> 乌拉圭回合谈判的主要国际协议：知识产权协议（TRIPS）、贸易投资措施（TRIMS）和服务贸易总协定（GATS）系统性的梳理了如何应对发展中国家的竞争环境……综上所述，这三个协议极大地限制了政府执行有利于国内工业和企业增长和技术升级的政策的权利。①

毫无疑问，最近几十年来贸易规则已经发生了变化。现在禁止对制成品进口实行配额（这加大了保护幼稚产业的难度）；限制补贴（让国家更难支持本国出口冠军企业）；禁止可能用来指导外国直接投资者行为的当地含量要求以及其他与贸易有关的投资措施（TRIMS）；以及大幅降低进口关税的要求。关税通常以上限“约束”，但通常以不同的、较低的税率“应用”。与贸易相关的知识产权（TRIPS）协议使得发展中国家更难通过历史悠久的（盗版的）方式获得技术转让，而且据说还促进了大量与专利相关的利润从“南方”国家流向“北方”国家。此外，对资源有限的发展中国家来说，利用世贸组织争端解决机制（DSU）代价高昂。

---

① Wade（2003：622，630）. See also Weiss（2005）.

与世贸组织并行的还有许多优惠贸易协定（PTA）和区域贸易协定（RTA），它们也常常对发展中国家施加限制。因此，尽管诸如《非洲增长和机会法案》（AGOA）之类的优惠贸易协定可能会为某些非洲出口商提供进入美国市场的优惠渠道，但这是有代价的。给予优惠的国家施加的条件可能包括一般性承诺：私有化或市场自由化以及更具体的承诺，例如关于放宽环境标准或政府采购政策。有时，这些规则和条件比世贸组织更具有限制性，因为给予优惠的国家能够谈判更好的条件，而不是面对更多的发展中国家采取更强有力的集体行动所能实现的条件。① 批评者还认为，由于欧盟与许多非洲区域集团之间达成的经济伙伴关系协议（EPAS），可能会导致很高的成本和有限的收益。②

贸易规则可能是十分严刻的，但这些贸易规则和贸易限制并没有消除政策倡议的空间：非洲政策官员确实有行动的余地——“政策空间”。贸易规则本身就允许政府采取一系列干预措施支持工业扩张和出口。此外，有明显的证据表明政府可以扩大这些贸易规则来扩大支持出口的干预措施的范围。此外，政策官员能够通过采取世贸组织规则中未涵盖或禁止的其它多种干预措施来促进出口。例如，有针对性的基础设施投资是很好的（如对铁路、港口、道路和水坝等可以创造大量外汇和就业机会的地方提供服务），技能形成方面的目标性和补贴性投资也不错。非洲国家可以在国内冠军提供营销服务和为某些外国公司提供税收优惠方面实施干预。③ 寻求规模经济的国家金融机构可以采取措施，在战略活动中实现企业合并。政府可以建立公共研发（R&D）中心，旨在以“有竞争力的”价格向公司生产和转让技术（而不是为提取专利权而设定的价格）。各国可以使用公共采购政策（尤其是在那些仅是一些世贸组织成员之间的，尚未签署现行政府采购协议的发展中国家中）来培育国内企业，以支持这些以后可能会形成出口能力的企业。

世贸组织有允许国家补贴的“绿灯”豁免权：支持研发（R&D）、支持一个国家的贫困落后地区、帮助现有设施转向更环保的技术。一个国家可以引入“贸易限制”保护措施，以鼓励那些总进口增长率威胁到

① Aggarwal and Evenett（2014）；UNECA（2016）.

② UNECA（2016）.

③ Gallagher（2007：82）.

国际收支困难的幼稚产业（第十八条）。世贸组织还可以保护特定行业免受进口激增的影响（第十九条），以及保护该行业免受其他国家的不公平贸易行为（倾销等）的侵害。此外，例如，可以征收出口税，以抑制未加工商品的出口。当然，对于此类政策的设计和实施，将会有公开和隐蔽的干预目的。在如何商定和适用 WTO 规则方面存在很大差异。例如，一些国家的政府并没有因为世贸组织的命令而被迫降低关税，而是自愿地将关税降低到低于它们通过世贸组织作出的承诺所达成的水平。①联合国非洲经济委员会（UNECA）在承认变化的程度以及可能发生的事情方面而值得称赞：

> 在执行这些政策措施时，真正的考验是决策者是否承诺继续强调工业政策的努力。这种情况具有挑战性，但是如果政策制定者从一开始就被普遍的正统观念所左右（或者，我们将被那些从该正统观念中受益的人所影响），那么政策空间的匮乏只会加剧。②

自从世贸组织成立以来，发展中国家已经能够有效地在世贸组织运行中纵横博弈。阿姆利塔·巴赫里的研究表明，“有了更好的讨价还价和诉讼策略，并因此提高了提出可信诉讼威胁的能力，成员国可以改善其‘贸易条件’”。③ 这就需要了解规则，并通过延伸、解释、测试和调整来适应这些规则，即：“战略诉讼”。④

例如，巴西已经以各种方式使用世贸组织的争端解决系统来保护国内公司并支持出口商，比如前国有飞机制造商巴西航空工业公司。巴西航空工业公司的出口市场不仅成功地抵御了加拿大航空公司的利益，精心准备的诉讼还促进了巴西国家和私营部门之间更深入的生产性关系。巴西的经验表明，寻求让国际贸易体系为它们服务的发展中国家需要有经验的贸易律师（而且数量很多）的服务，有头脑的政治家能够决定哪些案件可以起诉，哪些案件可以不予理会，以及能够监督其他国家贸易

① Aggarwal and Evenett（2014）.

② UNECA（2016：117）. See also Aggarwal and Evenett（2014）；Amsden and Hikino（2000）.

③ Bahri（2016：642）.

④ Santos（2011：594）.

行为的官员。

非洲政策官员可能会受到另一个更引人注目的例子的鼓舞，即如何利用世贸组织体系来促进和保护国内产业：

> 尽管人们预期中国将在加入世贸组织后放弃更具保护性的产业政策，但在过去10年里，中国政府越来越依赖与世贸组织不一致的措施，将其作为管理中国经济的关键工具。①

中国官员在采取政策方面一直比较敏锐，一直坚持到他们在世贸组织受到挑战之前。然后，他们通过通常漫长的谈判和世贸组织程序，继续执行这些政策，最后，如果这些政策被否决，他们会缩减保护性或“贸易限制”措施。到这一阶段时，政策通常已经完成了支持新兴国内产业所需的大量工作。

外国公司被迫通过与中国公司的合资企业来经营，被迫在关键领域转让技术，并被说服以满足当地成分的要求。与此同时，中国政府通过国有企业推动一系列新的活动，其中许多企业尚未完全私有化，并通过补贴和廉价、有针对性的信贷等措施提供支持。这种方法已在风电、高铁和太阳能等行业中采用。当中国在世贸组织中面临挑战时，由此导致的谈判耗时数年。忽视谈判的一种策略是更长久地拖延谈判过程，由中国谈判团队将关键文件翻译成英文、法文或西班牙文（世贸组织的三种官方语言）。②

一个协调一致的尝试，至少是采用中国方法的一些元素的策略可以阻止，非洲在世界市场上不断下降的份额，从而使积累所需的进口量更快地增长。

第四节　汇率作为发展政策

汇率和其他价格一样，可以被人为操纵或“出错”，以达到生产、

---

① Oh（2015：1125）.

② Oh（2015）.

变革和竞争的目的。标准经济学教科书中关于汇率的方法将其视为相对价格，该相对价格平衡或可以在外部账户中带来均衡的趋势。但是汇率实际上是关于经济变化的速度，它们对于收支平衡的经济活动的水平和增长率至关重要。

一些经济学家对政府干预以使汇率“具有竞争力”或“被低估”持谨慎态度的主要原因有两个。首先是简单地认为，对市场的任何干预都是扭曲的会导致不正当的经济结果。这是根据第二节所述的方法得出的，汇率是维持对外账户收支平衡的关键（与活动水平无关），坦率的讲，这种方法将宏观经济均衡放在生产、增长、结构变化和人类福利之上。这些经济学家强调竞争性贬值的可能成本，例如，认为与“均衡”价格的较大偏差可能对经济增长有害。

这既适用于大幅低估，也适用于大幅高估。如果汇率在一段无论多长的时间内被低估，其后果可能包括：低收益外汇储备的低效积累；通货膨胀和宏观经济不稳定，特别是如果没有抑制工资增长的抵消措施；减少使用货币政策管理有效投资水平的范围；以及消费者福利和总体需求的减少，因为汇率低估可以作为消费支出的税收——尽管这忽略了低估的动态效应的范围，如本节后面所讨论的。① 从这个角度来看，央行的作用是有限的，它们干预汇市只是为了尽量减少实际汇率的大幅短期波动；否则，它们应该将汇率作为一种价格，帮助确保低通胀。②

对汇率低估感到焦虑的第二个根源，源自不同的理论和政治关切。这在一定程度上是基于一种非常合理的担忧，即货币贬值可能会影响工资商品的价格和总需求，进而影响经济增长。卡尔多里亚主义或结构主义在内的传统经济学家预计（包括 20 世纪 80 年代初期，坦桑尼亚为抵抗国际货币基金组织贬值要求所做的努力的坚定支持者），收入的重新分配将脱离工薪阶层，这主要是因为工人的工资短期内不太可能与已经稀缺的进口商品的价格同步增长。③ 这可能会刺激政治动荡和资本外逃，同时由于那些具有较高消费倾向的工人实际工资的不断下降，总体需求也会呈下降趋势。由于贬值总体需求将会下降，增长也会放缓。另一个

① Haddad and Pancaro (2010).

② Frenkel and Rapetti (2014).

③ Singh (1986).

风险是，如果外债以外币计价，那么货币贬值就会使经济面临更大的偿债困难。

此外，当汇率被低估时，非洲出口产品的供求弹性可能会破坏一些经济学家预期的好处。在供应方面，非洲的出口量是否对2001年以后商品繁荣时期的价格上涨作出了非常积极或迅速的反应尚不清楚。[①] 需求引发的反应可能会减弱，因为现在许多的全球贸易都是通过分布在不同国家的企业之间的供应链衔接流通的。一个国家可以出口商品，然后将其作为装配最终消费品的长链的中间投入。考虑到为该商品生产做出贡献的经济体的复杂性和数量，一个这样的出口国的货币贬值可能只会对全球对最终产品的整体需求产生很小的影响。这种影响的大小具体取决于给定国家对最终价值链产品的贡献有多大。[②]

出于其他原因，很难对汇率变动的结果做出可靠的预测：贬值会使出口产品在国际上更具竞争力的价格，但同时又会增加进口成本进而提高生产成本，反过来，成本的上升又会反映在获利能力和出口价格中。因此就像许多非洲经济体一样，如果出口的进口成分比例较高，贬值在促进出口增长方面可能不那么有效。[③] 此外，比如城市房地产投机，如果资本家倾向于将投资精力集中在国内市场上高利润利的机会上，那么刺激出口量增长的贬值可能会失败。就像在许多非洲国家常见的那样，如果供应方面的僵化阻碍了商品对需求信号的快速反应，刺激出口量增长的贬值也会失败。交通基础设施可能薄弱或崩溃，可能频繁断电，研发不足难以支持生产和提高生产率——货币贬值的价格信号可能只是空旷沙漠中微弱闪烁的火炬。

因此，一些非洲政策制定者的经济顾问（以及朱利叶斯·尼雷尔等非洲领导人）强烈反对货币贬值是有原因的。但这种反对通常最终会被粉碎，而且可能会被误导。汇率政策太重要了，不能以反对华盛顿霸凌的姿态反对为指导，而坚持维持高估汇率可能是放弃政策责任的一种方式。证据表明：增长事件与竞争性汇率明显相关，有明确的机制可以帮助解释为什么增长事件与竞争性汇率明显相关。

① Mold and Prizzon (2010: 3).

② Ahmed, Appendino, and Ruta (2015: 17); Chong et al. (2016).

③ Ahmed, Appendino, and Ruta (2015: 17).

这种经验性的主张与一种分析性的观点有关，即汇率的变动有助于确定经济活动的水平和变动率，而在这种水平和变动率下，国际收支账户必然会平衡。竞争性和稳定的实际汇率与较高的国内生产总值增长率之间的联系在各种回归分析中显而易见，回归分析使用了一系列国内生产总值增长率的数据集，以及增长周期的历史案例研究。也有证据表明，这种效应在发展中国家尤为明显，尽管这种效应可能在低收入和高收入国家都很强，但在这两者之间的效应较弱。[①] 尽管如此，仍有大量证据表明，对发展中国家而言，盯住有竞争力的汇率是一项有效的促进增长的政策。

汇率与经济的其他方面有着复杂的联系，但人们开始理解，为何竞争性低估能够带来更快的国内生产总值增长。将资源从不非贸易品转向可贸易的政策有助于加速结构变化和增长，因为这种转变往往涉及将资源从低生产率活动转移到高生产率活动。并不是所有的高生产力的活动分为部门通常定义为“制造”，但许多都这样认为，制造业是长期增长和发展的核心（见第三章），特别是与生产出口与持续增长和发展相关。

低估的汇率可以显示出盈利能力，并促使资源转向可贸易类的活动。然而，在低收入的非洲经济体中，投资于生产率更高的活动的动机可能由于国内市场规模较小而减弱，这意味着无法获得潜在的规模经济。如果实际汇率的贬值打开了更大的国际市场需求，使它们有可能从规模经济中获益，这些经济体的企业可能对增加利润更有信心。这反过来可能有助于释放出从外溢、联系和国内企业之间的“亲密关系”演变而来的累积效率。简而言之，竞争性的实际汇率可以启动生产率提高的良性循环。

货币低估可以起到补贴的作用，增加投资者的利润，有效地起到“幼稚产业”保护政策的作用。它“错误定价”是为了创造一个有利可图的环境，在这个环境中，发展中国家可以产生有竞争力的技术，利用规模经济，并加速“学习”。然后，它就像赫希曼的联系（第六章）一样，提供了令人信服的盈利信号，并引发新的投资。在一项研究中，在制造业出口增长的 92 个阶段之前的案例中，货币贬值（促进新出口市场的增长和新出口产品的增长）。其他研究证实了货币低估对结构变化的

① Rodrik（2008）；Rapetti et al.（2012）.

促进作用。[①]

汇率政策是一种（生硬的）工具，与其它政策结合使用时可能会更加行之有效。这些政策涵盖了：公共研发、教育投资、以及对基础设施的大量投资，尤其是针对那些可能刺激动态增长回报具有外汇收入和就业增长空间的领域和活动。还有一种情况是，将财政政策和汇率政策结合起来，作为一种选择性的产业政策，针对被低估的实际汇率的补贴是如何发挥作用的。将补贴从那些与结构性变化收益关系不大的可贸易项目中转移出去的一种方法是，对那些几乎没有机会实现动态回报、生产率增长或就业的产品征收出口税。[②]

在实践中，很难确定汇率政策的结果。如果主要目标是维持适度，稳定和可信的低估，则政策官员将需要就如何最好地评估当前实际汇率低估或高估水平方面达成共识。监测实际汇率趋势的重要性在于，它能提供有关各经济体相对盈利能力的信息。大多数主流经济学家并不关注这一信息，他们认为，实际汇率计算的主要目的是突出各国消费者价格通胀率的差异的重要性。然而，这些变化并不总是清楚地表明相对盈利能力，汇率低估会降低储蓄的时间偏好（增加储蓄的意愿）。这也能使投资更"有效率"，进而提高资本的边际产量。政策制定者将继续面临盈利能力和未来投资流动的不确定性，但他们可以放心的是：如果预期汇率政策不会出现大幅波动，那么投资将有可能持续进行。

主张贬值的人希望（工薪阶层和本材料供应商等）国内购买力的下降将被国外对该国产出的需求增加所抵消。这既包括对商品和服务出口的需求，**也**包括对该国资产投资的需求。如果是这样的话，那么货币贬值的效果就是提高整体经济的投入和产出，其结果就是工资会随着持续增长和生产率的提高而不断攀升。必须强调的是，贬值/低估的积极影响可能是吸引新的外国投资流入的结果，就象通过贸易额一样多（也许更多）的积极效果。

从本文的讨论中可以清楚地看出，汇率政策具有很强的政治性，所涉及到的远远超出了国际货币基金组织的技术专家的职权范围和能力。能够说服生活在工资很低而生活成本日益增加的地方的人们接受总体物

① Frenkel and Rapetti (2014); McMillan and Rodrik (2011); Freund and Pierola (2012).

② Guzman, Ocampo, and Stiglitz (2017).

价水平的上升吗？正如我们所知道的，贬值对通货膨胀的影响具有“很强的政治上的破坏性”，这足以破坏国际货币基金组织的计划。[①] 正如本文第四章卡莱基指出的，如果投资必须与工资上涨和利润下降相适应，那么工资品价格的通货膨胀速度加快会抑制投资或者导致围绕实际工资下降的政治冲突的加剧。汇率贬值风险亦是如此。这就需要非常谨慎的政治管理（例如，以一种“协议”的形式，确保人们暂时接受较低的实际工资，而不是承诺更快的增长、生产率的提高和较长期的实际工资的提高）。政治管理需要与投资策略相结合，以增加基本工资商品的非通货膨胀供应，同时还需要采取短期市场干预措施，以确保主粮价格不会超过一定阈值。

最后，政策官员需要意识到准确判断汇率高估或低估所要面临问题的复杂性。他们很可能会发现自己在与 IMF 谈判，该组织的工作人员使用各种各样的方法（一些比其他更透明）来做出判断。某一特定国家的实际汇率和经常帐户与选定的比较国所观察到的正常情况有多大差距，通常将会决定 IMF 的估值过高。有时，国际货币基金组织只是简单地画一条回归线，大致上将各个经济体的人均收入水平与实际汇率联系起来。给定国家的实际汇率偏离最拟合的（“标准”）线的距离有多远表明了高估的程度。例如，用此方法计算出 2017 年埃塞俄比亚比尔被高估了 36%。[②] 可以肯定的是，任何试图使埃塞俄比亚货币实际贬值 30% 以上的企图都会对埃塞俄比亚的经济造成严重和不可预见的后果。

许多人会同意，近年来，尽管名义汇率有所贬值，但比尔汇率并未设定为适当的水平。国际货币基金组织的评估也许有些夸张，即使这样，人们也很难理解用于进行这种极端风险评估的方法。我们认为，因为汇率确实表明了各国之间的盈利能力差异，所以最好从几个国家收集有关单位生产成本的数据，以比较可贸易和不可贸易的产出（单位生产成本：每单位物理产出的工资和材料的投入成本）。对于埃塞俄比亚或许多其他非洲经济体，没有足够好的单位生产成本数据可供使用。

---

① Taylor（1997：148）.

② 如果比较国的抽样扩大到包括商品生产国，则估值过高的程度就会下降到较不极端的 22%。IMF（2016：32）.

第五节 产业政策和制造业的狭义定义：组装工厂还是工厂组装?

过去，经济学家和政策制定者根据广义的经济部门：农业或初级商品生产、制造业和服务业之间的区别来确定优先权。非主流发展经济学家强调了制造业的鲜明特征：制造业产出与 GDP 总体增长之间的联系；制造业产出与制造业生产率之间的联系；以及其余经济中制造业产出与生产率之间的联系。在新古典经济学家***没有***发现一个部门与另一个部门之间存在明显区别的特征的情况下，认为“水平型”政策会影响所有行业的效率，结构主义经济学家主张采取更多的“垂直”干预措施，这些干预措施会加速专门用于制造业的投资。

数十年来，越来越多的证据支持卡尔多关于制造业对增长的独特贡献的观点。这些证据还支持包括支持特定行业的选择性干预措施，以及“相互控制机制”的运用——既确保对公司或行业的支持的纪律机制，是取决于特定标准下的绩效的产业政策。近年来，一些新古典主义训化的经济学家声称承认产业政策在经济增长和结构变化中的作用。对这种核心变化的主要影响有两个，首先是技术进步，使人们能够更好地构建增加收益模型——尽管过去经济学家意识到收益递增，但无法将这些收益纳入数学模型。其次是新古典经济学的“市场失灵”和“信息理论”越来越流行。这些发展有助于在主流产业政策中培养迟来的热情。[①] 例如，在 2018 年底，国际金融公司（IFC）的一位官员在非洲工业化研讨会上宣布，工业化是发展的“主导范式”。唯一引起大家注意的是在座的几位不习惯听到任何有关工业政策的热情正统的言论非主流经济学家。发展背后同样面临的是对行业的具体干预措施特别是倾向于“学习外部性”，并面临其他市场失灵的干预措施的支持。[②] 这些与初级商品出口形成对比。通常以两种重要方式限制对产业政策的重新发现。

首先，一些新的产业政策倡导者所支持的市场失灵导致了政策范围

① Cherif and Hasanov (2019).

② Guzman, Ocampo, and Stiglitz (2017).

的狭窄。这种方法在林毅夫的著作中被举例论证，他认为在非洲产业政策必须限制在“促进比较优势”的国家干预措施内实施，通常侧重于轻工制造业，消除繁文缛节，改善营商环境，并投资于基础设施。这类观点至少说明了，对非洲而言，至少有一些产业政策形式是可行的。但是我认为林毅夫的观点的局限性限制了干预措施的可行性，就好比想象中的那样：一个巨大的盲点挡住了车辆后面的视线，但同时这辆车的前挡风玻璃又被雾气笼罩，视线有限，不必要地限制了干预的可能性。林毅夫的思想只代表了对产业政策的实证经验和发展历史的极少部分的理解。①

其次，尽管一些经济学家承认产业政策在过去“追赶”战略发展实践中的重要性，他们也认为使用过的产业政策在韩国和中国台湾等一些国家和地区将无法继续有效实施。部分原因是因为有误导说国际贸易组织的规则和其它的法规禁止这些政策的使用，另一部分原因是人们认为全球经济的结构性变化意味着制造业现在对发展的重要性下降：据称中低收入经济体处于过早的去工业化进程。我们已经在第四章中讨论过，不应该将过早的去工业化视为阻止非洲政府采取有效的工业政策的铁律。在这里，我们对悲观主义者关于制造的作用及其政策结论稍作深入评价。

过早去工业化的观点所取决的行业分类标准已不能与时俱进，并限制了经济分析和政策设计。讽刺的是，正如新古典经济学家发现部门之间确实存在差异一样，传统的三部门分类变得不切实际了。过去与制造业有关的特殊特征已从广义的“部门”分离出来，附属于具体的“活动”。全球技术和经济变化使各部门之间的界限变得模糊，特别采取了两种形式：首先是“服务化”，即许多产品的最终价值越来越多地来自物流或品牌等服务；② 其次是“新鲜的工业化”：高价值的新鲜水果、蔬菜、香草和鲜花的生产从合理的定义上来讲，其生产工艺越来越复杂化、精细化和产业化。例如，就拿一箱从南非出口到英国的新鲜橙子来说，表面上来看其工艺的成熟度和复杂程度都远胜于一箱经过“深加工”的橙汁。生产出鲜嫩多汁、成熟美观、品质上乘符合严格植物检疫标准，且达到一贯坚持顶级卫生要求的欧盟市场准入标准的橙子，是一项极其

---

① 对林毅夫新结构经济学的批判参见 Fine and van Waeyenberge（2013）。

② Lodefalk（2017）.

困难的任务。这包含了一个复杂网络，形成了一个“迂回”生产过程——这正是“产业化”的关键因素。[①] 产业活动的标准数据中没有捕获到很多此类活动，因此“过早的去工业化”文献中没有提及。

这种类别界限的模糊，以及因此需要将政策重点放在经济活动而不是经济部门上，应该为结构改革政策的设计提供信息。在分配资源之前应用的两个最重要的标准是：第一，一项活动的范围有多大才能迅速增加出口收入；其次，它在直接和间接（创造就业）方面有多大空间。其他标准也可以考虑技术学习的范围、规模经济和在公司之间建立“密切联系”的范围。

政策制定者需要知道这些关键标准是否得到了更充分的满足，例如，通过推广成套服装组装棚或支持高价值园艺和花卉种植的扩展。政策制定者还应该准备提出其他详细的和政治上困难的问题：例如，当国际市场上的长期价格下跌暗示对非洲谷物进口商有利的贸易条件时，补贴国内粮食生产是否适当；补贴是否应针对国内生产的食品。对改善最贫困人口的营养几乎没有贡献或没有贡献的。

第六节 结论

我们认为，非洲各国政府可以利用许多政策来影响国际经济一体化的结果。贸易悲观主义者的观点具有误导性。当然，与更强大和富有的合作伙伴进行交易时存在很大的困难，但是在许多领域中，政策可以克服其中的一些困难，确保这些收益是成功进行结构改革的基础。

我们始终坚信没有简单魔幻的政策。比如，有效管理低估的汇率涉及许多补充性政策，包括实现粮食和其他基本工资产品供应的非通胀性增长。然而在本章中提出的观点中最重要的是，非洲各国政府需要设计公共投资策略来实现快速的增长率以增加出口，只有这样他们才可以放松国际收支限制增长并允许持续上升的进口资本货物、中间投入和消费品。最后，我们提出了哪些经济活动应成为公共干预的主要受益者的问题。如果政府在制定政策时没有明确的优先事项，他们可能最终会任由

① Cramer, Di John, and Sender (2018).

个人幻想或特定游说利益集团的相对力量的支配，所有这些利益集团都声称要为人民福利、赋予妇女权力和消除营养不良作出贡献。

致谢

除了引用的参考文献外，第四节还提到了与迈克尔·库琴斯基的谈话，以及他在 2016 年 6 月对来自埃塞俄比亚的一组高级政策官员所做的讲话（是由新风险基金提供的资金促成的）。

第六章

非均衡的发展

第一节 引言

从意识形态和方法论的一端到另一端，平衡对发展经济学家都至关重要。对一些人来说，经济的发展是通过市场交易的持续平衡，通过由灵活的价格推动的持续的小幅调整，推动这个过程一步一步向前推进。对另一些人来说，放任市场自生自灭可能会陷入无望的低收入均衡陷阱，被储蓄缺口、技能缺口、技术缺口、资本缺口等困住。这些不同的观点，汇聚在平衡的重要性上，构成了向非洲（和其他）政府官员提出的大量政策建议的基础。

在这一章中，我们认为这些平衡的观点忽视了资本主义的历史和动态。这些平衡的观点把对有序和大致可预测的过程的幻想投射到根本不确定、矛盾和经常不稳定的现实上。我们将这些幻想与一种经济发展的观点进行了对比，这种观点积极地包含了不平衡、偶然性、生产错误和意想不到的连锁反应。在这样做的时候，我们通过强调基本的不确定性所带来的困难和详细说明一些重大的发展灾难来抵制用一种幻想取代另一种幻想的危险。然而，我们也提醒信奉者们，稳定和平衡的发展往往被忽视了，所谓的发展灾难所带来的发展利益，就像英国殖民时期坦噶尼喀臭名昭著的花生计划。

艾伯特·赫希曼的思想是本章的核心。我们在本章第三节中总结了赫希曼的一些观点，不仅强调了他关于不平衡增长的论点，还强调了他关于“隐藏的手”（与“看不见的手”相对）的观点，以及他的更广泛的“希望的偏见”。赫希曼的思想一直受到许多主流经济学家的谨慎尊重，但由于在很大程度上无法将其纳入新古典主义模型，他们还是在很大程度上摒弃了这些思想。①

> 如果要使经济继续向前发展，发展政策的任务就是保持紧张、比例失调和非均衡②。

在讨论赫希曼之前，本章列出了均衡的增长模型，假设和策略。我们总结了原始的均衡增长策略以及最新的变体，例如大推动策略。后者既包括世界银行设计的结构调整方案，又包括联合国贸易和发展会议（UNCTAD）提出的可持续和包容性发展战略。关于生产性非均衡的争论，本章对我们在第4章和第5章（关于增长和贸易的经济学）中已经阐述的内容进行了补充，但是在这里，我们重点介绍公司和宏大项目的特定示例，包括南非的沙索公司和埃塞俄比亚航空公司以及莫桑比克和其他地方的大型水坝。本章还将讨论追求非均衡增长战略（无论是否贴有非均衡的标签）所涉及的巨大风险。

第二节　经济和发展中的均衡理念

均衡理念这一强大的洪流贯穿于许多经济思想和发展战略之中，它绝不是单纯的一种想法，相反的它在各种各样的经济学分析方法中都扮演着***不同***的角色。本节将介绍其中一些思想。

会计身份和宏观经济平衡

均衡在语义上是不确定的，可以意味着很多事情。主要用途之一是均衡增长，这是低收入经济体为逃脱持续的低需求和低投资而有意采取的战略。然而，在某种意义上，还有其他更深层次的均衡概念。会计惯例（一个人的负债是另一个人的资产）是国民核算体系的核心，二战前

① “赫希曼从未获得他当之无愧的诺贝尔经济学奖，或许是因为他的著作很难归类。”（*The Economist*，2012）。

② Hirschman（1958：66）.

和二战期间，国民核算体系发展成为现代宏观经济学的基础。[①] 对经济中三种相关均衡之间的相互作用进行分析是一种富有成效的方法：即对公共部门（公共部门的支出和收入）、私人部门（私人公司和个人的收入、支出和借贷）以及外部部门（进出口支出的余额，确定经济趋势的资本以及发现任何警示性的趋势，帐户变动和外部借贷）三者之间的相互作用进行分析。[②] 埃塞俄比亚在2017年采用了这种方法，这可能是这种方法在撒哈拉以南非洲首次应用。这种方法的运用证实了近年来公共部门在引领增长中的重要性，尤其是在2012年之后，比常理认知上更为明显得是私营部门投资变得十分重要，同时也说明了尽管外部支出远远超过收入，足以引起人们的关注但并没有即刻发生“债务危机”的危险。[③]

虽然宏观经济失衡可能是危机的根源，但对实现宏观经济均衡的某些关注是具有误导性的、盲目崇拜的和强迫性的。例如，在第五章中，我们认为，关键不在于收支是否平衡，而在于外部部门收支平衡时的经济活动水平（投资、就业等）。

均衡思维

在经济学思想和方法论中，有一个更深入的概念：平衡即均衡。新古典主义经济学认为，经济，尤其是当市场主要由自身掌控的情况下，趋向于均衡。现代经济学的先驱阿尔弗雷德·马歇尔写道：

> 尽管鸟类和四足动物之间在形式上存在很大差异，但在它们的所有框架中都有一个基本概念，因此需求和供给平衡的一般理论是贯穿所有各个部分的框架的基本概念和交换的核心问题。[④]

在一般均衡模型中，这种复杂的平衡行为是通过对需求的无数次调整来实现的，并在买家和卖家之间提供供求关系，反映在相对价格的持

① 英国国民经济核算体系的历史参见 Tily（2009），非洲国民经济核算体系的历史参见 Deane（2011）。

② Godley（1999）.

③ Coutts and Laskaridis（2019）.

④ Marshall（1920/1997：8）.

续波动中。灵活的价格允许市场在均衡价格下**出清**，在均衡价格下不存在供过于求或需求大于供应的情况。这个强有力的观点可以用来分析任何形式的社会现象，而不仅仅是商品和服务的市场。许多经济学家声称，他们可以利用新古典均衡经济学的核心原则，解释范围越来越广的社会现象，这一趋势后来被称为“经济学帝国主义”。[①] 均衡成为20世纪大多数经济学家工作的基础。结果，工业现实的关键方面被牺牲在数学易处理性的祭坛上，这一点早在亚当·史密斯的《国富论》和马歇尔对收益递减和递增的分析中就已经被提及。主流经济学可以定义为形式化的模型，以最大化具有无限理性的个人的行为方式，在有强烈趋向均衡趋势的市场中运作。罗伯特·索洛用三个词来概括它：“贪婪、理性和平衡”。[②]

尽管这种方法的局限性对现代经济学的大部分内容产生了影响，但是一些新古典主义的主要倡导者尝试着放弃这些限制。肯尼斯·阿罗指出限制使普遍均衡成为可能的条件是荒谬的。许多经济学家从肯尼斯·阿罗和相关著作中得到启示，去探索更现实的偏离完全竞争、所有经济“主体”的接受的价格以及完全信息的含义。内生增长理论者试图将至少某些形式的收益递增纳入正式模型，[③] 而其他理论则探索了不完美和不对称（即明显不平衡）信息的多重含义。这些经济学家对政策官员虽然心领神会但实际上采取的措施仍是不同步的做法感到忧心重重。保罗·克鲁格曼等贸易理论家曾建议发展中国家政府不要放弃自由贸易政策，他至少在一段时间内承认，现有的不断增长的回报实际上对比较优势理论构成了限制。[④] 一些经济学家注意到了，韩国和中国台湾等国家和地区目标宏大、非均衡的干预措施，催化工业化的飞速发展政策。尽管如此，一些他们家还是建议非洲各国政府不要效仿这些政策。例如，约瑟夫·斯蒂格利茨认为，政府的干预措施应当与其当前的行政能力相匹配。与此同时，艾德里安·伍德等贸易经济学家认为，等待技能存量相对于

---

① Fine and Milonakis (2009), Cramer (2010).

② 引自 King (2013c: 19)。

③ Romer (1994, 1996); Ruttan (1998).

④ 克鲁格曼（Krugman, 1987, 1993）、罗德里克（Rodrik, 2016: 15）认为，其他国家在工业化方面通过保护性壁垒以及进口替代和制成品出口建立了领先地位，这使得非洲很难为自己开辟空间。

可耕地面积上升，直到相对价格的变化表明比较优势正在改变的重要性。伍德认为，对大多数非洲国家来说，这肯定是一个缓慢的过程。①

一般而言，新古典主义经济学专业人士提出的政策建议，在理论上与阿尔弗雷德·马歇尔）所称的“连续性原则”紧密相连，并在他对这些原则的题词中加以总结：自然而非事实（自然不会突飞猛进地前进）。

并非所有经济学家都被均衡经济学所吸引，最尖锐的批评者之一就是卡尔多：

> 我应该进一步说，“均衡经济学”产生的思维惯性的强大吸引力，已经成为制约经济学作为一门科学发展的主要障碍。②

卡尔多的批评在一定程度上是方法论层面的：新古典主义经济学典型的出发点要么是无法验证的假设（比如消费者或企业的最大化），要么是明显错误的假设（完全竞争和完全信息、线性和同质的生产函数），而这些假设应该从程式化的事实出发。但他的批评也具有实质性，除其它外，他还强调了增加回报的重要性。将资本主义的竞争逻辑与增加回报的广泛作用结合起来，就形成了一个自我维持的增长过程（尽管如此，这仍需要政府干预才能持续下去）。在这个过程中，最重要的影响是内生的，而不是新古典经济学所认为的外生的。③ 内生性指的是，当变量不是完全“独立”于每一个变量时，这意味着一个变量可能是一个结果的解释因素，它本身可能会受到结果变化的影响，从而形成缪尔达尔所说的“累积因果关系”。阿林·杨早些时候也有同样的深刻见解，她认为经济增长是渐进的，并以累积的方式自我传播。④

均衡增长的大促进战略

发展经济学家使用了其他版本的均衡，或明或暗地借鉴了二战后经

---

① Owens and Wood（1997：1468）．应对比较优势的高昂成本参见 Lin and Chang（2009）。

② Kaldor（1972：1237），cited in King（2009b：162）．

③ King（2009b：163－6）．

④ Myrdal（1957）；Young（1928：533）．例如，关于内生性及其对计量经济学带来的挑战参见 Esping-Andersen and Przeworski（2001）。

济学家的观点，如罗森斯坦罗丹和纳克斯主张一种有目的的均衡增长战略。[①] 这些建议建立在对经济可能陷入低就业、低收入、低投资观察的基础上的均衡状态。刺激投资是必需的，这些投资将把一个发展中经济体从缺乏活力和低生产率的沼泽中拉出来。如果需求水平低，个人投资者不太可能单独行动，而市场规模太小，无法产生对新公司产出的需求，进而引发累积的专业化进程。这些对贫困经济体个人投资者行为的怀疑，体现了凯恩斯的预见性：在基本面不确定的情况下，富裕国家的私人投资者不会轻易做出投资。因此，需要某种东西来帮助投资者克服他们对投资的理性厌恶。对于均衡增长的支持者而言，低收入经济体所需要的是政府在一系列广泛的互补活动中协调一致的"大推动"。

确定"大推动"资源分配的原则是特定活动之间需求的收入弹性。例如，产业扩张应与粮食生产和农业增长同步增长，而资本货物生产应与消费品产量同步增长。这里，"步调一致"并不是指完全相同的频率，而是与资本和消费品、制成品以及粮食和农业投入等的相对弹性需求相协调的频率。

早期均衡增长策略通常所想要的封闭经济体，也许因为这个原因，同情出口悲观主义者的观点仍对具吸引力（见第五章）。如果有真正的低收入经济体利用自外部需求（出口），以及用于管理贸易政策的空间，这样一些需求动和盈利能力的担忧激励的大推动的争论就会烟消云散了。参数下降。

联合国贸发会议和当代平衡增长战略模式

联合国贸发会议倡导的"综合施策方针"是带有早期平衡增长思想烙印的最成熟的近期发展战略。这种影响在联合国贸发会议对许多国家工业化停滞的解释中得到了明确体现，这些国家的"投资水平……可能仍过低，不足以提供启动自我维持的扩大生产能力和国内需求过程所需的大推动。"[②]

联合国贸发会议的政策建议具有前瞻性和战略性，预设了一项发展

① Nurkse (1966); Rosenstein Rodan (1943, 1961).

② UNCTAD (2016: 78).

战略，通过这项战略的实施各国能够有效地平衡贸易政策和产业政策，建立有效的干预措施来促进相互之间的支持与联系，并同时设立专门机构促进增长（这意味着机构的设立是发展的***先决条件***）。[①] 鉴于2008年全球金融危机暴露出的不稳定性和资源浪费，我们还建议发展中国家“再平衡”其经济以摆脱对金融业的依赖。

考虑到联合国贸发会议和许多其他经济学家对依赖全球需求的担忧，我们建议这些国家进行再平衡，转向国内市场供需。总体而言，“各国要将注意力集中在建立各维度纵横联系所面临的挑战上，这就意味着综合施策是应对这一挑战方法，同时无论在任何背景下，在所有成功的工业化国家里都已经建立了立体的制度结构”。联合国贸发会议和许多其他经济学家不仅建议通过贸易流通、竞争战略、劳动力流动和宏观经济政策一系列方式综合施策，而且还主张（在21世纪）我们比以往都需要更强的原始***驱动力***，这是因为开启成功的追赶增长战略，所需的资本积聚速度一直在提升。[②]

这种国家和社会不稳定的平衡发展模式受到了同此前平衡增长战略同样的批评。联合国贸易和发展会议的战略似乎设想，低收入经济体没有削弱资源、人力、生产投入、决策能力、劳动技能或可投资资金等稀缺经济要素，但这种稀缺的经济要素可能会限制各种资源的分配活动。如果没有这样的（或很少）限制，那么目前尚不明确为什么首先需要大推动。此外，均衡增长战略假设不同活动之间以便于计算的方式环环相扣、无缝衔接，比如：假设可以针对不同商品准确预测需求的收入弹性。[③] 基于此种策略，既不存在缺乏数据或对未来需求模式的不可靠估计的空间，也不存在关于恶劣天气、国内政治斗争或其他破坏性事件是否可能阻塞该机制的根本不确定性。

这些均衡策略还有一个更深层次的问题，但讨论得很少。联合国贸发会议的可持续经济增长蓝图表明，许多不同的事情***都***是可取的。在这一点上，它类似于咨询报告和政府“远景战略”，列出了长长的改革、项目、干预措施和制度设计清单，毫不间断地来提出一个合理的理由，

① UNCTAD（2016：179）.

② UNCTAD（2016：175－6）

③ 参见 Thirlwall（2005：235）and Sutcliffe（1964）。

说明应该优先考虑哪些改革措施。在其它地方，我们提供了国际报告和国家研究所文件的例子，说明需要改变什么来改善埃塞俄比亚的咖啡生产和出口。这些报告，无论其假设、证据和逻辑如何，通常都会列出一系列令人困惑的愿望清单。[①]

这些政策和蓝图组合远非联合国贸发会议的特权，而是普遍存在的。例如，世界银行的《2005 年世界发展报告》列出了“一长串各国需要进行的经济治理体系改革清单，以在转型中取得重大进展。”[②] 另一笔冗长的改革清单是最近尝试将非洲的工业化前景纳入历史视野的结果：一些经济史学家认为，按照英国和日本的成就，非洲制造业出口繁荣的潜力非常有限。这是因为非洲经济体与越南，孟加拉国乃至中国等亚洲新兴工业化国家之间的当前工资差距不及 1900 年左右的英国和日本差距那么大。[③] 相反，他们提出了一项能够促进非洲***国内***经济增长的发展战略，这项发展战略的实施需要完成一系列超级长的***优先***政策任务清单，各部门之间相互配合、鼎力支持以及按照惯例做好事先准备工作，包括：宏观经济稳定增强投资者和消费者信心；产权保护和官僚机构改善，信贷工具和金融服务的支持；技术转让计划和目标有限、谨慎地使用保护措施以促进进口替代工业化；为穷人提供社会保障；改革财政政策以增加国内交易收入。[④]

由世界银行为国际收支困难的非洲经济体设计的“结构调整方案”也与联合国贸发会议倡导的大推动的想法相呼应。该方案基金附带一些***条件***，各国必须签署这些条件才能要获得世界银行的资金支持。这些附带条件源自“华盛顿共识”，即：只有严格的财政纪律才能保证经济的稳定持续增长，要确保实际利率为正，以有竞争力的“基本均衡汇率”为目标，开放进口和外国直接投资，鼓励私有化并放松管制，建立安全的私有财产权。[⑤]《华盛顿共识》的鼎盛时期过去了，但在此之后花样百出的各种方法纷至沓来，包括《减贫战略文件》和善政议程，其中一些人认为这导致了条件的进一步扩散。

---

① Cramer and Sender (2019).

② Balchin, Booth, and te Velde (2019: 12).

③ Frankema and van Waijenburg (2018: 547).

④ Frankema and van Waijenburg (2018).

⑤ Williamson (1990).

善政议程也镌刻着大推动思维的印记。（一旦结构调整计划明显失败）治理不力或管理不善就被确定为经济发展的主要障碍，善政拥护者主张对包括税务部门、司法机构和安全系统在内的各个机构进行严格的问责制和透明度改革。他们的主张主要包括两方面的特征：一是推进治理改革是经济持续发展的***基本前提***，二是改革需要全方位、全联动的大促进、大改革。正如人们普遍认为的，旨在增加公众对政策决策的参与或使官员对其决策承担更多责任的治理改革是渐进的。[①] 然而，这与认为治理改革是经济发展因果链的第一步是不同的。的确，经验证据表明，从历史上看，国际组织和学术界提出的治理改革并不是发展的必要先决条件。[②] 相反，正如赫希曼在讨论政治和经济之间更广泛的关系时所指出的那样，治理、增长和发展之间存在着一种“时断时续”的关系。[③]

小步走或者大跳跃

作为一种战略，平衡增长可能具有吸引力，但不现实。从广义上讲，基于均衡理念的经济学框架和政策建议提供了一种对经济和结构变化的误解。平衡增长和非平衡增长的提倡者反对碎片化的边际主义发展是一致的。[④] 阿尔弗雷德·马歇尔非常强调连续性的思想，这受到了19世纪两个重大进步思想的影响：达尔文对演化的洞察和古诺对微积分的发展。换而言之，***自然而非自然***的观点是那个时代的观点。在经济学上与熊彼特认为资本主义是经久的创造性破坏的看法或者是马克思所描述的（特别是）资本主义是最初转移和传播的残酷力量的看法相比，阿尔弗雷德·马歇尔非常强调连续性的思想为改革刻画了一种非常不同的变化形象。[⑤] 边际分析刚性和递减假设或固定报酬组合成的理性分析工具，并不适合解释残酷现实世界中经济加速增长的非理性现象，产业组织、外国直接投资和经济政策的转变以及在主要战争期间或之后经常发生的技术变化。一个直观的例子是埃塞俄比亚（以及莫桑比克和卢旺达）自本

---

① 例如，在大多数情况下，这是莫·易卜拉欣基金会竞选的基础：http：//mo. ibrahim. foundation/。

② Khan（2012：52）.

③ Hirschman（1994）.

④ Sutcliffe（1964：630）.

⑤ Schumpeter（1942：83）；Marx（2010：873）.

世纪初以来的高速增长。虽然过去一个世纪左右的一些特点可能有助于为这些非洲国家最近的经济变化奠定基础，但如果声称这种增长阶段只是反映了一种“连续性原则”，那就错了。

第三节　阿尔伯特·赫希曼的发展经济学

压力、矛盾和非均衡作为改革的引擎

正是这些问题使大推动策略变得不可行，促使阿尔伯特·赫希曼做出了回应，而后者被称为有史以来有关发展战略的最具争议的著作之一（在保罗·克鲁格曼所著的另一本书里称其为破坏性的）。[①] 赫希曼认为，更现实的做法是制定与粮食短缺有关的战略，利用匮乏性来发挥其他活动、能力和投资的作用。1958 年首次出版的《经济发展战略》的核心思想是，低收入经济体供给奇缺的“因素”是资本主义的决策能力。赫希曼认为，通过将决策集中在特定种类的活动上来节省这一稀缺因素，将刺激一系列生产性响应[②]：

> 从赫希曼的角度来看，存在的共性问题是：把发展看作是解决矛盾和阻碍的大释放，从而使经济能够走上一条通向新的、均衡发展的平坦道路。这简直是天方夜谭，它们之间的因果关系恰恰相反，正是压力、矛盾和非均衡的推动了发展，在发展的进程中进而引发了更多的摩擦和矛盾。[③]

爱丽丝·阿姆斯登认为，经济发展是一个“价格纠错”的过程，而不是朝着更加“正确”的价格逐步调整的过程。[④]

我们从赫希曼几十年来的思考中领悟出了一些共性的主题，而不是自己淹没在“均衡增长和非均衡增长”无休止的争论中。[⑤] 这些我们领

---

① Thirlwall（2005：237）. Krugman（1994b）.

② Hirschman（1958）.

③ Adelman（2013：loc. 6153 of 16488）.

④ Amsden（1992）.

⑤ Thirlwall（2005）；Sutcliffe（1964）.

悟出来的主题中的许多主题是在《经济发展战略》首次发表多年后才被概括提炼出来的。尽管赫希曼的观点从未轻易得到正统新古典主义经济学家的认可，事实上，也没有得到许多批评人士的认可，但它们实际上与政府紧密相关。它们既不是特别正式（虽然其中一些已经在某种程度上正式化了）[①] 也没有特别的程式，也不完全符合新古典主义、结构主义亦或是新马克思主义的分类框架。

模型、隐喻以及如何成为一个经济学家

赫希曼的经济学研究方法与全球规范化的研究范式大不相同。他从观察中建立了更广泛的原则，而不是坚持行为公理的不变基础，并从中推导出研究现实世界的模式，最大限度避免形式化建模，强调不确定性，认为不确定性不应简化为统计风险。可计算的风险与基本不确定性之间的区别可以追溯到弗兰克·奈特[②]和凯恩斯，他们认为：

> 使用“不确定性”这个词的意思是，欧洲战争的前景是不确定的，或者是20年后的铜价和利率，或者是一项新发明的过时……没有任何科学依据来形成任何可计算的概率。只是我们不知道。[③]

保罗·克鲁格曼辩称，赫希曼并没有坐等被逐出经济主流，而是召集了自己的追随者，将他们引向荒野，让他们在那里灭亡。克鲁格曼认为，赫希曼（以及其他一些高级发展理论家）的重大错误在于，过于喜欢隐喻，而不是模型。考虑到正统经济学对隐喻的严重依赖，这是一个奇怪的批评，不管是亚当·斯密的“看不见的手”（一个温和的讽刺笑话，史密斯本人几乎没有提到），[④] 还是凯恩斯的“动物精神”。隐喻在经济学中是不可避免的，有些隐喻比其他隐喻更容易转化为正式的模型。

克鲁格曼可能没有抓住要点。[⑤] 首先，真正遮蔽了赫希曼和其他人

---

① 另一个持久的正式遗产是赫芬达尔·赫希曼集中度指数，例如，美国司法部经常使用该指数来评估集中度和市场竞争水平。

② Knight (1921).

③ Keynes (1937: 213 – 14).

④ Rothschild (2002: 216).

⑤ Stiglitz (1992).

的真知卓见的，是斯蒂格利茨日益增长的影响力，他指出了与英国撒切尔主义、美国里根经济学以及更广泛的佩里·安德森所称的人类历史上最成功的意识形态：新自由主义，有关的观点。[①] 其次，与其说赫希曼把自己置身荒野，不如说正统经济学把任何不符合其高度独特的数学形式的分析都视为无可救药的特立独行。在一个“经济帝学国主义”的时代，受到这种傲慢冲击的不仅是那些标新立异的经济学家。[②]

艾伯特·赫希曼并不是一个经济学帝国主义者，他更愿意把自己看作一个侵入者，出于好奇而涉足其他学科，而不是维护经济学家的财产权，或者用方法论上的个人主义来教化他们（更不用说建立随机对照试验的萃取机构了）。[③] 他所致力于的是“沉浸于特定的…这是捕获任何东西的关键”。[④] 与主流经济方法形成鲜明对比的是，赫希曼越来越意识到彻底的历史重建是解开发展机制的唯一途径。[⑤]

这种方法允许更多地关注“副作用的中心地位”和不确定性，而不是大多数经济学能够接受（的方法）。赫希曼认为，假设基本的不确定性不存在，并用概率计算取而代之，只会产生伪真理。事实上，例如，投资项目中的不确定性不仅仅是一个令人讨厌的因素，而是关键的一点：使项目偏离最初特许路线的未知、不确定和意想不到的因素在所有项目中都是相当大的。[⑥] 因此，评估项目并从中学习所需要的方法是一种理解是什么使得某些项目的不确定性比其他项目更大的方法。他认为，世界银行应避免“确定性”，而应在设计和支持项目时强调不确定性的作用。实际上，世界银行应该探索所有可能的结果（并接受它无法提前绘制所有这些结果）。奇怪的是，当自然科学和物理科学中越来越多地关注这些问题时，有些经济学家却持相反的态度。例如，一位诺贝尔物理学奖得主辩称：现实世界的很大一部分受到分布尾部的控制，就像受到平均值或平均值的控制一样……由特殊的地方而不是普通的地方；由灾

---

① Anderson (2000: 13) . On neoliberalism as a "chaotic concept" see Jessop (2013); also King (2009a), Wade (2013), Saad-Filho and Johnston (2005) .

② Fine (2002, 2009) .

③ Hirschman (1981) .

④ Hirschman (1967: 3) cited in Alacevich (2012: 7) .

⑤ Alacevich (2012: 5) .

⑥ Cited in Bianchi (2011: 9) .

难，而不是稳定下滑……我们需要把自己从“平均思维”中解放出来。①

赫希曼希望人们在评估项目时，能够开阔视野，并注意那些难以量化红利的计划外因素。② 赫希曼对项目附带收益的警觉性，以及社会和政治环境如何影响项目结果的警觉性，与当时新兴的成本效益分析框架形成了鲜明对比。③ 可悲的是他呼吁人们确定性却被人们充耳不闻。赫希曼方法的推论需要进行大量的田野调查，在哥伦比亚的田野和工厂的走访调研中形成了他独特的工作模式。对这个国家深入的认知就需要走进群众中去：需要对农民、当地银行家，企业家和技术能手进行大量的走访调研。④

是由于赫希曼对待经济学的不同方式，他提出了能够区分出不同学科的经济学家和专业的发展经济学家之间的最大差异性。多数也许是大多数经济学家都认为经济发展的秘诀在于禀赋，以及一个国家在多大程度上符合发展的必要前提条件。早在《考察中的发展项目》一书中赫希曼就指或许出，他的方法“强调了一个国家如何促进发展以及通过促进发展的获得什么样的结果的重要性，因此，人们对自然资源、价值观、制度、社会和政治结构等由地理和历史决定的禀赋至上的观点提出了质疑。⑤ 这种对禀赋至上的否定与各种均衡增长支持者的观点大相径庭；还有一些有影响力的观点认为，地理、气候或地理与殖民历史的特定结合，决定了结果。⑥ 它也违背了社会必须建立一套特定的制度，才能尝试进行任何有意义的经济或社会变革的观点：

> 人们在过去乃至是现在在习惯上仍然认为制度是项目的先驱，好的制度可以促进项目的健康发展，坏的制度也会导致灾难，可以想到，这会导致人们从宿命论的角度去看待第三世界的发展，在那里制度将会对发展造成无法挽回的糟糕结果……赫希曼认为这是原

① 引自 Cherif and Hasanov（2019：6）。

② Adelman（2013：loc. 7143）.

③ Little and Mirrlees（1974，1990）；Dasgupta，Sen，and Marglin（1972）；Squire and Van der Tak（1975）.

④ Adelman（2013：loc. 5408）.

⑤ Hirschman（1967：5）.

⑥ 也许最有影响力的地理制度的著作是 Acemoglu，Johnson，and Robinson（2001）。

> 教旨主义者的谎言……毫无意义。[①]

最新的学术著作证实了赫希曼对制度前提的怀疑。比如，海梅·罗斯通过对拉丁美洲1980年后实施的广泛制度改革进行深入调查，探讨各国树立法治、私有财产权保护、政治民主、市场自由化的包容性制度的理念，受到了许多拉丁美洲国家的经济顾问的青睐……自此以后，拉丁美洲的经济表现一直不如1950年至1980年国家主导的发展鼎盛时期（即使忽略了1980年代的“失去的十年”，情况也是如此）：世界经济中的拉丁美洲在2003年回到了1900年!”[②]

其他经济学家也和他一样，反对原教旨主义的说法。爱丽丝·阿姆斯登就是一个例子，她强调了在她所谓的“其他国家的崛起”，即在东亚和东南亚经济体与经合组织（OECD）经济体的人均收入趋同中进行实践的重要性。[③] 正如阿姆斯登所指出的，虽然在1970年代末至1980年代初期间以及此后开始引入了对“政策空间”的新限制，但重要的是不要过分强调发展中国家被迫以“第二次美帝国”方式采取行动的程度。尽管附带条件，但发展中国家的政府已经并且仍然有政策回旋的余地（如第五章有关贸易的内容所示）。由于地缘政治的原因，有些在政策实施范围上比其它的要大，而在实践中有些则比其它的更有效。[④] 正如已故的埃塞俄比亚总理所说：

> 我们决定从世界各地（美国，德国，中国，韩国）的任何地方选择最适合埃塞俄比亚的产品。我将其称为“弗兰克·辛纳屈”模型：“我做到了”。[⑤]

机制Ⅰ：通过矛盾和非均衡的制度建设和能力发展

压力、非均衡、矛盾：正如赫希曼所讲，即是发展变化的动力，也是他对持久的“希望偏好”的源泉。赫希曼的大部分的著作都与这种变

---

① Adelman（2013：loc. 7020 of 16488）.

② Ros（2012：12）.

③ Amsden（2009）.

④ Whitfifield（2009）；UNECA（2016）.

⑤ De Waal（2018：2）.

化发生的机制有关。特别是前向和后向链接的概念以及“看不见的手”的概念。他的发展***创造***制度及其他变化机制的理念最近获得了“善政”议程批判者的共鸣。“例如，Chang 认为：从历史上看，有利于发展的行为和制度结构是经济发展的结果而不是原因的观念已出现。”[①] 这种方法的另一种当代说法是，市场和机构“共同进化”，而生产活动（至少在最初阶段）通常是在与“善政”议程中所设想的体制背景大相径庭的情况下发展的。[②]

在尼日利亚，在制度、社会、政策共同作用下快速崛起的尼日利亚诺莱坞（Nollywood）电影产业，偏离了善治、安全产权或“包容性”制度的理想世界。尽管一些观察家急于将非正式性和成功的故事浪漫化，[③] 但对该行业的了解仍然很少，因此无法令人信服。尼日利亚好莱坞电影在 20 世纪 90 迅猛发展，在生产商的利润被猖獗的盗版行为吞噬之前，他们通过分销商网络被快速推出问世。[④] 宏观经济稳定方案导致奈拉大幅贬值，再加上缺乏知识产权法律的执行和电影院的废弃和失修使得市民人身安全无法得到有利保障，孵化了人们的家庭娱乐的国内市场机会。[⑤] 这是一种计划外的进口替代工业化。用赫希曼的话说，尼日利亚不适合任何这样的发展，也不适合视频电影产业的发展。[⑥] 约束条件包括：非正式的分销和营销网络，盗版猖獗，产品质量良莠不齐，生产、分配、展览设施配套不足，电影制片厂数量有限，资金来源短缺，资本风险过高，人员技能和培训有限，整体行业分散，缺乏产业规划和产业决策所必需的数据支撑。[⑦] 随着尼日利亚好莱坞电影产业的整合壮大，不仅吸引了更多的资金，同时也得到了旅居海外的尼日利亚人的高度关注，要求联邦政府严厉打击盗版和保护知识产权的呼声越来越高。从 2013 年到 2014 年，尼日利亚诺莱坞（Nollywood）电影产业被纳入了尼日利亚新的国民经济核算体系，这表明电影产业对国民收入的贡献是巨

① Chang（2006）.
② Ang（2016）.
③ Ang（2016：232－7）.
④ Arewa（2012）.
⑤ Igwe（2018：37）.
⑥ Arewa（2012：13）
⑦ Arewa（2012：13）.

大的。国家最终确实介入了更多，但并不一致，只产生了部分影响。行业内（实力雄厚的金融家分销商、盗版者、生产商等）不同利益体之间的斗争从未停止，随着部分市场受到中产阶级化的影响，市场分化也越演越烈。[①]

赫希曼所认为的发展决策能力的核心约束反映了最近重视经济史和经济思想史的经济学家对生产能力的关注。[②] 赫希曼关于这种能力如何发展的观点，与卡尔多增长定律中“干中学”的观点有很多相似之处：

> 可以认为，一个在解决技术问题方面没有多少经验的国家应该远离需要在这方面有很大能力的项目。但也可以为相反的方向辩护：如果一个国家不解决技术复杂和问题众多的任务，它将如何学习技术？在这一推理中，项目对一个国家的某种不适当成为进行项目的另一个强有力的理由；如果该项目获得成功，它的价值不仅在于它的物质产出，更在于它将带来的社会和人类变化。[③]

机制 II：“隐藏的手”的原则

值得强调的是赫希曼的方法与将一国的干预措施和该国当前能力相匹配的标准建议之间有着怎样的不同[④]。这一点在他的“隐藏的手”的原则中体现得最为明显。传统的观点是，发展中国家应该远离那些大得无法消化的“大项目”。[⑤] 弗利夫杰格是一位有影响力的评论家，他批评所谓的“大项目”，认为它们超出了预算，超出了时间，甚至还会产生倒退的分配效应。[⑥] 这种批评指出由于项目规划者对成本、收益和时机系统化地过度乐观致使他们误入了“规划谬误”的歧途，在某种程度上，系统化地过度乐观使得他们“难以将欺骗与妄想区分开”。[⑦] 弗利夫杰格对 2000 个开发项目进行的统计分析发现“规划谬误”似乎胜过了

---

① Igwe（2018）.

② Cimoli, Dosi, and Stiglitz（2009）; Best（2018）.

③ Hirschman（1967：129）.

④ 以《1997 年世界发展报告》的主要论点为例。（World Bank，1997）。

⑤ Flyvbjerg and Ansar（2014）：https：//www. theguardian. com/sustainable-business/hydroelectricdams-emerging-economies-oxford-research.

⑥ Flyvbjerg（2014）.

⑦ Flyvbjerg（2016）.

“看不见的手”。

然而，弗利夫杰格犯了赫希曼避免发生的错误：他的分析倾向于确定性，忽略了所有可能的项目结果。相反，他将项目视为独立的、离散的干预措施，项目的成本和收益在项目完成时得到了预估和准确的记录，所有这些都在一个独立的模型中，不依赖于任何更广泛的开发计算。[①]这样做，分析就没有空间考虑整个项目生命周期的结果或意外的结果。

在赫希曼《考察中的发展项目》一书中，有许多地方值得深入思考：项目样本数量非常有限、对政府的作用没有进行深入调查研究、未能提供委托这项工作的世界银行工作人员所希望的能够有利于项目发展的实用性分析工具。但是，本书的基本见解仍然很有价值：该书的内容与弗利夫杰格的实验结果形成了鲜明的对照，弗利夫杰格的实验对针对专门基础设施项目的数据集的“隐藏的手”的想法的理解具有很强的局限性和误解。伊卡进行的另一项统计分析抽样涵盖了各个部门的 161 个项目，他的发现则大不相同，例如，“隐藏的手”比“规划谬误”更常见，比例达到了 4：1。[②] 伊卡研究的例子包括世界银行资助的布基纳法索瓦加杜古供水项目。尽管该项目的成本超支约 6000 万美元，但其结果超出了预期，该项目的投入使该市 90% 以上的人口获得供水。乍得—喀麦隆输油管道项目表面上看起来更加成功，项目提前竣工，也没有巨额开支，但是，它所产生的收入并没有用于支持减贫，而是主要用于购买武器和进入了私人帐户。

坦噶尼喀臭名昭著的花生计划

“可能主义者”的方法拒绝对大型项目的任何系统悲观态度，而是寻找无法预测的，测量程度较低的副作用，以及创造性决策的范围和能力的加速发展。这种方法表明，事实上在坦噶尼喀殖民地的花生计划这一发展项目中最失败的案例中并不存在重要的、在不同程度上持久的社会和经济影响。第二次世界大战后美国突然宣布终止对盟国的财政支持，英国迫切需要减少植物油的短缺和降低进口成本，这驱使坦噶尼喀殖民地的花生项目表达了“一种信念（或幻想）”——坦噶尼喀殖民地的花

---

① Room（2018：368）.

② Ika（2018）.

生计划会促进该地区的农业生产力大幅度提高。[①] 由于许多误解和错误的主导，这项计划以失败告终：

> 实际情况是，一是计划的目标逐年降低，二是成本逐步向上调整。当它在1951年被关闭时，超过3600万的英国公共资金被用于这项计划，即进口比实际收获更多的花生作为种子。[②]

然而，花生计划有多重副作用，在坦噶尼喀南部省造成非常真实的地方后果：

> 该项计划通过工资和其他支出流入的货币远远超过了该项计划实施之前的情况，增加了许多当地人的购买力和福利，至少在几年内如此。然而，对于某些人来说，该计划标志着资本积累过程的开始，这一过程持续了远远超过“那些繁荣的日子”。[③]

还有一个学习的外部性影响了连接东非和罗德西亚网络的拟议铁路。鉴于花生计划的失败，铁路顾问和规划人员将他们的注意力从矿产开采转向非洲的农业潜力和福利成果。[④] 虽然这条铁路本身不是在殖民时期修建的，但它最终被中国修订并建成了坦赞铁路。

坦赞铁路是农村经济的纽带

用坦桑尼亚—赞比亚铁路来说明项目评估可能会错失社会经济发展动力是怎样的形式的最好例证。这条铁路是一条极富政治色彩的铁路事业：在20世纪60年代末期，刚刚独立的赞比亚和坦桑尼亚政府希望修建一条铁路，将赞比亚的铜带与达累斯萨拉姆港口相连，以减轻赞比亚对当时通过罗得西亚的运输路线的依赖。世界银行、美国、英国、日本和苏联都没有为其提供资金支持。最终，在中国同意为这条铁路的建设

---

① Rizzo（2006：236）.

② Rizzo（2006：208）.

③ Rizzo（2006：236）.

④ Bourbonniere（2013）.

提供资金并牵头建设支持下，该项目于 1969 年启动，并于 1975 年提前两年完工。在国际上，这条铁路被称为“竹铁路”，但确实失败了：发动机和货车经常发生故障、坦桑尼亚和赞比亚关键地点的转运和卸载速度缓慢、货运和客运量远低于计划水平。有断断续续的铁路复兴计划，[①] 最近的一次是中国再次大规模承诺支持坦赞铁路重建计划，金额约为 12 亿美元。[②]

尽管铁路令人失望，但它改变了沿途人民的生活：“当地的商人、农民和工人以多种方式利用铁路改善他们的生活。对这些基于铁路平台市场的分析表明，标准评估忽略了一些真实和重要的东西。[③] 铁路使农民有可能转向种植价值更高的作物，并使他们更容易销售盈余。流动商人们—瓦马吉加在铁路沿线不同的农业生态区之间运输产品促进了市场规模的扩大和专业化的细化。他们还把重要的基本消费品、塑料桶、旧衣服、铝制的炊具送到偏远的农村。临时工和小时工以及在基隆贝罗糖业公司私有化期间下岗的工人，在无法进入甘蔗公司及其现有附属种植区附近的土地时，利用这条铁路继续旅行。简而言之，铁路是一个复杂而充满活力的农村经济的纽带。

卡奥拉 · 巴萨（Cahora Bassa）：筑坝——做也得做，不做也得做

可能性论者的观点也将挑战对莫桑比克卡霍拉巴萨大坝的批评。相对于葡萄牙殖民者（然后是独立后的莫桑比克解放阵线政府）艾萨克曼天真乐观的“高现代主义”，艾萨克曼则走向了相反的极端，一贯悲观。虽然他们确实描述了生态变化和那些显然在大坝建设中损失惨重的人们的经历，[④] 但他们未能捕捉到与大坝历史相关的复杂动态。

卡奥拉 · 巴萨大坝建设项目是在该地区和国际间政治局势及其紧张的时刻构想出来的，

葡萄牙人在殖民统治即将结束之际成功的为该项目提供资金和建设，目的是为了与南非的种族隔离政权达成协议。这涉及在未来几十年里要将

① Briggs（1992），Monson（2005）.

② https：//constructionreviewonline. com/2019/04/refurbishment-of-tazara-railway-line-to-receive us-1-2bn-boost/.

③ Monson（2005，1）.

④ Isaacman and Isaacman（2013）.

卡奥拉·巴萨大坝的电力以极低的价格出售给南非电力公司。2018年，莫桑比克解放阵线谈判将南非向卡奥拉巴萨大坝的电力支付价格提高了46%（尽管这仍使其低于市场价格）。① 尽管莫桑比克的水利主权多年来一直受到限制，但能源出口仍是缓解外汇约束的一种方式。进一步的间接影响，例如农业的就业和后来应用于莫桑比克其他水坝计划的与水文有关的工程和管理能力的发展，研究较少，在艾萨克森的报告中被忽视。其他人则认为，莫桑比克的电力供应在国家治理中发挥着重要作用，并为执政精英提供了积累机会。② 莫桑比克的确建立了水力行政管理机构继续致力于旨在减少对南非的经济依赖，同时提高了农业生产力的项目，特别是提高莫桑比克南部的农业生产力的项目。③

正如赫希曼所说，“隐藏的手”是一种“通过错误来诱导行为”的方式。④ 凯恩斯的一个推论是，考虑到根本的不确定性，理性投资者永不会投资。⑤“隐藏的手”包括估计建立和运行项目的可能困难以及实施该项目的人员的解决问题的能力。在开始一项大型的新基础设施项目之前，比如：埃塞俄比亚复兴大坝（GERD）或美国的胡萨克隧道，规划师过分乐观，很快遇到了许多预料之外的困难和障碍。然而，在使用大量的资源和大量的精良设备来获得公众支持再想要退出是很难的。为了找到新的解决方案，项目中的危机可能会激发技术、财务甚至是政治能力等新的创新能力。在《考察中的发展项目》一书中赫希曼认为，我们能够充分发挥创造力的唯一方法是错误地判断任务的性质，将其呈现给我们自己，使其成为比实际情况更常规、更简单、更不需要真正创造力的东西。⑥

宏伟的埃塞俄比亚复兴大坝

宏伟的埃塞俄比亚复兴大坝项目是一个特别好的例子。在尼罗河上

---

① https：//mozambiqueminingpost. com/2018/08/31/mozambique-energy-hcb-announces-power tariff-increase-for-eskom-verdade/.

② Power and Kirshner（2019：500）.

③ Rusca et al.（2018）.

④ Hirschman（1967：29）.

⑤ 投资心理学参见 Keynes（1936：147－64）和 Tuckett（2011）。

⑥ Hirschman（1967：13）. 关于美国的胡萨克隧道（Hoosac Tunnel）参见 Ika（2018：370）。

修建一座5250兆瓦水力发电大坝的大胆想法，对大全球数人来说从一开始就显得过于雄心勃勃。这个计划似乎考虑得特别糟糕，因为政府无法获得世界银行或中国的减让性资金支持，部分原因是埃及的政治、甚至军事抵制风险非常高的现实。埃及一直主张在尼罗河上建立“水电霸权”。[①] 埃塞俄比亚政府随后不得不为大坝寻找替代资金来源，最初的估计是近50亿美元，这对一个低收入国家来说是一个重大挑战。过于乐观、过度承诺，以及将该项目认定为总理梅莱斯·泽纳维的创意，意味着没有出路。政府后来确实找到了解决金融问题的*新*方法，至少是部分地，同时也取得了比许多外部观察人士所认为的更大的进展，巧妙地处理了外交问题。他们被迫采取的融资措施可以称为“财政联系”。其中包括：对公共部门雇员实行的新的递延储蓄计划；散居侨民债券的建立，其营销和结果可能对许多流散性埃塞俄比亚人（例如在美国）与埃塞俄比亚政府之间的关系产生复杂的社会和政治影响；以及许多外国投资者被邀请向大坝捐款。

正如弗利夫杰格和其他人所预测的那样，由于政治技术上的困难和资源短缺，埃塞俄比亚复兴大坝项目一再拖延。目前还不清楚大坝何时建成，是否能建成。大坝的总工程师被发现射杀在亚的斯亚贝巴市中心的梅斯克尔广场的车里。军工企业金属工程公司大部分建设合同不翼而飞。埃塞俄比亚文艺复兴大坝项目惊醒我们，如果假定赫希曼确定的机制是自动运行的，那就太天真了。就比如他认为，减少一种形式的不确定性可能在其他方面产生新的、更糟糕的不确定性：

> 财政不确定性的减少可能会刺激行政不确定性，因为安全融资的项目对寄生的胃口变得更有吸引力，并对良好的业绩的压力较小……因此，试图完全消除一种特殊的不确定性可能不仅是徒劳的，而且会产生反作用。[②]

在埃塞俄比亚复兴大坝的建设过程中，财务不确定性从未消除，但是“行政不确定性”似乎仍然存在，似乎“寄生性的利欲”已经蚕食了

① Cascão (2008)

② Hirschman (1967: 84).

该项目。[1] 但是，就像他们在尼日利亚许多废弃的大坝项目中所采用的方式一样“寄生性的利欲”并没有***压倒***一切，就像已经失败的中国支持建设的赞法拉水电站大坝项目。[2]

在撰写本文时，讨论完全取消塞俄比亚复兴大坝还为时过早。尽管成本和时间都已超出预算，但仍有可能为经济带来巨大提振，目前仍严重受制于不可靠的电力供应。部分是出于安全和政治方面的考虑，根本没有人做过任何研究，除了一些传闻之外，人们对这个庞大的建设项目可能产生的多种“副作用”知之甚少：我们只能猜测它带来的“人类社会变化”，如从许多服务和建设活动和输入大型施工营地，引发的供应可能溢出效应（例如，在儿童营养或女孩教育方面），在遥远的村庄房屋大约 8000 埃塞俄比亚移民工人的大坝，他们无疑给他们的一些工资。关于埃塞俄比亚的决策能力在工程方面的发展，在居民颠沛流离和重新安置方面的当地冲突的管理，金融和财政能力的发展，我们都知之甚少。

机制 III：联系

赫希曼的非均衡增长机制更广为人知的是联系。当一个新活动使其可行或通过提供输入来刺激上游活动时，就会发生向后链接。当工厂或设施投入生产，其产出用于生产其他商品，从而产生新的下游活动时，就会发生正向联系。以南非的贝尔设备为例。该公司一开始是一家落后的连锁企业，通过投资用于甘蔗和木材采伐的设备来应对林业和农业部门不断增长的产量。贝尔随后发展了为其他***非农业***活动生产投入的能力，并成长为全球矿业大型运土设备的主要供应商。[3]

联系不仅是纵向的前后扩展，还包括就业、财政和空间联系。然而，联系既不是机械的，也不是自动的，只有在得到政府政策支持的地方才有可能蓬勃发展。例如，从资源开采到产生收入的财政联系有可能为改善基础设施、研究和开发投资、教育和卫生提供资金。然而，这种联系只有在有关“肚子政治”“国内冲突能够得到解决的情况下才能发挥作

---

① Hirschman（1967：52－5）.

② Olorunfemi and Onwuemele（2017）.

③ Jourdan et al.（2012：57）.

用。权力斗争主要涉及获得财富的途径,① 国际货币基金组织（IMF）现在提倡更多利用与赞比亚等自然资源开发有关的财政联系。在其他地方，许多政治经济学家一致认为，在尼日利亚，乌干达，津巴布韦和坦桑尼亚，有效的政策来监督和监管（更不用说最大化）资源收入的实施已经推迟了数十年。② 一项估计显示，非洲各国政府仅对矿业产值征收约3%的税。③

除非政府在外国投资项目投标中坚持承诺投资人能从本地获取资源得本地满足政策，否则后向联系可能不会最大化。另一种可能性是坚持在国内提供研发支出。例如在巴西，通过引入合同条款迫使石油公司将大型油田总收入的1%用于研发的创新举措令人印象深刻。④ 然而，也有大量的反例表明，不恰当的政策破坏了联动发展。比如，南非矿业研究组织（COMRO）和津巴布韦矿业研究所对研发工作的忽视意味着，南非布什维尔德和津巴布韦大堤铂矿层的任何开发，都将依靠进口的，而非国内生产的设备和机械。

由于政府优先考虑了极端的市场自由化政策，因此错过了在南非进行正向联系推广的机会：

> 比如英美资源集团从其主要的铂族金属下游选矿厂和技术开发商撤资。英美资源集团20世纪90年代持股比例超过40%的大股东约翰逊·马修在过去的40年里对矿产资源领域进行了大量投资，尤其是在技术开发方面。此次撤资可能是由于英美资源集团越来越重视（采矿）“核心能力”并准备再伦敦上市。⑤

另一个薄弱或失败联系的例子可以从南非斯高（Scaw）钢铁公司的“破坏性重组”中看出来。该公司是一家钢铁和工程公司，自20世纪60

① Bayart (1993), Clapham (1994).

② 例如，赞比亚提议提高铜矿开采税可参见 http://www.mining.com/imf-favour-zambia-mining-tax-changes/; Doro and Kufakurinani (2018); Hundsbæk Pedersen, and Bofifin (2019)。

③ Extractive Industries Transparency Initiative (EITI): https://eiti.org/summary-data, cited in Moore, Prichard, and Fjeldstad (2018: 92).

④ Mancini and Paz (2018: 141).

⑤ Jourdan et al. (2012: 61).

年代以来，通过与采矿、交通基础设施和建筑的联系，建立了一系列复杂的能力。不过，2007 年之后，英美资源集团剥离资产的公司化战略包括从南非斯高（Scaw）钢铁公司的资产负债表中筹集贷款，为母公司获得贷款收益，让南非钢铁公司偿还债务，然后最终“分拆”并处置南非钢铁公司。另一个削弱南非钢铁公司联动势头的因素是 2010 年后国内基础设施投资的下降。① 从更广泛的意义上说，缺乏发展联系的战略和更广泛的制造业基础、贸易自由化、公共投资低、对外国所有权的纵容以及南非大型公司在海外上市的原因是：“进行破坏性的重组和工程分拆，并将钢铁从属于新外国所有者的全球战略”。②

花卉种植业与埃塞俄比亚航空公司之间的关系很好地说明了向前和向后联系的复杂关系。拥有一家运营良好的国有航空公司，基于良好的农业气候条件和相对接近欧洲主要市场使政府更有可能促进该国花卉种植业的扩张。这意味着政府可以比较容易地推动货运处理和机场冷藏库的改善，并为埃塞俄比亚和外国新的投资者提供具有竞争性服务。花卉种植业的迅速扩展和合并进一步促进了埃塞俄比亚航空公司的业务扩展和改进。全球花卉种植业的即时需求意味着埃塞俄比亚航空公司必须能够提供更高质量的服务，并具有不断发展的处理花卉出口的能力，进而为经济中的其他活动开发更大的物流服务奠定基础。③ 同样的，埃塞俄比亚经济增长失衡和对新工业园区的补贴投资的大力推动以及修建连接亚的斯亚贝巴和吉布提港口的新铁路导致了严重的国际收支限制，凸显了该国严重的物流瓶颈，反过来又促进了许多大规模的能够解决这些问题的新项目的蓬勃发展。其中就包括由世界银行出资 1.5 亿英镑进行改善贸易物流的投资，特别是对莫焦港陆的改善。④

“不适”和“勇于实践”：埃塞俄比亚和南非的大型项目

通过联系实现的发展，由非均衡推动的经济变革，以及“隐藏的手”，这些都是在各种情况下可能发挥作用的机制。然而，它们的有效

① Zalk（2017：292 - 303）.

② Zalk（2017：318）.

③ Balchin, Booth, and te Velde（2019, 15 - 18）.

④ http：//projects. worldbank. org/P156590？lang = en.

性取决于许多因素，其中最重要的是政策和政治。本章以两个非常不同的例子作为结束语，一个来自埃塞俄比亚，另一个来自南非。这些例子突出了这些和相关的赫希曼主题，包括“失败的狭窄余地”，这又是对投资和项目成果的另一种可能影响。

埃塞俄比亚航空公司

埃塞俄比亚航空公司本身就是“不适”的一个很好的例子。无论是常识性思维还是绝大多数发展经济学家都不建议世界上任何一个最贫穷的国家发展国有航空公司。① 第二次世界大战结束后不久，埃塞俄比亚航空公司成立，成为一家小型国内航空公司，当时96%的人口是文盲。英国人刚刚结束了对意大利的占领，重新安置了海尔·塞拉西，并掠夺了埃塞俄比亚的大部分制造设备，将其转移到其他地方的殖民地。② 在随后的70年左右的时间里该航空公司成长为“完全集成、技术先进、具有国际竞争力的高收益的21世纪航空公司”。③ 埃塞俄比亚航空是非洲最大的航空公司，2010年至2018年之间的客运量增长了四倍（2018年达到1200万），该公司近年来的业绩增长与南非航空和尼日利亚航空的业绩下滑形成鲜明对比。④ 从维护和技术设施到为埃塞俄比亚、非洲和中东航空公司提供服务的航空学院，再到货运站和综合航空餐饮设施，埃塞俄比亚航空公司的能力得到了全面的提升。尽管其他几家埃塞俄比亚国有企业陷入困境，但埃塞俄比亚航空公司一直被视为“全国冠军”。这样一来，该公司的管理层就顺利度过不稳定的时期，强化了抵御来自政府日常的间歇性干扰的抗干扰能力。⑤ 本地化“已由管理外国投资的限制性法规强制执行。这些规定规定，只有埃塞俄比亚政府才能为载客量超过50人的飞机提供航空运输服务，而只有埃塞俄比亚公民才能为载

① 在埃塞俄比亚航空公司成立不久之前，对埃塞俄比亚埃塞俄比亚运输状况的古怪而有趣的描述参见 Waugh（2010，loc. 178 – 87 of 3040）。

② Pankhurst（1996）；Wrong（2005）.

③ Oqubay and Tesfachew（2019）.

④ 参见 Cotterill（2018）；Ifeanyi（2016）. 了解非洲内部国际能力的趋势参见：https：//www. anna. aero/2019/10/24/africa-has-1140-international-flflights-within-the-continent-dailyethiopian-ls-1/.

⑤ Oqubay and Taffere（2019）.

客量较小的飞机提供此类服务。”①

埃塞俄比亚和荷兰的大力支持下，埃塞俄比亚航空公司和埃塞俄比亚花卉种植业的推广突出了赫希曼的另一项观察：发展中国家的经济努力是否成功的决定因素之一是它们是否有“狭窄的失败空间”。这是花卉种植行业的一大特色：例如，在比斯霍夫图郊区的一个农场里，剪下的玫瑰花茎需要在精确的温度和湿度条件下进行包装，然后（在一天之内）运往欧洲市场。如果鲜花腐坏了，那么财政成本将是巨大的。要达到确保剪下的玫瑰花茎在精确的温度和湿度条件下进行包装并在一天之内运往欧洲市场就需要做到以下几点：一是借鉴荷兰和肯尼亚的“领军”企业和花卉种植行业的先进技术；二是最大限度调动埃塞俄比亚航空公司的资源；三是大幅度提高埃塞俄比亚投资委员会（EIC）的工作效率；四是部署国家垄断的合法力量（从花卉农场到机场冷库的每一卡车玫瑰都有一名国家雇佣的武装警卫陪同）。埃塞俄比亚花卉种植行业的发展是由发展瓶颈、发展危机和发展失衡推动的，而不是由全面投资的全面计划和平衡的一揽子增长计划推动的。

南非萨索化学公司

“看得见的手”、“隐藏的手”、“节流的手”，无疑还有其他的“手”，长期以来一直在塑造着南非沙索公司的历史。沙索化学公司是南非一家前国有化工企业，在上世纪70年代末被私有化，但此后一直受益于国家的支持。沙索化学公司的发展史是一部充满雄心壮志的的奋进史，一部富有政治色彩的博弈史、一部富有想象力的领导艺术史、一部因“恐慌而导致的私有化”的演进史和一部与技术紧密联系的进步史。② 尽管公司的发展没有任何平衡可言，但它还是“挺过了许多批评人士预测的淘汰期”。在沙索公司成立的最初几年，公司管理层对一家美国管理咨询公司的技术投入感到非常失望。顾问们的回应是强调项目的不确定性，并辩称他们是在“开发项目的未知领域摸索”。③

在一个缺乏熟练工人的国家，进行大规模的合成燃料生产（从煤中

① Balchin, Booth, and te Velde (2019: 16).

② Sparks (2016).

③ Sparks (2012: 57).

提炼石油）计划是一种“勇气于实践”。与埃塞俄比亚航空公司一样，为了应对国内技术瓶颈的压力，沙索化学公司成立了自己的技术培训学院。[①] 该公司正式创建于1950年，一直在技术灾难和经济不可持续的边缘摇摇欲坠。然而，尽管20世纪70年代劳动力成本上升，种族隔离政府却越来越清楚其战略意义。上世纪50年代，该公司通过国家直接财政支持，以及极低的劳动力成本才得以在南非存活下来。矛盾之处在于，尽管由于萨索化学公司的创建和扩张，南非已经创建了一个重要的化工产业（很难“想象在没有大规模国家干预的情况下，这一产业会在历史上起飞”），但萨索化学公司并***不是***一个多元化的国家化工产业的熔炉。[②]

通过早期的技术积累和组织能力拓展，在20世纪60年代，萨索化学公司已经积极推动多元化发展。一个向前的联系是利用子公司通过高压管道将天然气输送到工业部门，实现了从煤制油过程中产生的甲烷的经济潜力挖掘。事实上，人们越来越清楚地认识到，在由石油转化为天然气的过程中产生的化学物质实际上比产生的汽油***更***有价值。联系呈扇形向后延伸到采矿，然后是炸药、化肥和聚合物。20世纪70年代的两次油价上涨，以及国际上对种族隔离政策的敌意和制裁的增加，都意味着萨索的石油天然气生产能力似乎突然变得有了一些经济意义。然而，新工厂的成本有利于那些渴望寻求私人融资的人。一旦以低估的价格私有化，新成立的萨索公司继续受益于通过关税和价格法规获得的大量国家支持，这就富足了前管理层的口袋，尽管这绝不是上世纪80年代国有企业私有化影响的一个不同寻常的例子。[③]

萨索的发展史凝结了技术的高速研发、国家的鼎力支持和前后联系的发展和阻碍。在南非，前向联系的缺乏尤其突出，那里的塑料工业有效地阻止了利用低成本的聚丙烯原料。在莫桑比克，这种联系也遇到了阻碍，因为萨索参与了一个向南非输送天然气的项目。这是莫桑比克的第一个大型自然资源项目，有证据表明，该协议严重损害了该国的利益（破坏了财政联系）。此外，没有认识到廉价天然气在帮助促进莫桑比克

① Sparks（2012）.

② Freund（2019：121）.

③ Meek（2014）.

和南部非洲的社会福利和工业化联系方面的潜力。相反，萨索尔通过以极低的价格购买莫桑比克的天然天然气，然后以高价卖给南非的工业企业，从中获得了巨额利润。[①]

第四节　结论：退出均衡

均衡作为一种组织原则，贯穿于对经济发展的许多思考之中，既有正统的，也有非正统的。在国际货币基金组织的建议中，均衡优先于增长和发展，是新古典主义经济理论和模型的决定性特征。联合过贸发会议向各国政府提供咨询意见，推动在广泛的部门和体制活动中进行相互支持的变革，这是令人担忧的问题。

我们认为，政策官员应该拒绝这种对均衡发展的痴迷，因为它让人产生了不切实际的期望，同时在分析上具有误导性，可能会使发展战略偏离轨道。相比之下，我们主张政策官员对非均衡增长战略做出更大的承诺，并以此为起跳点，探讨与赫希曼经济学的相关性。赫希曼通常被认为是一个特立独行的人，新一代的经济学家们因为接受过严格的计量经济学和数学技术训练不会太把赫希曼的理念作为重点进行研究。在硬币的这一面，尽管主流经济学对他的某些观点（尤其是他在《退出、声音和忠诚》一书中的观点赞誉有加，但在很大程度上忽略既曲解了了他的洞见。而在硬币的另一面，他的想法却不容易融入关于大的“主义”（新自由主义，帝国主义）的辩论，因此从未在非正统经济学家的工作中找到一个安全的位置。[②] 我们认为，赫希曼的许多观点，以及他的方法论方法，应该成为发展经济学的核心。赫希曼让自己沉浸在特定的环境中，并从密切的经验观察中得出普遍的原则的方法让他接近了卡莱茨基，而卡莱茨基花了多年时间收集有关工厂和企业的详细信息接近了阿姆斯登。他对不确定性的理解使他坚定地信奉凯恩斯主义传统，而他关于联系的观点与亚当·斯密、阿林·杨、卡尔多等人的经济学联系在一起。最近，无论是在“适应性效率”的研究中，还是在对赫希曼理论的

---

① Mondliwa and Roberts（2017）.

② Grabel（2017）.

更大规模的样本测试中，人们都开始注意到赫希曼对“隐藏的手”的观察。①

政策官员利用赫希曼思想的最有用的方法之一是，在非均衡的增长中看到更大胆地选择优先事项的理由。政府报告、咨询意见和国际开发署战略中乏味的愿望清单是经济发展的敌人。关于联系及其最集中的地方的想法，或关于大型项目可能激发或不激发适应性学习的条件的想法，都有可能为对政策支持倡议或干预目标进行排名提供标准。但有效的干预将需要更好的机制来识别和应对经济政策的***失败***。

赫希曼的“失败的狭窄空间”不仅仅是技术的作用。失败的可能性可能是一个政治问题，而且往往反映在紧迫性上。例如，在上世纪 70 年代，中国急于提前完成坦赞铁路的建设，既是出于财务原因，也是出于地缘政治目的。英国政府急于解决战后外汇短缺的问题，继续推行坦噶尼喀殖民地的花生计划。可以说，前总理梅莱斯·泽纳维明确地将政治合法性与实现发展成果联系在一起，进一步推动了埃塞俄比亚复兴大坝项目和花卉种植业的快速发展。② 有人认为，执政的埃塞俄比亚人民革命民主阵线在经历了 2005 年选举结果的挑战之后，更加迫切地“需要通过经济转型项目寻求“绩效合法性”。③ 这就是仓促的政治经济学。

与渐进的连续性，平稳的调整和平衡的逻辑相反，时间的压力是不平衡或紧张的另一种形式，可能以类似于赫希曼的方式引起变化。从发展政策的措辞可以看出这一点，从萨莫拉·马谢尔的劝告到莫桑比克人，以取得“十年内脱离不发达的胜利”④，再到埃塞俄比亚计划到 2025 年成为中等收入国家。“仓促行事”有可能进一步隐藏“隐藏之手”，增加人们对可以实现的目标的乐观情绪，而且，由于政治上的紧迫性，这可能会造成失败的可能性很小。相反，全速前进可能会鼓励人们忽视那些会破坏结果的问题，或者可能会导致人们无法利用本来可以获得的收益。匆忙可能会暴露，不是一只隐藏的手，而是一只节流的手。在修建坦赞铁路的过程中，几乎没有通过任何训练来提高坦桑尼亚或赞比亚解决与

① Giezen, Bertolini, and Salet (2015); Ika (2018).

② De Waal (2013).

③ Clapham (2018: 1154).

④ Hanlon and Mosse (2010: 3).

发动机和车辆故障维修工作有关的问题能力。此外，英国战后紧急情况的“隐藏之手”无法解决诸如降雨不稳定、土壤分析不足、疫病蔓延、劳动力短缺等问题。[①]

在全球花卉空运业务中，在风格和需求的突变，盈利能力和竞争强化了狭窄失败的空间。但是即使如此，盈利状况也反过来取决于公司在其中运作的政治和监管条件。南非未达到有关柑桔类植物的植物检疫标准，阻止了南非扩大其在世界市场上的份额，这是匆忙（私有化）和监管机构崩溃后果的一个很好的例子。[②] 成功的出口取决于监管“仲裁者”的存在和行为。正如波音 737 Max 的出口崩溃所显示的那样，监管失败也可能对工业化程度更高的经济体的出口造成灾难性后果。[③]

---

① Rizzo（2006：201）.

② Cramer and Sender（2015）.

③ Lewis（2019）；Bogaisky（2019）；Travis（2019）.

第三部分

劳动力、贫困和农业生产力

第七章

非洲的(工资性)就业

第一节　概述：自我雇佣的美梦与年轻人危险的噩梦

（尽管）非洲的人口和劳动力数据极为不可靠。但大多数经济学家和决策者并不把这看做是做出权威性声明和令人神往的决策的障碍。他们轻而易举地利用官方公布的预测和估计数据推断出非洲就业机会太少了，尤其是对正在大量涌入非洲劳动力市场的农村的年轻劳动力来说。这是主流经济学家和他们最激烈的批评者都持有的观点；这些批评者与主流经济学界对有薪雇佣或付费工作快速增长的潜力持有共同的悲观估计。

人们认为，在生产性企业中获得报酬优厚的工作的前景特别暗淡。人们想当然地认为，在可预见的将来，无产阶级不太可能出现，也不太可能在政治或经济上发挥重大作用。对于主流经济学家来说，如果劳动力市场的灵活性能够最大化，公共部门的就业机会能够大幅减少，那么他们就有希望找到新的工作；他们的批评者希望通过促进和资助为国内大众市场生产的合作社来改善新进入者的处境。这两组发展经济学专家都深信自主创业和供给侧技术收入提升计划对此有很大关系。

很多经济学家目前也相信非洲正遭受正在早期的去工业化进程（见第3、4章），所以，数十年来，绝大多数年轻人将不得已处在生产力相对低下的*自我雇佣*或*无薪家庭工人*的状态。年轻人将来在更高生产力的制造业部门找不到工作机会，而是继续涌入大多数生产力很低的服务行业。增加自我雇佣服务行业和小规模家庭农场的收入的政策建议相当多，通常集中在为年轻的新进入劳动力提供培训，推广建议和小微贷款等供给侧政策干预。但是，这些政策建议涉及到信仰的飞跃，假定更好更高质量的微观企业家人数的增加和找工作者会从这种近乎于神奇的自动市场机制获益，从而保证有足够的需求来实现政策目标。这种信仰飞跃还涉及到另一个复兴“萨伊定律”的尝试，而这已被认为是一种“工作痴呆”①。

在本章结尾，第十节部分，我们提出了自己的判断与政策建议，这在政策基调和内容上是截然不同的。这些观点对于增加付薪就业的可能性稍显悲观，同时强调，在那些特定经济活动中大规模投资的需要与范围的增加极有可能快速增加对付薪就业的需求。增加培训支出和小微信贷的建议是对政治领导人担忧那些想碰碰运气，而涌入城市找工作的农村年轻劳动力因失望而演变为骚乱的本能反应。有些人把农村—城市劳动力流动看做比洪水更可怕，如大海啸或者大出血②。很多非洲精英似乎都认为具有潜在危险的年轻人应接受培训（洗脑），从而接受他们应该为经济发展负起个人的责任，而不是依靠政府分发，或者仍然生活很差，抱怨由于盗窃国家资源或错误的宏观政策导致缺少体面的工作机会。2008 年 2 月和 2010 年 9 月参加游行罢工（greves）的莫桑比克年轻人被政府部长们称作破坏者和强盗。为回应部长们的指责，年轻人变成了团结在格布扎总统周围“对现有统治精英直言不讳蔑视”的团体，说唱音乐家“公开讽刺弗雷利莫精英腐败和脱节”，同时拒绝接受政府宣称的实际工资下降是由国际价格冲击，而不是部长们的无能(导致的)③。

非洲各国政府的培训计划有时是直接具有政治观点④。这些计划经常旨在向年轻人灌输“志向”和“价值观”，要不然他们会在吸食卡其

① Amsden（2010：58；2012）．凯恩斯认为，萨伊定律即供应创造自身需求这一极具影响力的观点是他在写《就业、利息和货币通论》时不得不回避的观点（Kent，2005：62）。

② Meagher（2016：484）；Meagher，Manna，and Bolt（2016：474）．

③ Hossain et al（2014：41）．葡萄牙语歌词参见 https：//www. vagalume. com. br/ azagaia/povo-no-poder. html，说唱歌手唱到穆塞韦尼时，称他为乌干达的“贫民窟总统”：https：//www. france24. com/en/20190725-uganda-opposition-figure-former-pop-star-bobi-wine-2021-presidential-election。

④ Yibeltal（2017）．

布、大麻、烟草和酗酒、看电视足球比赛中度日①。年轻人的慵懒已经多次在公开讲话中被领导人贬低，如布哈里、莫加、穆塞韦尼和祖玛总统②。在1940年代的殖民统治者也经常发表类似的偏见：他们没有认识到付薪工作的形式，而是在指责大众没有“顺从工作的文化”③。这些统治者认为他们的残暴干预是正当的，因为“固执、反抗、不愿合作……天然的懒惰或未开化的‘黑种人’就应该为了他们的好而被管制”④。

（非洲各国）官方经常收集、分类、分析非洲的劳动力和就业数据，强化了现今流行的传统智慧和偏见：这包括编造的政治上很适宜的关于游手好闲青年有着不切实际的梦想的故事，还有责备一小撮“特权”（公会“核心”）工人挤占了为“外围”工人就业快速增长的可能性—通过推高工资的同时自私地反对主流经济学家降低劳动市场约束和刚性的非常明智建议的故事。⑤ 我们旨在揭露关于劳动力市场灵活性和自我雇佣的霸权理论的软肋，也要加强被忽视的非洲统计当局的剧烈变化的情形，所以我们在这一章用了很大篇幅讨论了官方公布的劳动力数据的质量。我们认为，可靠的证据不能支持所有非洲各国付酬工作的增长率已经、或者都必须保持病理学意义上的缓慢增长的观点；也质疑过分自信、笼统和悲观的对日益增长的超量劳动力供给的预测——我们通过讨论总生育率的异质化趋势和降低生育率的实际可能性。

我们提供了就业保护法（EPL）是能够提高就业水平和总（和青年）就业的证据；建议加大就业保护法的实施。这会有一种迫使效率最低的雇主转而采用改进的技术而不是在饥饿工资基础上竞争的附加优势。在

---

① 经合组织认为发展中国家的青年怀揣不切实际的梦想（OECD，2018：27ff.）；关于药物滥用的引述来自 Desta，Bitga，and Boyson（2018：41）；Purdeková（2011）描述了为改变卢旺达青年、城市小贩和社会离经叛道者的心态而建立的营地。当然，改变失业者价值观的努力并不局限于非洲：德克萨斯州向失业群体提供的培训的主要目标是让他们建立个人信仰体系，通过自省而不是批判经济来训练大脑增强能力（Thomas，2018）。

② https：//www. vanguardngr. com/2018/04/nigerian-youths-not-lazy-adp-tells-president-buhari/；　https：//citizen. co. za/news/south-africa/350441/zuma-slams-lazy-south-africans/；　Makgala（2013：56）；https：//news. mak. ac. ug/2017/07/president-museveni-launches-national-mindset-education-programme.

③ Cooper（2017：149）.

④ Rossi（2017：12）.

⑤ 例如，有组织和享有特权的劳工因反对工资灵活性而受到批评，见 Nattrass and Seekings（2018：4）；Rankin and Roberts（2011）强调了非洲青年天真和不切实际的就业期望。

本章末尾，我们也介绍了一些其他改进就业前景的建议，这包括能够支撑高水平需求和增加目标公共部门的资本支出量的政策建议，也包括绝大多数投资应通过特别地设计既可以增加***农村***付酬工作，又可以增加基本的工资性商品和出口（见第4 和第5 章）。公共投资在灌溉和生产性农用设施的投资范围非常广泛，这些投资能够加速付费工作的增长率，包括在高科技农业经济活动中的付费工作和那些连小学都没读完的数以百万计的农村年轻人的付费工作机会。有很好的人类福利投资案例，旨在提高农村女孩职业教育年限和大幅度改善他们接触避孕措施几率，但有一个直接好处却很少讨论过：这类投资会立即减少新进劳动力进入市场的数量（和提高他们的劳动收益）。

第二节　非洲年轻人将永远找不到体面的工作——谁说的?

路易斯 福克斯（Louise Fox），曾担任世界银行非洲区首席经济学家，之后获任美国国际发展组织首席经济学家，就是一个劳动力市场悲观主义变体的突出代表，他认为：

> 由于人口和SSA 经济体的现有低收入结构原因，甚至高的出奇的非农部门经济增长率没有或不会带来足够的非农就业机会来吸收新增的进入者和寻求离开农业部门者。①

依福克斯的观点，两个主要的供给侧问题将会持续折磨这一地区几十年，这也是这些悲观估计背后的（主要问题）。首先，由于非洲出生率不会快速降下来，或者如成功的东亚经济体一样快速下降，因而会产生劳动力过量供给。第二，私人部门在国际上有竞争力的公司不能如期望的那样快速增加付费工作的机会，因为需要太长的时间使非洲农村学校提高其学生的识字率和算术能力，以提供充足的具有基本教育素质的

① Fox and Sohnesen（2012：28）. See also Filmer and Fox（2014：5）and Fox, Thomas, and Haines（2017：ix）.

新工人。[①]

世界银行的出版物中还给出了很多其他导致付费工作增长率极低的原因，但很少与非洲实际情况相吻合（Africa- specific）。通常他们都是重复类似的口头警告和来自本科教科书的模式，如警惕政府干预所有劳动市场的无效性：雇主的积极性会被最低工资法，被保护雇员免受不公平解雇的，鼓励集体工资谈判和其他要求健康保护的法律所遏制，等等。[②] 世界银行运用常见的保守的修辞手法，指出这些投资手段和法令在冒着伤害穷人的风险——因为他们能够在极其短缺情况下通过增加失业或非正式就业行业的工人的比例而使不平等（状态）恶化。[③] 但是，尽管非洲各国政府能够听从主要援助国的建议——立即放松劳动力市场管制和改革劳动力市场管理组织——世界银行仍然预计在接下来几十年里，非洲经济的结构性变革不会达到东亚国家制造业增进就业的成绩[④]。令人惊奇的是，那些研究方法和结论受到国际货币基金组织（IMF）、世界银行和美国国际援助机构强烈反对的作者们经常发表类似的预测。如直至最近仍在国际劳工组织（ILO）发挥重要智力领导和决策作用的盖伊·斯坦丁（Guy Standing）就相信：

> 旧的无产阶级，核心，[在] 全世界范围内收缩。其余部分仍将继续存在，但他们已经没有力量发展和在政治领域实施自己的纲领。[⑤]

弗朗哥·巴尔切西也不认同华盛顿机构，他一直被盛赞为“处在当代工人阶级政治辩论的最前沿”[⑥] 他指出，“非洲各国的付费工作形势一直是不稳定的，除过1970年代尼日利亚的石油繁荣时期的少数例外……

---

① Filmer and Fox（2014：21）. The OECD（2018：17）提出过同样的观点。

② Storm（2019）展示了一篇计量经济学论文背后的经济逻辑和实证分析的缺陷，该论文在说服印度和大部分发展中国家政府放弃就业保护法方面特别有影响力。

③ World Bank（2018：28）. 那些保守的修辞手法可参见 Hirschman（1991）。

④ Fox, Thomas, and Haines（2017：20 –1）. 世界银行对科特迪瓦就业变化的预测得出了类似的结论，即工业中的工资就业对总就业的贡献很小（Christiaensen and Lawin, 2017：60）。

⑤ Standing（2015：5）.

⑥ Webster（2012：88）.

付费工作的窘境在这些国家独立后仍然未有改观”。[①] 其他的发展社会学家都认同新自由主义政策改革已经在马克思主义学者所谓的“去无产阶级化”过程中“迫使正规劳动力迅速进入了非正式产业”的观点。[②] 而且，如果非洲“大量非正式劳动力储备”中的一些人果真被雇佣到全球生产产业中，那“低收入不稳定劳动”、或“不良企业”是他们所能得到的仅有工作机会。[③] 也有观点认为，非洲农村妇女也应该被看作人口过剩的一员，她们自己的生计与付费工作无缘，也成功地构建了一种“后工资”生存模式。[④]

这种观点的另一流行的变形的观点已经在国际发展经济学会（IDE-As）广为流传。[⑤] 依照这种观点，非洲农村人口将**永远不会**成为付酬工人。比如，在帕特奈克的历史性描述中：“在真实的历史中，前资本主义生产者徘徊在外围作为一个从属的群体，而不被同化为资本主义劳动大军”。[⑥] 这种长期的同化失败最近变得更严重，他们认为是由于新自由主义决策飘忽不定。[⑦] 这类学者中有人从萨马尔·阿明获得启示（列宁以后一个世纪），阿明得出结论，认为资本主义已经进入到高级衰退期，已无力提供体面的工作机会，只可能产生一个贫民窟遍地的星球。[⑧]

新马克思主义对资本主义无力在非洲发展，并在非农制造业吸收就业的解释经常会演变为一种论断，认为在**整个**世界经济的（定义不明确的）外围各国都存在着工业资本家无法克服的问题。其中一个就是利用依附理论立场，原来为被认为是技术依附，但后来被阿瑞基（Arrighi）

---

① Freund（2018）；Barchiesi（2017：22）. See also Phimister and Pilossof（2017：215）；拉尔默强调了卡坦盖工会的缺陷，并认为铜带城市的工资劳动停滞和不稳定是全球南部所有城市资本主义的典型现象（Larmer，2017：182）。

② Meagher，Manna，and Bolt（2016：474－6）.

③ Meagher，Manna，and Bolt（2016：476）.

④ Williams（2017b）.

⑤ 国际发展经济学会成立于南非。它的资助者包括福特基金会、联合国开发计划署（UN-DP）、基督徒互援会和国际行动援助组织。

⑥ Patnaik and Patnaik（2017：143）.

⑦ Patnaik（2016：11）. 希夫吉认为，在非洲，整体趋势是劳动力的半无产阶级化（Shivji，2009：76）；and see Moyo（2011：70）。

⑧ Amin（2015：18）. 对阿明的贡献的肯定，参见 http：//roape. net/2018/08/21/a- rebel-in-the-marxist-citadel-tributes-to-samir-amin/ and Prabhat Patnaik and Jayathi Ghosh：http：//www. networkideas. org/news-analysis/2018/08/obituary-samir-amin-1931－2018/。

利用熊皮特理论更新为创新过程。阿瑞基认为创新过程：

> “倾向于在富裕国家开始，因为高收入会创造出一个有力的创新环境……当这些新产品和技术被穷国采用，他们会处于激烈竞争，也就不会像在富国那样带来高收益”①

穷国之间激烈竞争延迟了这些国家采取这些技术，进而更容易导致他们之间的（新自由主义政策所鼓励的）恶性竞争，促进实际工资增长的力度也就下降了。实际工资的下降，反过来恶化了另一个非洲和世界其他贫困地区资本主义发展的重要障碍。这个就是当地大众因贫穷而产生的对非洲资本主义工业品的很低的需求水平。

非洲需求不足的的政治环境是日益扩大的收入、财富和政治权利的不平等，以及过度紧缩的财政政策导致通货紧缩。不适当的总需求和体面工作的增长率不仅是由竞争性自由主义宏观政策（包括公共部门实际减薪），和***中间阶层***的积极执行所导致，而且反映出资本主义不可避免的滞胀趋势。这些学者的核心观点是无产阶级不可能在贫穷的经济体诞生，因为，如 Paul Baran1952 年指出的，（垄断）资本主义和增长率在世界发达和落后地区***都是***不兼容的。② Baran 的不可能论断就是“当发达国家的资本主义导致停滞或军国主义，抑或两者同时出现，在不发达国家却资本主义却只是集中精力促进经济发展”③。

第三节　工资性就业的模糊证据竞赛

或许关于就业的最可靠的证据仅覆盖了非洲极少数的，被 ILO 定义的“正式”雇佣的非洲工人。不幸的是，ILO 所谓的“正式”的定义已

① Arrighi, Silver, and Brewer (2003: 18). 罗德里克遵循技术依赖路径，认为新技术更有利于拥有丰富技能和资本的发达经济体，而不是发展中经济体（Rodrik, 2018: 8, 11）。

② King (1988) 讨论了巴兰的经济思想。

③ 这句引言出自巴兰著作（企鹅版）中萨特克里夫（R. B. Sutcliffe）的序言（Baran, 1973: 100）. 对巴兰观点的批评可参见 Kaldor (1958: 169)。

经多次改编，这就是做出就业趋势判断时需要格外小心的一个主要原因①。但是，根据最可靠的（ILO）1991 年—2017 年间的绝对就业人数，一眼就可以看出“正式”就业是持续和明显地***增长***了。(见图 7.1)

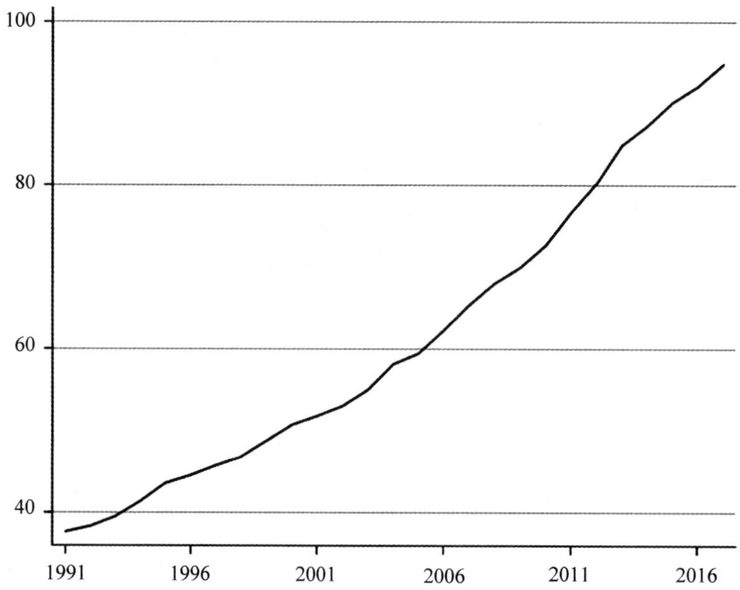

图 7.1 1991—2017 **年撒哈拉以南非洲就业总人数（百万人）**

资料来源：依据 ILO 模型估计（2018）。

尽管，很多经济学家表达了对***全球***付费工作增长率停滞不前后果的担心，但是全球范围内付费工人的数量实际上在 1997—2017 年之间增长了 20%。付费工作占全球就业的比例也提升了。② 这一全球趋势的部分解释是由于中国“正规”工资性就业的增长率出奇的高。印度有组织的制造行业和建筑部门 1999—2012 年的就业增长率也是令人赞叹的③，尤其是工业制造部门的增长率在 2006—2016 增长特别快。④

---

① ILO（2018c：7－8）.

② ILOSTAT（2018）.

③ Chan，Pun，and Selden（2017：173）；Majid（2015：27）；Ghose（2015：6）.

④ Basole and Narayan（2018：23）. 巴赫鲁大学（Jawaharlal Nehru University，JNU）的经济学家利用印度正规组织部门的旧数据，提出了一个令人难以信服的观点，即该部门无法吸引更多的工人（Chandrasekhar and Ghosh，2015：12）。

对很多人来说，令人惊奇的是ILO的数据意味着非洲总就业比例也在快速提升——在一些非洲国家这一比例一直很低，但是另一些国家却远远超过20%（加纳、赞比亚和乌干达）；肯尼亚***接***近40%，塞内加尔50%，埃塞俄比亚增长很快，坦桑尼亚、尼日利亚直线上升。[①]

关于非洲就业快速增长的计算都涉及到对“***自营业务工作者***”和“***有效的家庭工人***”数量的估计；但是这些估计甚或不如那些更显性的，在正规行业挣工资的非洲就业数据可靠。妇女中被看作是“家庭工人”的比例要比男子高很多，但是有很好的理由相信被列入这一类的很多妇女都实际上做一些季节性或付薪工作。或者在伪装成一种“抽取佣金”的工资关系。

一个统计者经常搞错妇女工作分类的原因（在非洲和美国）是家庭调查者经常做不到持续坚持让被调查者提供妇女一整年***所有***工作的清单，尤其是农村妇女，而不是只提供调查前几周的或者其他无根据区间的（清单）。例如，已经显示出调查所提的问题大幅度提高了坦桑尼亚快速增加的就业比例，也发现在美国当前人口调查中增加了数量可观的非正规劳动活动[②]。另一个低估妇女就业的重要原因就是在劳动力家庭调查中广泛使用代理受访者。这些代理受访者（经常是“男性户主”）替家庭成员回答问题，但大家都知道关于妇女和儿童的工资性就业的答案是不准确的。例如，当孩子们自己回答问题时，童工的普遍性就大幅增加。[③]

ILO定义的“自营工作者”和“有效家庭就业者”在非洲比付酬就业更“***脆弱***”，因为后者可以获得更多工作安全保障和更好的工作条件。令人疑惑的是，“***脆弱***”就业的份额下降和工资性就业比例的上升却很少获得正面的评价。

如果认可如“在加纳、卢旺达、马拉维，工资性就业率接近‘自主就业’的三倍”的速度增长，但这种重要和有利趋势却经常被令人沮丧的警告所降低：这种快速增长是从很低的技术开始因而每年实际带来的

---

① ILO Modelled Estimates 2018.

② Abraham and Amaya（2018）；Serneels et al.（2010）．当乌干达家庭调查问卷拉长调查期时，对劳动参与度的估测急剧上升（Fox and Pimhidzai，2011：11）。

③ Janzen（2018）．

工作是很少的。[①] 更广泛的来说，关于数字证据的准星的兴趣却低得出奇。[②] 来自詹姆斯·佛格森、伊恩·斯库恩斯这类学者的有影响力的著作中都有这类对数据漫不经心态度（和依据极小量样本）的很好例证。[③]

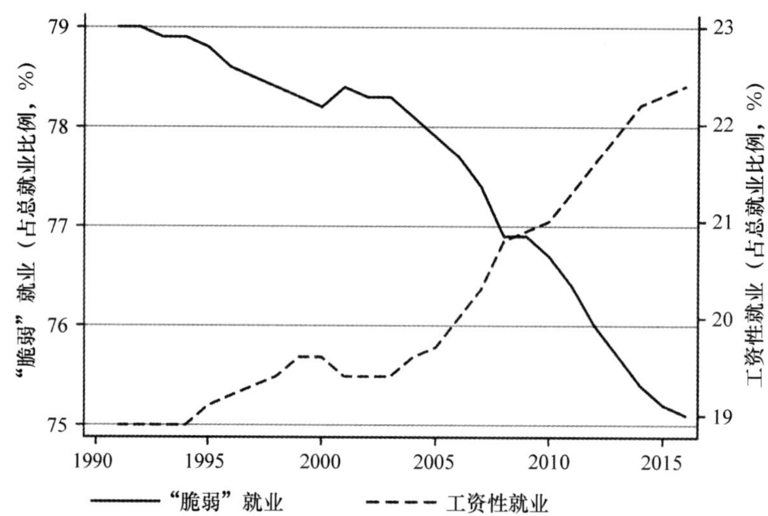

图 7.2　撒哈拉以南非洲 1992—2016 年"脆弱"就业、工资性就业占总就业比例

注：世界发展指标（WDI）定义的"脆弱"就业是国际劳工组织（ILO）"自主营业工人"和"有效家庭工作者"之和。WDI 定义的"工资性就业"是指 ILO 的"雇员"类。

资料来源：WDI（2017）。

我们认为的有利趋势（从国际劳工组织劳动力调查报告）可能显著低估了工资性就业。一个问题是国际劳工组织劳动力报告关于非洲大多数国家的数据都已过时，如尼日利亚、埃塞俄比亚、民主刚果共和国（DRC）、加纳、马拉维、乌干达和津巴布韦，尽管近来发生了人口规模和就业模式和城镇化等重要变化，但国际劳工组织出版的研究报告仍是依据 5 年前的数据做出的。[④] 另外，这些报告运用的统计方法却是确保

① Yeboah and Jayne（2018：820）. 关于卢旺达的相关信息参见 World Bank（2016b：55）。

② Doogan（2015：45）. 有关英国劳动力市场的相关证据也可参见 Choonara（2018）。

③ Ferguson（2019：16）；see also Ferguson and Li（2018：2）；Scoones et al.（2019：8）.

④ ILO（2018a：table A. 7. 1）.

大规模地少计具体的历史上特别重要的发展中国家劳动力进入的初期和低收入劳动市场的就业人口，即被作为家庭劳力的儿童和妇女。

第四节　如何掩藏家庭劳动力和童工劳动力

在20世纪初，在英格兰和威尔士大约有170万妇女被雇做家佣："以就业来衡量，不论男女，1901年做家务的人数要比在农业就业人口数目要大，比在煤矿业、纺织业都要大"[①]。尽管在英格兰和整个欧洲占主导地位，但这些工资性从业者们（和在非洲的同行们一样）经常被忽视："佣人们生活在影子里：他们受雇于一个从18世纪晚期以来被认为是一个非生产性行业；政治舞台上几乎没有他们……"。[②] 同样，在21世纪非洲，ILO证实非洲国家统计官员们少算本国工人人数，尽管有相当大一部分妇女受雇于私人部门承担付薪家务工作。[③]

他们像拉尔夫·艾莉森小说"***隐形人***"的主人公一样："我是一堆物质，有血有肉，有纤维和液体，甚至可以说有头脑。我是隐形人，明白吗？仅仅是因为人们拒绝看我"。[④]

关于赞比亚、乌干达、肯尼亚和其他西非国家的家佣劳工的研究表明，不仅过去有着有数百万人受雇于农村和城市，而且现在这个数目还在增长。例如，在卢萨卡所有的社会阶层的家庭都雇佣人："育婴的需求是对妇女劳动力参与增加的有着内在联系，因为很多有工作的妇女在寻找上班时照顾他们孩子和家务的'替代'……"[⑤] 这种联系还会延展：女性佣人还要寻找替代他们看护自己孩子的人。尽管1950年代，或者更早，很多非洲工人，包括矿工都已经雇佣人了，但是赞比亚官员们，工

---

① Outram（2017：893）.

② Sarti（2014：284）.

③ ILO（2018a：168；2013：13－15，11）. 在一些国家，没有证件的国内移徙者和家庭佣工人数不足也很重要（UNCTAD，2018a：10）。

④ Ellison（2001：1）.

⑤ 2008年至2012年，女性劳动力参与率和赞比亚正式就业的女性人数增长非常快：女性的正式就业增长略快于男性（每年14.6%，而男性为13%）（Harasty，Kwong，and Ronnås，2015：45）。

会活动家，社会活动家经常忽视家政服务市场。①他们当然不会宣扬在“佣人”工作的那些负面信息：

> 玛丽表达了被第一家雇主家，一个有着四个孩子的赞比亚夫妇，对孩子恶劣待遇的真实的不幸…孩子们会在他们喝剩的茶壶里吐唾沫，以防玛丽喝剩茶。②

类似于玛丽卢萨卡遭遇的不敬与不尊重，在内罗毕的临时性佣人的研究中得到了印证。③楠普兰、内罗毕和拉各斯的小报记者们把蔑视与“女佣”和维特沃特斯兰德早期历史上的学生们熟悉的鸡尾酒会上的性别化恐惧混用。④在这些城市，专业招聘的机构和中介数量在大幅增加，但是目前做佣人的年龄很小的女孩（男孩）的数量的记录仍然没有多少记录。⑤

在大城市之外，关于非洲农村儿童劳工的数据信息更少，尽管我们在埃塞俄比亚和乌干达的研究能够提供一些出口农作物生产区域和令人不安的遭遇的案例的数据。⑥在我们记录的很多案例中找出最惨的是不容易的，但是在埃塞俄比亚东南部被迫同时承担佣人和收割咖啡工作的组合解释了这种在 ILO 国别儿童劳动力报告所不能讨论的剥削。⑦

> 在艾嫚很小的时候，当她只有 6 岁时，由于饥饿的缘故她不得不离开他的父亲，拼命地走了 5 个小时去找她以为她认为会帮助她的姑姑。但她的姑姑不欢迎她到家，相反，把她安排到一家去做佣

---

① Hepburn（2016：102，200，85，112，4）.

② Hepburn（2016：113 – 14）.

③ Agaya and Asunza（2013：8 – 9）.

④ 关于性恐惧、道德恐慌和快速城市化的南非的仆人，见 Van Onselen（2001）。后来在南部非洲的农村，莱辛探讨了关于非洲仆人的性焦虑（1973）。Nesbitt-Ahmed 详细讨论了拖欠工资、虐待以及媒体对拉各斯女女佣猖獗性行为的反复指控（2016）。

⑤ Jacquemin（2009）；Nesbitt-Ahmed（2016）. 在 Sender 和 Von Uexkull（2009：65）以及在 Lyon 和 Valdivia（2010）中讨论了对乌干达女佣雇佣的低估。世界银行分析了埃塞俄比亚的城市就业情况，但忽略了仆人和童工的劳动力市场（World Bank，2016c）。

⑥ Cramer et al.（2014b：Section 3. 5）.

⑦ 国家童工劳动力调查发现，在埃塞俄比亚几乎没有儿童做家庭佣工（ILO，2018b：table 6. 3）。

人——挑水、为她姑姑家人准备（而不允许她吃的）食物，而经常会因为做活慢或者说她累了而受到鞭打。艾嫚的任务是要为姑姑的孩子准备上学前的早饭；而不允许她吃（或者上学）这经常使她哭泣。当有人需要采摘咖啡豆时，她就会做完家务后被派去摘咖啡豆，而她的姑姑拿走了她的绝大部分工资，还在她找不到工作时虐待她。很多咖啡农场主都给她很低的工资或在身体上虐待她。她都不会想办法逃回家去找自己的父母。①

第五节　如何少算农业工资性就业人数?

如何才能解释我们实地调研中很容易观察到而农业工资性就业的官方调查数据却是失效的呢？这个问题可不好回答。农村的官员和当地的支配阶层会发现很容易蒙蔽城里来的权威人士和好心的“有用的白痴”型的到访者。② 卡巴来地区的农业官员直到我们逼他和办公室附近农场田地里的妇女们握手，才承认存在小型蔬菜农场的工资性就业；一个国际劳工组织资助的团队描述了当地精英是如何在埃塞俄比亚最大的茶园故意误导他们调研儿童工资性就业的。③ 阻止数据调研—尤其是农场劳动力数据收集的努力—不仅在非洲，在欧洲都有大量文件记录证明（阻碍的存在）。④

另一个对“丢失的”工资性就业数据解释可以在世界银行推荐的和资助的35种引用广泛的报告中找到。很多对非洲国家农村发展的常识性政策建议都是基于家庭预算调查报告统计分析，尤其是世界银行的生活标准测度报告（LSMS），和最近的综合农业报告（LSMS-ISA）这些结果在意识形态上是适当的；他们提供数据给国际食品政策研究中心（IF-PRI）和主流农业经济学家，来支持工资性就业在非洲农村是不重要的意图，并支持把资源向有效率的家庭农场倾斜的流行建议。

① Outram（2017：893）.

② 《牛津在线词典》对“有用的白痴”的定义是：被当地人视为天真、容易受宣传操纵的外国公民。这个词常被用来形容20世纪30年代前往苏联的富有同情心的游客。

③ Cramer et al.（2014b）and Kiflle, Getahun, and Beyene（2005：8）；参见第二章。

④ D'Onofrio（2016：ch. 5）.

生活标准测度报告（LSMS）和综合农业报告（LSMS-ISA）都是以国别代表型家庭调查报告。后者有“主要聚焦于农业，收集撒哈拉以南非洲八国家庭面板数据”的特点。[①] 有两个问题需要立即指出：一是，如世界粮农组织（FAO）提出的，但在综合农业报告出版物中敷衍带过的这些报告不包含***非家户农场***。他们很少承认：“家户农场不是整个农业部门的代表……私有股份制农场在一些国家也承担着重要作用，很多还经营着很大一部分农地”。世界粮农组织经济学家得出的结论是“LSMS 报告中未说明马拉维、尼日利亚和乌干达一大部分土地”。[②]

第二个重要问题是在家户调查分析中经常忽视的：并不是每一个生活在非洲农村地区的人都是“农户”或“农场家户”：住在工棚里的移民，无地或半无地的人可能会开一小块菜地而不是拥有一个农场或农业企业，这些人是不会被综合农业报告（LSMS-ISA）记录为农业家户的。例如，在坦桑尼亚调查的抽样范围中就排除了那些生产农产品很少的家户数据。[③] 埃塞俄比亚的农业抽样调查（ASS）已经成为埃塞俄比亚农业活动评定的基础，但是样本中不包括所有大型农场——如乌什 · 乌什和古马罗茶叶种植园（也不包含他们的付薪工人的任何信息）——所以可以推断出农业抽样调查（ASS）报告低报了该国农业工人人数。类似地，如果只把调查局限在高尚社区，而不额外费力地去酒吧和按摩雅座附近的不太雅致的社区抽样，妓女的数量或许会被低估。[④] 农业部门的付薪工作不能被污蔑为提供性服务的工作。但是经常设法否认其存在，特别是在涉及农业童工时在“热点”行业使用地点为基础的个人抽样法，而不是用传统的随机抽样法。[⑤] 儿童移民劳工热点在非洲包括布基纳法索的棉花产业和科特迪瓦的可可产业。[⑥]

大多数付薪工作**聚集**在一些特定区域和少数大企业里，也就是说，

---

① http：//surveys. worldbank. org/lsms/programs/integrated-surveys-agriculture-ISA.

② Lowder et al. （2016：7 –9）.

③ 当然，同样的调查也排除了在庄园或种植园上的大规模农业生产者，因为他们的产出没有被定义为家庭生产（Christiansen and Sarris，2007：163，8）。

④ Ethiopia's ASS is criticized in more detail in Sender（2019）.

⑤ Cramer et al. （2014b）.

⑥ Edmonds and Shrestha（2012：105）.

聚集在高价值（出口）作物生产地区的有活力的资本家农场里。类似地，受雇工人也不是平均地分布在美国的整个农业部门；数量很少的大型水果，蔬菜和园艺特种作物企业提供了超过一半的就业机会，这些工人大多是移民到美国的。[①] 在非洲，数十万农业工人也是季节性迁移的，例如，从东开普到西开普的落叶性水果农场，从津巴布韦到其他地方。但是，非洲第一个生活标准测度报告（LSMS）几乎没有列举任何西开普省从农业工作获得收入的农村家户，排除他们是因为他们没住在传统的房屋或***家户***里。[②] 要想获得***所有***农场家户的国家代表性信息的调查报告将包含极大量远离最重要的生产和雇工区域——随机抽样可能会遗漏最大数量的农村挣工资的人群聚居区。另外，代表性抽样的借口经常依靠来自于过时的国家人口普查报告中抽取的样本，或者来自于当地官员编纂的不准确的名单。这些不可靠抽样范围的很可能排除最新的移民，难民，或者占屋者；但这些被排除的个人经常是非熟练临时工的主要提供者。[③]

综合农业报告（LSMS-ISA）（和人口和健康报告）中使用的调查问卷不会深究***所有***与农村家户经济经济关系紧密的个体的劳动力市场经验；生活标准调查报告（LSMS）方法要求普查人员只提问常住家户的就业和劳动市场参与问题。[④] 按照这种方案，一个从事季节性工作儿童移居到另一个农村地区时，他很可能就不会被认为是当地居民，在调查时就会被排除在普查员提问人员花名册之外。[⑤] 甚至如果这些季节性移民被认作是（作为替代调查对象）把收入汇回到被调查农户；但是没有他们如何获得收入和他们在哪的详细信息，汇回的收入仅被看作是“***转移收入***”而不是工资收入；而且还奇怪地假定所有收入应被归为“非农业”收入。在这种误导性分类基础上，有人认为绝大多数农户只有很小一部

---

① Martin（2012）.

② Standing, Sender, and Weeks（1996：240）.

③ 非洲（和其他地方）的家庭调查通常不包括家庭分布的尾部（Carr-Hill, 2017），将新移民排除在官方认可的农村居民名单之外的尝试在《詹姆斯》中有讨论（2013）。

④ Cramer et al.（2014：176－9）.

⑤ 来自布基纳法索的调查数据显示，无法获得暂时失踪的移民青年的数据，扭曲了对不平等和贫困的分析（Akresh and Edmonds, 2010）。De Brauw, Mueller, and Woldehanna（2013），Mueller, Schmidt, and Lozano-Gracia（2015），and Yeboah and Jayne（2018）提供一些数量证据，说明农村移徙和向移徙者家庭汇款的重要性。

分收入来自工资。①

第六节 估计工厂工人数量

非洲各国政府更愿意也能够提供工业就业数据。1991 年以来非洲绝对工业就业人数显得已经大幅增长了。② 非洲的几个经济体的制造业部门里就业一直在增长，这意味着制造业部门总体下降或转移的预测可能本身就不成熟，例如在埃塞俄比亚，制造业就业人数从 1995 年的 561，000 增加到 2011 年的 747，000，而可比的肯尼亚和尼日利亚的数字是从 747000 到 1，990，000 和从 1，271，000 到 2，345，000。③ 近来的制造业工人就业数据的增加应该从历史环境来看：在 1960 年代，埃塞俄比亚在制造业能找到工作的人数极少（少于 50，000 人）；坦桑尼亚有 47，000 人在制造业就业，而 2011 年这个产业雇佣了 700，000 工人。④ 或许非洲最近记录的付薪就业人数的急剧增加是在埃塞俄比亚的建筑行业：在 2005 到 2013 年之间这个数据涨了三倍，从 229，000 增加到 825，000。⑤

政府官员和外国咨询师在调查非洲制造企业时只数一小部分工资性就业人数。这种少算的原因如下：排除了雇佣人数很少的制造企业——在一些国家雇佣 5 人的才会被计入，但其他的国家这一标准就高达 10—25 人（比如，莫桑比克的案例）⑥；排除了没有在官方机构注册的制造企业，会导致对数以千计的小企业和所有不愿提交国家监督和税收企业的抽样不足；有偏误的抽样范围和过时的制造企业名单，（这些名单）没考虑到快速结构变化而排除了新近创立的企业，而把大量已经不存在

---

① 顺便承认，对于最贫困的农村家庭来说，农业工资是收入的一个重要来源（Davies，Giuseppe，and Zezza，2017：161；table A. 3）。

② ILO Modelled Estimates 2018.

③ Groningen Growth and Development Centre Database（GGDC）10-Sector Database.

④ 早期埃塞俄比亚和肯尼亚的数据来自于 Sender and Smith（1986：95）。坦桑尼亚的数据来自 GGDC。莫桑比克制造业的就业增长是最近才开始的，但从 2002 年的 7 万名员工到 2008 年的 27 万 2 千名员工的增长速度非常快（Sparreboom and Staneva，2015：40）。

⑤ Oqubay（2019：632）.

⑥ Le，De Haan，and Dietzenbacher（2018：10）.

的企业列入（名单）。①

第七节 非洲生育率要多久才会下降?

证据并未显示出付薪就业增长率出现了停滞。然而，有人认为付薪就业增长率肯定被看得太低了，因为在可预见的将来（几代人），当前生育率是如此的高，预期不会出现迅速下降："生育率下降已经停滞——甚至就没有开始下降——在很多非洲国家"。② 经济中更有生产效率的部门将没有能力吸收非洲急速增长的劳动力大军——这要比早期工业化国家面临的劳动力增长要快得多。③

另外普遍认为，非洲经济体难以躲避劳动力吸收问题，因为不像早期的工业化国家可以把多余的劳动力出口到正式或非正式的殖民地④。但是，在早期工业化国家，包括荷兰、法国、德国，移民仅仅减少了1870年到1910年当地劳动力的极小比例，这意味着资本主义在这些国家提高制造业就业方面的成功不大能解释为出口劳动力的机会。1940年代以前日本的劳动密集型产业需要获得进口食品和原材料；确保获取这些资源是非常重要的殖民扩张动机——远远比为解决过剩劳动力开拓新机会的对外殖民的目的重要。⑤

我们不会为反复引用的非洲"持久居高不下的高生育率"所信服。⑥当被告知"不可能"达成——诸如大幅改善妇女生育福利——这样的社会变化时，决策者就应该持怀疑态度。最可靠且可得的来源，联合国人口司保留有一长串不准确的关于初始人口状况假定和低估未来生育率下降的记录。这一记录证实了更"谦逊于我们预料重大社会改变的能力"

① 莫桑比克提供了抽样框架陈旧和不准确所引起的问题的好例子（Schou and Cardoso, 2014）。

② Filmer and Fox（2014：3）.

③ Scherrer（2018：305）.

④ Patnaik and Patnaik（2017：56）.

⑤ Taylor and Williamson（1997：table 1）；Sugihara（2004）.

⑥ Losch（2016：56）.

的需要，以及证实了非洲决策者质疑所有支撑国际机构建议的数据的需要。[①] 宣称生育力已经“停滞”，就像绝大多数关于次大陆的（数据）汇总一样，明显不真实。图 7.3 显示了东非和西非经济体总生育率估计在 1950 到 2025 至 2030 年间发生了多么巨大且持续的下降。（也见第一章）。

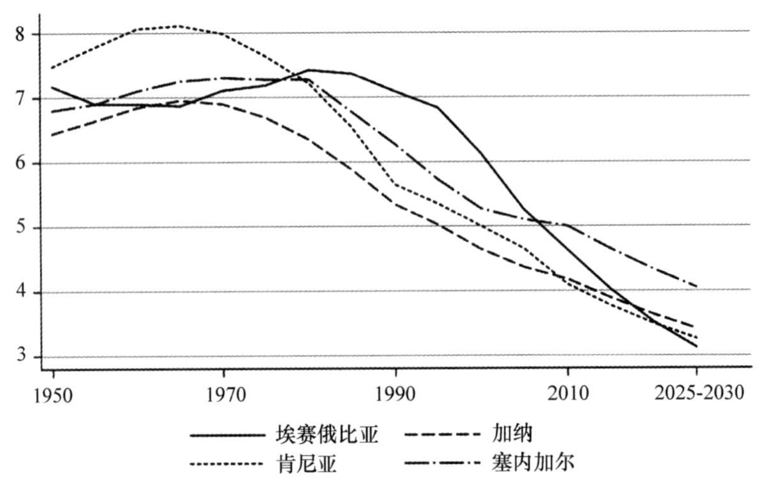

图 7.3　部分撒哈拉以南非洲国家总生育率，1950—2030（%）

资料来源：UN（2017）。

或许可能达到甚或更快的生育率下降，并把这一比率扩展到更多非洲国家里。存在这种潜力的原因部分是，撒哈拉以南的未采取避孕的世界最高记录的非洲国家政府“仍然不愿承担计划生育的责任”。[②] 例如在坦桑尼亚，当总统描述妇女采用避孕措施是由于懒惰和受外国人凶险的动机的影响时，计划生育的责任在 2018 年受到了削弱。[③]

尽管 1980 年以来的政策干预已经成功地大幅提高了非洲妇女使用避

① Khan and Lutz（2008）；Lutz and KC（2010）．邦戈茨描述了 20 世纪 60 年代研究人员对亚洲低收入地区生育率下降可能性的极度悲观，直到孟加拉国生育率大幅下降的证据动摇了他们的悲观（Bongaarts，2018：2）。

② Bongaarts（2018：5）．

③ https：//www. thecitizen. co. tz/News/Magufuli-advises-against-birth-control/1840340 – 4751990 – 4h8fqpz/index. html.

孕措施比例，大多数国家并没有普遍推行计划生育政策——只保持着限定在城市，受过最好教育的和特权妇女范围内的状态。① 如果能够投资到确保农村妇女获得避孕措施和提高他们的受教育水平，这将对生育率有巨大影响："非洲国家生育率下降速度将比联合国预计的要快得多"。② 当然，降低未计划的生育将会带来年轻人口增长率的下降。③ 很多经济学家仍然支持流行的（但没有效率的）支持年轻企业家的政策。但是很少关注旨在农村妇女和女孩的生育健康的特定政策干预的经济利益。

第八节　意识形态推翻非洲证据时的就业政策

对工作机会的悲观观点并不是源于一些列建议用供给侧政策去改善非洲年轻人的劳动市场状况的出版物。这些政策建议一般开口就讲缺少技术工人。技术的需求与供给的"***错位***"被说成是增长和发展的主要障碍。克服了这些障碍，"对急需技术的相关***培训***、质量和职位可获得性是一个关键因素，与此同时，可获得的和及时的劳动市场信息也很重要"。④ 例如在埃塞俄比亚，世界银行的分析就非常清楚："埃塞俄比亚缺乏技术是制约增长和提高制造业生产力的主要因素……在短期，提供技术和职业教育培训（TVET）……可以起到连接技术供给和制造业的桥梁的作用"。⑤ 和其他许多发展中国一样，埃塞俄比亚的 TVET 一直通过国家支出和支持引入能力培训得以提高；有人认为雇主们对职业能力的详细要求对培训课程的影响在增加。大约 2005 年以来，TVET 注册率的爆炸式增长——以每年 30% 速度在增长——体现了埃塞俄比亚政府的一个重要政策承诺。⑥ 埃塞俄比亚是在顺应全球潮流，被描述为"在经合组织和发展中国家的职业教育培训复兴"。⑦

---

① Towriss and Timæus（2018：2028）.

② Garenne（2018：145）.

③ Bongaarts（2018：9）.

④ International Labour Organization，Organization for Economic Cooperation and Development，and World Bank Group（2014：17；emphasis added）.

⑤ World Bank（2016a：41）.

⑥ Yamada et al.（2018：14）.

⑦ McGrath，Alla-Mensah，and Langthaler（2018：12）.

施行的（职业教育）模式是要求一些雇主在建设和改进一套新的相关资质中发挥重要作用。如果年轻人能够接触到劳动市场的足够信息，他们将有能力做出提高“可雇佣性”的选择；他们能为获得这些新资质而投资，为自己的能力获得证书，在新获得的“人力资本”基础上，他们会很顺利的转换为就业人员。① 一项对这一公共政策的改革建议——使这一选择—理论模型对新古典经济学家更有吸引力——该建议主张培训和认证应该主要由私人部门的签约者来提供，而不是由国营大学或学校来提供。

这个理论世界的年轻人会利用优化的劳动市场信息，去帮助抛弃他们成为公务员这样的白领工作的不切实际的梦想，选择最合适的培训模式，避免父母和家庭承担长时间的就业搜寻的成本。甚至当技术职业培训（TVET）学校给他们颁发印有大公司经理们精选出的职业技能的证书，他们还是接受了获得一份体面的全职付薪工作还是个遥远的可能性的事实。他们大多数将会在小微型企业就业，过着自我雇佣的的日子，所以，他们急缺***创业技能***培训。这是主流政策顾问提出的愿景。这是新很多自由主义经济批评家都认同的愿景，尽管他们倾向于培训人们要弄复杂***零活***或多样化的创业活动组合，或者培养企业领导者。这一共识是：

> 创业培训为年轻人提供了创造和管理一个可持续的提供就业机会的生意技能。②

非洲大规模 TVET 支出和创业培训的结果如何？培训机会的增加似乎没有降低抗议和年轻人的暴力反抗，绝大多数评估同意：

> 在实践中，那些遵循 TVET 培训路径的人经常得花更长的时间找工作，而且当他们找到工作，也是那些在职业角度被认为没前途的工作。③
>
> 非洲技术和职业技能的发展体系遭受着缺少合格培训人员、设

---

① Allais（2012：635ff.），可参阅 King（1990：ch. 3，especially p. 69ff.）对“人力资本”概念（和新古典经济学家提出的劳动力供给理论）的批判。

② African Development Bank（2012：139）.

③ Oketch（2014：3）.

备过时、设计拙劣的项目以及微弱的与就业市场的联系的影响。①

TVET 毕业生的失业率很高；仅有少数几个来自农村，低收入背景的毕业生；甚至更少的来自城市的，相对有特权的 TVET 毕业生真正期望到工厂去工作。TVET 培训学校之间和与工厂的合作极其有限。②

如果教育是一个累积过程，后面学的累积在前面学的之上，遵循的是在非洲职业学校达到的识字和识数水平的提高能够使在岗培训更有效；这些改善将可能对生产力产生比提高"技能"的支出更积极的影响（的逻辑）。这里有来自几个非洲国家关于学校令人失望的表现的很好的证据，也有在这些国家内部和国家之间的不同表现（的证据）。③ 在经合组织（OECD）经济体里，自 1990 年代中期以来年轻人识字和识数能力的下降确实表现出，降低了他们继续学习的能力以及适应劳动需求模式变化的能力。④ 也有观点认为 15 岁儿童的数学/科学成绩与后来的发展中国家经济增长存在因果关系。⑤

把学校资源从提高识数和识字转到创建创业技能是一项在促进就业和其他经济利益方面均已失败的政策。一项对在中低收入经济体——包括撒哈拉以南非洲经济体的创业培训评估评论认为，绝大多数针对 5 人以内的微型企业或者提高年轻人就业的干预***不能***显示出对就业、销售收入、或者利润有显著的正效应。如寻找一些（任何）创业培训的正面效应来说，作者们都会咒骂这些干预而很少有赞扬："创业培训能……阻止非盈利商业思想的诞生"。⑥

没有或有很少雇员的自我雇佣企业的高失败率是一个全球现象，但是从 14000 个微小企业调查发现，由年轻人经营的公司的失败率特别高。⑦ 非洲决策者们想把这些后果和其他新建微型企业已过量的证据作为

---

① African Development Bank（2012：147）；Tripney et al.（2013：77－8）.

② Yamada（2018：18，40，45，53，24）.

③ Jones（2017）.

④ Liu（2018）.

⑤ Hanushek 和 Woessmann（2016）。小松和拉普利（Komatsu and Rappleye，2017）质疑考试成绩和经济增长之间的经验联系，以及这种所谓联系的政策含义。Sandefur（2016）讨论了非洲数学成绩数据的可比性问题。

⑥ Grimm and Paffhausen（2015：74）.

⑦ McKenzie and Paffhausen（2017：16）.

把资源重置到支持年轻人创业企业成功之外（的领域）理由。尽管有一小部分小企业确实存活下来了，但是来自马里、马拉维和坦桑尼亚的证据显示每一家企业为年轻人提供的就业机会相对很少。[①] 更糟糕的可能是：

> 鼓励更多企业进入同一有限市场会进一步降低在岗工人的工资，或者迫使他们失业……[②]

南部非洲有的国家就业净增长机会由大企业而不是小企业提供的很好的证据和面板数据。[③] 很多寻找付薪工作的年轻人都被建议，如果能负担得起交通等成本，就要到提供绝大多数就业机会的地方——大而成熟的企业，具体就是指雇佣超过 100 人的和经营 10 年以上的企业。只能在小企业找到工作，且冒着很快会失业的风险年轻工人也不容易获得在大企业一样的培训和一样高的工资。佩奉和孛德博姆（Page and Söderbom）总结道，"是停止把过度推销小企业发展作为非洲就业创造的灵丹妙药的时候了"。[④]

我们自己关于埃塞俄比亚和乌干达农村的研究也证实了更大一些的农村企业为年轻人提供更稳定就业，更高工资和更好工作条件的能力。[⑤] 在第八章，我们强调主流政策建议——职业培训和创业培训一旨在提高非农业就与小型家户农业发展建议之间的相似性，特别是在向农业分支行业投资的流行建议方面。第八章也提供了成本高昂的，通常被称为是非农企业或公司发展基础的微型信贷失败的证据。

第九节　避免就业增长不良环境的政策

那些把不充分的就业增长归因于在低生产率行业工作的非洲人缺乏

① Grimm and Paffhausen（2015：74）.

② Burchell et al.（2015：38）.

③ Kerr，Wittenberg，and Arrow（2014）；Aga，Francis，and Meza（2015）.

④ Page and Söderbom（2012：20 – 1）.

⑤ Cramer et al.（2017）. 关于西非大企业比小企业工资更高的证据，见 Mbaye and Gueye（2018：21）。

技术和个人素质的人，通常倡导为私人部门投资者创造更有利环境的改革。他们认为“低质量的官僚主义规定和高税收扼杀了正式的私人部门……劳动市场扭曲降低了生产力……卡住了整个经济增长”。[①] 降低劳动力市场以保护促进就业的重要性不仅被在阿比让工作的非洲发展银行经济学家，而且也被在华盛顿的世界银行有影响力的经济学家所强调：银行关于“改变工作的本质”的一流发展报告质疑所有发展中国家现有劳动法与机构的相关性，主张“政府应该重新思考阻碍创造劳动机会的政策”。各国政府应该改革劳动市场规则，因为“严格的规则会使公司调整其工人队伍的成本更高”。[②] 总之，都认为劳动保护是穷国付不起的奢侈品。

关于非洲经济体中，离职限制和离职补偿金要求给企业带来了雇佣工人的抑制影响，从而导致了失业不是由任何实证研究的证据得出的观点。相反，这些劳动力市场改革建议——创造商业友好型环境——仅仅重复了 1980 年代以来国际货币基金组织、经济合作组织和欧盟委员会传统经济政策顾问们屡次提出的主张。欧盟传统政策在希腊的劳动市场后果是特别悲惨的（参见 ILOSTAT 记录），就业与人口比例从 2008 年的 50% 急剧下降到 2013 年的 39%。劳动市场改革在其他地区的结果也没比这好多少：一份对包括 10 个来自中东欧的新欧盟成员国和和经合组织成员国的 31 国的面板数据分析显示，“EPL 和年轻人失业没有直接联系……EPL不是失业的元凶，因而政府仅通过放松就业法律应对失业的努力很可能会无效”。[③] 此外，一个更大的有 117 个国家、设计的更仔细的相对劳动保护水平，覆盖更长时期（1991—2013）的面板数据分析表明，对工人保护的提高一般与增加的就业和事业的下降相联系，尽管当与更宽泛的经济趋势相比时，这种联系相对较小。[④]

影响就业增长率和私人部门投资环境的“更宽的经济趋势”，在助长非洲年轻人就业恐慌的长篇累牍文献中是显著缺失的和很少提及的。但是，提供流行的供给侧政策建议而贬低总需求、凯恩斯财政政策、以

---

① Mbaye and Gueye（2018：24）.

② World Bank（2018b：31，92）.

③ Avdagic（2015：7，22）.

④ Adams et al.（2019：23）. Storm and Capaldo（2018）对就业保护与就业和工资水平上升之间的联系进行了经济学解释。

及影响劳动市场绩效的公共部门投资方式的作用，这是很严重的错误。总需求始终被证明是青年劳动市场的基础决定因素。尤其是当政府通过基础设施投资增加支出时，扩张性财政政策一直起着增加就业的主要作用。在欧洲，逆周期的灵活财政政策似乎提高了青年就业率，也降低了青年的长期失业率。①

据国际货币基金组织（IMF）估计，在新兴经济体通过减少公共部门投资支出进行的财政紧缩会对适龄工人就业比例有负面影响。② IMF 运用 1989—2016 年的数据证明灵活的财政紧缩对失业率有显著的***负面***影响。在该数据中，***没有***证据显示财政紧缩会为私人部门提供一个鼓励其扩张的环境；相反，财政紧缩是与私人投资下降相关。③

当然，非洲总需求和就业的下降还可能是食品（或其他工资性商品）价格上涨，减少了工人的实际收入。第三章概括的卡莱茨基（Kalecki）的观点强化了决策者需要把聚焦于确保工资性商品可用性的充足增长作为就业增长的一个基础决定因素，而不是囿于一组很小范围的供给侧微观变量上。第三、第四章讨论得出的一个启示就是，经济政策必须直接导向增加某个特定部门和经济活动的产出，例如，那些对工资性商品生产贡献大的和劳动密集型出口商品。

但是，（经济学家讲座时总是告诉）非洲各国政府“挑选赢家”是不可能的。他们被告知要建立一个官僚不扭曲市场激励的“商业友好型”环境，而仅仅是为整个经济所有部门的所有人提供“正确的”价格信号（所反映的生产要素相对稀缺）。相反，他们被告知，建立商业友好型营商环境，这样官僚们就不会扭曲市场动机，而是为整个经济的所有参与者提供“正确”价格信号（反映生产要素的稀缺性）直接的，有指向的创造对非熟练农村劳动力需求增长的国家干预可能有风险且很可能失败。这些关于挑选赢家不可能的警告是标准的“赋能”政策组合的一部分，包括削减制约企业家的繁文缛节，放松劳动市场管制，限制公共部门投资等建议。我们已指出，不能期望标准政策组合带来非洲总产

---

① O'Higgins（2017：section 2.2.1）.

② IMF（2014：25）.

③ Carrière-Swallow，David，and Leigh（2018：15）. 更多关于发展中国家公共投资如何吸引私人投资的证据，见 Furceri and Li（2017：18）。

出适度增长的结果 。我们还认为，决策者不应满足于简单地接受与市场决定的总产出有关的历史性就业增长，即总就业弹性。相反，政策应该更具干预性和前瞻性、分门别类，以主要部门和辅助部门的就业弹性为目标。此外，不仅需要计算不同部门和活动的就业弹性，也需要计算不同人口群体，特别是农村妇女的就业弹性。

第十节　增加对农村女青年工作需求的政策

在非洲有一些明显的就业强度模式：如大型矿业/采掘业的就业弹性似乎比农业就业弹性要低，然而，实证研究显示：

> 通常，一个经济部门内部就业强度有着显著的异质性，甚至在下一级子部门也是。子部门里通常包含范围很广的经济活动。而且，在一个经济活动部类里面生产技术也有显著差别，一些比其他的更具劳动力密集型的特点。企业规模，生产特点……管理选择都是影响企业层面就业强度的因素。①

世界银行目前提供的关于出口商品劳动内容的数据库并不包括所有非洲国家，更重要的是，它根本没有提供关于农业部门的分类资料。② 但是，这些分项信息应是增加就业干预政策的基础。我们自己对南部非洲的研究显示，例如，在杏子生产行业比甘蔗行业每公顷需要大约 7 倍以上劳动力投入；③ 每公顷落叶水果生产平均需要的永久劳动力是每公顷玉米种植的 300 倍以上。类似地，像大麦一样的作物（和生产啤酒或家禽业）的创造就业效应非常有限，而葡萄、鳄梨、胡萝卜、蓝莓是极度的劳动力密集型作物——未上过职业学校的年轻妇女能满足绝大多数工作的要求。简而言之，我们已揭示了，扩大这类对劳动力投入需求很

---

① Tregenna（2015：15）.

② Calì，Francois，Hollweg，Manchin，Oberdabernig，Rojas-Romagosa，Rubinova and Tomberger（2016）.

③ Bramall（2004：134）；Pincus（2006：208）.

高的作物种植区域会带来巨大的创造就业的潜力。

如果决策者没有直接的或不容易获得所有特定作物的相关数据，然而，他们可以开始在几个就业密集度的典型事实基础上做决定；他们也可以边做边学，也就是说，在仔细监控和评估就业和公共部门支出的净外汇后果和国家干预之后，持续调整政策。

一个关于发展中国家就业密集度的典型事实——被大量的对非洲就业的传统诊断所忽视——是在灌溉和水控制部门的公共投资对劳动密集度有主要影响。农田灌溉率对就业水平有着深远的影响，也对要素投入密集度，如农用化学品和机械的使用有影响。灌溉和水控制，因此被看作是最有活力的亚洲经济体的技术变迁、产出、生产力增长的历史纪录中的“***主导型投入***”。在那些经济体中，绝大多数灌溉计划所需投资，——加上交通、存储、化肥生产等辅助投资——都是由公共部门投资的。[112]这与非洲的经验有着显著区别。1980 年以来，技术上可行的扩大整个地区灌溉设施的投资机会一直被非洲国家忽视，这将要在第九章讨论。再则，对修复现有灌溉设施，减缓潜在作物种植区域流失、生产损失、灌溉不足和维护积压引起的就业损失的投资长期不足。①

① 即使在技术最先进的非洲经济体中，也只有一小部分灌溉地区能从滴灌和微灌投资中获益（Cramer and Sender，2015：17）。

第八章

解决农村贫困问题的有效措施

第一节 绪论

人们对贫困的认识被误导性的衡量标准、不可靠的数据和伪装成常识的意识形态所掩盖。在一系列贫困指标和指数提供原始数据的官方调查中，贫困人口居住在农村，生活在以女性为户主的大家庭中，大多数人生活在小农场，这一强有力的常识似乎得到了证实。然而，这些索引中的大多数都是混淆的；调查存在严重缺陷；关于非洲贫困的老生常谈是错误的。难怪近几十年来真正实现的减贫目标太少。

本章将阐述我们的观点源于何处。我们从讨论度量和定义问题开始。紧接着，我们试着从那些我们称之为程式化事实的更有用的“谷子”中剔除一些常识性的废话：这些事实得到了精心收集的证据的广泛支持，并提供了有关极端贫困特征的与政策相关的观点。我们展示了一些典型事实，但不是全部，是没有争议的，类似于用来鉴别非洲穷人的传统智慧。生活在妇女主导的家户（不是“妇女领导”家户）的最穷的人缺少成年男子的正常支持；这类家庭的成年妇女和孩子大多缺乏适当的教育；他们严重地受到青少年早孕风险的威胁；他们也依靠单调、单一的食物过活；而且最穷的人几乎不能获得任何工资性商品。更有争议的是，我们发现这类家户都相对较小，因而我们强调，非洲最穷的人靠的是低工资就业（而不是靠在自己的农场劳动）为生。决策者和研究者们必须质疑支撑减少非洲贫困的数据和观点。部分问题是国家数据机构（NSOs）资源不足和受政治压力影响。在这一方面非洲也是一样的：这是其他地方和历史上都存在的共同问题。我们列举了一些最近的，关于有疑问的普查和农业数据相关的，非洲国家数据机构遇到的困难事例。

这一章提供了关于最穷非洲国家政策干预效应的证据综述（见第三节）。我们尝试解释了很多流行，但明显失败了削减贫困政策的倾斜的效应。我们揭示了非洲的不良数据和削减贫困的霸权思想是如何紧密联系的。我们的结论是削减贫困和增加农业产出的，一味鼓吹的政策可能会继续产生令人失望的结果。从流行的随机控制试验（RCT）得出的建议也极不可能带来哪怕是非常微弱的贫困减少。① 这些随机控制试验反映的经常是延伸为太大的要求而不是证明方法合理。② 最好的情形是，随机控制试验在回答***有限***类型问题时有用；但是，这不是用来解释分配动力学，或者生产、积累和劳动的政治经济学，更不必说依此区分发展条件和削减贫困的结构性差异而制定有效的政策了。③ 一些用于提高该方法更广法应用的 RCTs 成功案例也与他们设定的研究标准草案的方法不一致；而且他们宣称的数据上的显著性也经常找不到。④ 我们从农村贫困经典事实得出政策建议在本书其它章节有详细叙述（特别是在第四、五、七、九章和第十章）。全球和非洲削减贫困最重要的机制就是，正如其贯穿整个资本主义历史阶段，劳动市场发展——高生产率活动领域的劳动需求，来之不易的高工资以及对员工的法律保护。我们认为，优先安排旨在促进（在城市和农村的）某些经济活动的就业率快速增长的政策和投资（包括在相对短的时间内）而不是把资源注入到注定要失败的安全网，或者通过基于凑合的实证研究来“挤推”穷人自己的行为，这样的结果会好的多。

尽管自 2002 年以来，少数几个国家在削减货币性贫困方面几乎没有取得任何进展（主要是指世界银行分类中小的“脆弱国家”⑤），夸口说贫困率下降在非洲很容易做到。一些广泛发行的数据确实支持一个，如果不乐观，但也不太暗淡的对贫穷流行率的解读（如图 8.1）。尽管撒哈

① Labrousse（2016a）.

② Deaton and Cartwright（2018）.

③ Bédécarrats et al. （2019a）; Pritchett and Sandefur（2013）认为，随机控制试验（RCTs）的适用范围很小，国际发展管理部（DfID）的管理人员估计，只有不到 5% 的发展干预措施适用于随机控制试验（Stern，2012：1，cited in Bédécarrats et al. ，2019b：10）。

④ Bédécarrats et al. （2019b）：https：//replicationnetwork. com/2019/04/30/bedecarrats-et-al-lessons- from-replicating-an-rct/; Young（2018）.

⑤ Chandy（2017：11）.

拉以南非洲的极度贫困的流行率在1993—2015年间表现出大幅下降：从59%下降到41%。我们将提醒决策者们意识到限制这种特别措施的严重问题。在本章第五节中我们强调，通过判断他们的人均消费是否低于国际贫困线来识别贫困家户的难度（和成本）。

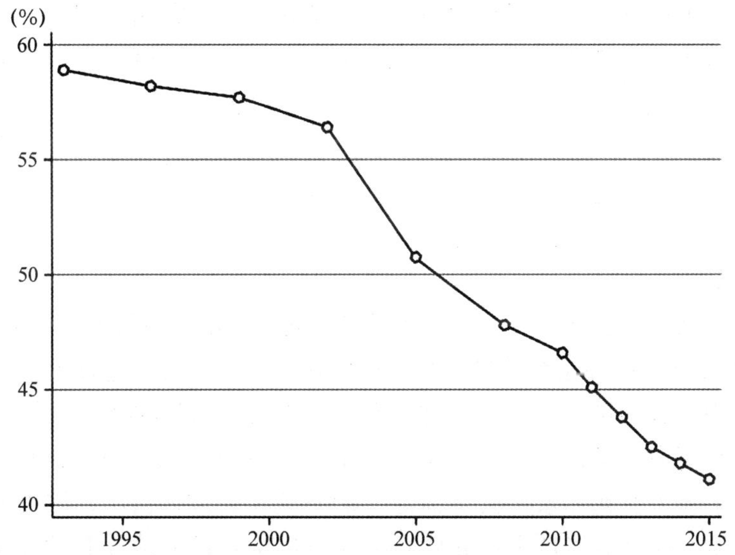

图8.1　1993—2015年撒哈拉以南非洲处于“极度贫困”线以下人口比例

注：世界银行依据2011年购买力平价定义的极度贫困线是1.9美元/天。

资料来源：作者根据PovCalnet和世界银行（2019）数据计算。

关于削减贫困的吹嘘会受到不信任政府或受政策影响并期望有所改变的人们的反驳。关于贫困下降趋势的说法也经常受到严格的应用经济学家，如托尼·阿特金森（Tony Atkinson）的质疑，他坚称，“任何估计—水平或变化——都存在误差幅度”。这在公告中是经常缺失的，（因此，译者加）向决策者和其他使用者传递他们所使用的数据是有相当不确定性的信息是很重要的。[①] 本章的主要目的是，鼓励决策者们仔细研究支持这些减少非洲贫困的，流行的政策建议的数据和观点。

① World Bank（2016d：xv－xvi，xviii）.

第二节　谁想知道？关于数据的斗争

卡加梅总统这样的非洲的领袖们可能会准备不同意测度贫困的数据，但是很少的领导人，如当年的斯大林准备处死国家最高数据官员，如果人口普查数据不能支持宣称的不可信的产出增长[①]。更一般地，如安格斯·迪顿所说：

> 国家决定人们需要看到的和如何看到。此类政治充满着每一个部分，这是数字重要性的确实证明；生命依赖于他们所显示的。[②]

因为夸大农业部旗舰农场支持倡议和化肥补贴计划效果的政治命令，2005年后马拉维国家统计局（NSO）面临巨大的压力。这种政治很难被忽视，因为农业部长也是马拉维总统，而他正面临着即将举行的大选。这种政治压力，又被对补贴的收益有所怀疑的捐助者的财政依赖所加强，这或许解释了农业和家畜调查报告（2006/7）的推迟出版，该报告不方便地显示马拉维玉米产出比先前农业分支机构官员的估计**低了**60%。这份令人为难的普查报告还显示，农业部一直根据官方对家户农场数目和地区分布的极不准确的估计来分配支出。结果是投入补贴分配偏向于僵尸农场主（ghost farmers）和北部地区，这是对2009年穆塔里卡总统大选很关键的“摇摆地区”。[③]

另一个非洲人口普查的政治敏感性的更例子涉及到尼日利亚，自2006年以来尼日利亚就没有人口普查记录。目前人口规模估计在1.4亿到2亿之间[④]。在北部和南部尼日利亚寻求支持的政党将继续为阻碍确定数据的产生而竞争，因为新的地区人口数量的细分估计将带来重要的资源再分配的暗示。近来，在2017年，坦桑尼亚政治领袖因发布了对坦

---

① Wilson (2019); Merridale (1996).

② Deaton (2015).

③ Jerven (2014: 10); Chinsinga and Poulton (2014: s140). See also Kilic et al. (2018: 4).

④ Jerven (2018: 468) 更多的参考文献可参见 Serra (2018: 662); Marivoet and de Herdt (2017) 讨论了刚果民主共和国（DRC）的人口普查数据。

桑尼亚银行报告中的数据异常分析报告而被捕，这意味着，政府一直在操纵（夸大）国内生产总值增长率。[①] 在 2019（大选年）年，莫桑比克国家统计机构领导人在为加沙的莫桑比克解放阵线的国家人口普查数据辩护后被迫辞职，这些选举注册数据看起来数字被夸大。[②]

非洲政治领导们给统计机构（NSOs）分配的资源经常是有限和忽多忽少的，因而经费和数据调查的设计要由外部捐助者完成。[③] 绝大多数非洲 NSOs 都被看作“受预算的不稳定和缺乏自主权的约束，这使得它们在政治和利益集团压力面前很脆弱”。还有这样的报道：“临时资助计划会给统计部门和其员工带来巨大收益。通过追逐捐助者提供的参加研讨会补贴、培训、实地调查的资助来增加带回家的收入成为了今日的风尚（the order of the day）。结果是，NSOs 没有改进国家数据统计能力的动力……”。[④] 拉布鲁斯（ Labrousse）总结道：

> 被外部（私人、公共、超国家）人员支配，非洲“数据主权”是不完整的。[⑤]

世界银行已发布过撒哈拉以南非洲国家的数据能力指数。这个指数不准确的原因是不包括主要的指标，如劳动力调查数据。[⑥] 另一个指数的目的是衡量非洲 NSOs 网站在遵循覆盖率、可及性和公众可得信息质量等最佳国际实践方面程度[⑦]。尼日利亚在这个缺乏最新人口数据的指数上得分出奇的高；鉴于近来贫困数据政治化的争议，卢旺达在两项相对好的得分令人惊异。[⑧]

这是指数得分的含义，包括高得分和南非数据机构明显的优势（新

---

① Human Rights Watch（2018）：https：//www. hrw. org/world-report/2018/country-chapters/tanzania-and-zanzibar#; Taylor（2017）; *The Economist*, 14 March 2019

② Hanlon（2019）.

③ Hoogeveen and Nguyen（2017）.

④ Glassman and Ezeh（2014：xii）.

⑤ Labrousse（2016b：528）.

⑥ http：//datatopics. worldbank. org/statisticalcapacity/.

⑦ Hoogeveen and Nguyen（2017：appendix）.

⑧ http：//roape. net/2018/11/21/the-cover-up-complicity-in-rwandas-lies/. 关于卢旺达统计数据的其他观点可参见 Krätke and Byiers（2014：box 3），及 Wilson and Blood（2019）。

近退休的领导拼命保护学术批评者的[1]）需要被质疑和依照证据重新检查。在非洲五个主要调查报告中，调查者欺骗和其他来源的错误是很普遍的。[2]

政治上最令人尴尬的数据，是南非的不平等和实际工资，很难分析，这是因为严重的数据质量问题和官方发布的数据已被测量过程的中断而打断。[3] 南非艾滋病对人口的影响也一直在政治生活中很敏感；不同的数据来源提供的是不同的影响模式和新生儿死亡趋势，部分是因为“儿童数据报告的完整性是不确定的”。[4] 更早的，姆贝基总统的强迫式否认艾滋（的态度）鼓励了健康部门拒绝医学院研究者获得报告数据，同时健康部还发布 2006—2008 年流行病的误导性数据。[5]

第三节　忽略帮助穷人的政策失败

越来越多的证据宣称帮助穷人的政策在非洲农村有着不平等的影响。援助官员和政治精英们公开支持一些反贫困和社会福利支出政策；但是，在 1998—2012 年，撒哈拉以南非洲最穷的 20% 人口（如世界银行定义的）中没有受益于任何一项反贫困项目 .[6] 一项对 2012 年后的非洲发展银行和世界银行对 17 个国家援助项目的分析也“显示援助并没有垂青于最穷的人，相反，援助不成比例地流向了一国最富的人所在的区域”[7]，非洲的教育支出数据提供了一个清楚解释在多大程度上大额捐助花费和国家支出被用于富人：按照人口和健康报告（DHS）定义的健康指数，富人的孩子们（远比穷人的孩子）更容易获得高水平的教育，在撒哈拉以南非洲中只有十分之一的年轻人能获得高等教育，这其中几乎没有人是来自最穷的 10% 的家庭。在一些国家里穷人家的年轻人处境极为不

---

① Allison（2013）叙述了南非统计学家对批评的强力回应。

② Finn and Ranchhod（2017）.

③ Wittenberg（2017）.

④ Bamford et al.（2018：28）.

⑤ Dorrington and Bourne（2008）；Lodge（2015）.

⑥ Ravallion（2015：7，23）.

⑦ Briggs（2017：203）.

利，如在加纳，最富裕的10%家庭每获得100美元时最穷的10%家庭仅获得16美元，在马拉维最穷家庭所期望得到的还不到10美元。①

那些有着最极端偏向富人支出模式的国家在职业和高等教育支出上经常表现出同样的偏向富人的支出模式。目前，职业教育公共支出最极端偏向富人的国家是埃塞俄比亚。（如图8.2）

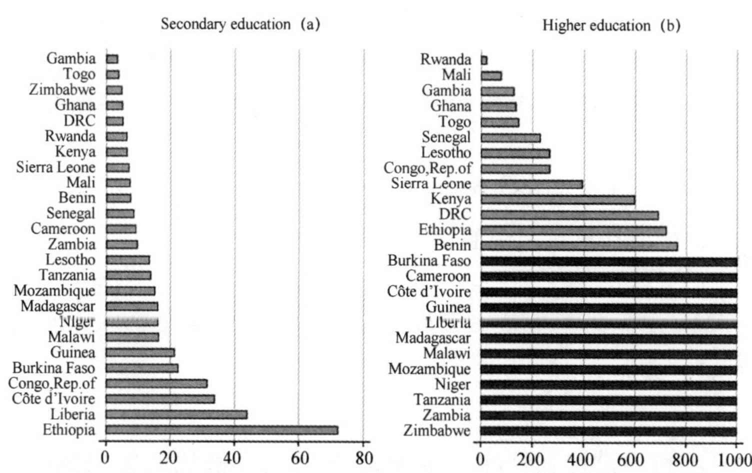

图8.2 在最穷和最富10%人群的公共支出比较，按教育水平划分，部分撒哈拉以南非洲国家

注：表（b）中深色横条表示最富：最穷比例超过1000的国家

资料来源：根据Ilie and Rose（2017）整理，以教科文组织统计研究所（UIS）和国土安全部的数据为基础。

目前，非洲的教育支出模式一般是在牺牲初级和职业教育部门支出的基础上（来支持）为高等教育庞大支出；这些（偏向富人的）支出配置在一些非洲国家比另一些有更明显的倒退。

到2018年，大多数非洲国家都出台了“保护和促进穷人和弱势群体”政策，但是，平均来说，“社会安全网”计划仅覆盖了总人口中的很小一部分。如，不到3%的人口参与了工务计划，大多数的安全网计划几乎没有覆盖非洲数量巨大的内部失业人口。相当大一部分安全网计

① Ilie and Rose（2018：637）.

划支出仅惠及 1/5 最富的人：马拉维的社会行动计划和加纳的“民生赋权反贫困”项目都是利益流向***最富***有 20% 家庭的很好例证。一份世界银行评估报告总结道，绝大多数非洲人并未有受益于社会安全网计划支出。①

埃塞俄比亚公共全网计划（PSNP）是南非以外的最大的计划，其效果已经多次评估，有几项评估结果还是相当积极。② 尽管埃塞俄比亚项目规模（不大），最底层 10% 的农村家户实际上在 2005—2011 年经受着消费下降——平均每年以对折价因子选择显著的不变价格将近 2%（的下降），而以对最贫穷份额很敏感的泰尔指数衡量的不平等则在 2000—2011 年间升高了。③

降低营养不良率的 PSNP 项目的受益人一直被集中在选定的区域（woredas），结果是意料之中的偏向型营养结果：

> 通过把一些项目从主要项目聚集的区域转到营养不良率高的下层区域，埃塞俄比亚营养不良率可能会被大幅降低。④

PSNP 项目的设计就排除了至少 52% 的埃塞俄比亚脆弱家庭。⑤ 计量经济证据显示主要的反贫困干预措施在家户饮食多样化或儿童各年龄身高方面***没有***效果。⑥ 或许是因为受益于埃塞俄比亚 PSNP 项目的（占埃塞俄比亚人口大约 10%）人***没有***按照最简单的人体测量规则或定量标准来选取。⑦ 被排除在 PSNP 计划之外的人是因为他们不支持政治精英，也因为“他们的标准是主观的，而且也不存在支持决策的家户数据”。⑧

当欠了政治任命他们领导人情的地方官员被要求发布稀缺资源时，

---

① Beegle, Coudouel & Monsalve（2018：73 –5）.

② 关于该评估报告中的案例可参见 Favara et al. （2019）及 Desalegn and Ali（2018）。

③ World Bank（2015：12 –14）.

④ Rajkumar et al. （2011：134）.

⑤ World Bank（2015：12, 49）.

⑥ Gebrehiwot and Castilla（2018）.

⑦ Sharp, Brown, and Teshome（2006：21）.

⑧ Cochrane and Tamiru（2016：657）；Roelen, Devereux, and Kebede（2017：22）. See also Elias et al. （2013：177）.

这类后果是可预测的。雷内・勒佛（René Lefort）所描述的政治命令决定着埃塞俄比亚农村资源分配，对七个***街坊自治联合会***（Kebeles）的人种学研究中的例证得出结论："社会保护计划是以消除反对和……确立现有精英的权力的方式进行的"①类似地，在乌干达，捐助者资助的"***如何选取***"反贫困项目受益者的技术报告被追求"***买选票庇护主义***"所取代。而在坦桑尼亚，首次展示旨在减低贫困的生产性社会安全网和早前捐助者资助计划都受到选举目的的篡改，也达到了增强执政党（CCM）的目的。②

有人认为，在津巴布韦农村，政府应该采取"极度稀缺和依靠国家农业投入和食物救济……创造对强化的政府忠诚，以维护政权存续"。③津巴布韦非洲国家协会（爱国阵线，ZANU-PF）的农村干部的食物分配模式的偏向一直是"自由裁量，选票至上和排他的"。④最近，埃默森穆南加格瓦率领的指挥农业计划向农村的军警官参政要员和重要政治人物划拨了资源。⑤总统和农业部长被认为"显示出愿意（滥）在津巴布韦用食物换取政治利益"。⑥

如果决策者和外国顾问忽视了用强烈冲突去维持政治权力的流行，和垄断了政府资源在农村的使用权，他们的减低贫困的政策干预建议就是不相干的。表面上分发的小农发展和食物分配反贫困物资都被老一套地转移——去补贴大农场的积累或者密友们的炫耀性消费。⑦例如，粮农组织（FAO）的政策建议不大可能惠及穷人，因为他们所以刻意避免讨论非洲实际情况，相反，FAO 诉诸需要"坚强政治责任"作为终结极端贫困的先决条件的陈词滥调。⑧罗马宣言，与惯例性的"极端贫困"货币政策措施（见 7.5 的批评）、捐助机构提出的日益复杂的多维度贫困指标一起，很容易被操纵或被非洲精英们忽略。

---

① Lefort（2012）；Cochrane and Tamiru（2016：655）.

② Hickey and Bukenya（2016：18）；Kjær and Joughin（2019）；Jacob and Pedersen（2018：23）.

③ Simpson and Hawkins（2018：338）.

④ Chinyoka（2017：17）；Marongwe（2012：144－5）；Munyani（2005：69－73）.

⑤ Simpson and Hawkins（2018：365）.

⑥ Cameron（2018：42）.

⑦ Jayne et al.（2018）；Sender（2016）.

⑧ De La O Campos et al.（2018：38）.

第四节 传统农村减贫策略

决策者们反复被建议要聚焦小农场主，不仅是因为他们据说有着更高的平均产出（每公顷），而且因为当小农产出增加时贫穷会降低的信念。①我们将在第九章讨论小农场主的产出；这里我们仅讨论减贫***机制问题***。

约翰·梅勒（John Mellor），国际食品政策研究院创始人和第一任所院长，及美国国际发展机构首席经济学家，他认为1961年以来，小农场产出的增加"是因农业可观的劳动密集性与非农场经济的联系带来了快速、公平、地理上分散的增长"。农村的非农场部门是无地或半无地穷人的主要收入来源，并且这一部门的机会与小农收入增长率是正相关的，因为"小农场主把所增加收入的一大部分花费在……农村非农部门的劳动密集，非贸易品和服务上"。相反，按照这一观点农村消费与大农场主产出和收入增加的关系就微弱的多；这些农场主有着"城市导向"消费模式。②

任何在非洲农村呆过的人人都会同意，很多穷人确实依靠耕作以外的活动为生，尽管最穷的人却是在农场干一些零工而不是在***非农***经济部门工作。但是，贸易、村镇中心和农业镇经常为贫穷的农村妇女和男子提供兼职或非熟练的非农就业机会。这包括很多低工资就业就会：在建筑业和运输业，食品加工和包装、木工、酿酒、美发、性服务、保安工作，当然也包括私人家庭服务工作。在一些农村，这类当地就业机会增长的主要动力可能是，如梅勒和很多人揭示的，分散的小农场主在农业收入的增加。但是在其他地区，完全不同的机制却更重要，也对穷人有着更好的结果。

例如，当用公共支出修建一个地区医院，一个诊所、一个师范学院或者新的灌溉设施，这就会在这些机构增加领薪水的干部，和更多数量的被雇为清洁工、保安的就业，进而带来对当地工资性商品和服务需求的新水平突破。结果可能是，对农村非熟练劳动力如在建筑业和农业部

---

① Hazell（2013：20）.

② Mellor and Malik（2017：2－3）. 在埃塞俄比亚的一个模型中，甚至假设这些大型农场增产所产生的所有额外收入都用于城市商品、进口、储蓄或汇到国外（Dorosh and Mellor，2014：429）。

门的升高的竞争，和紧张的劳动力市场，会导致季节性农业工资的上升和农村贫困的下降。在农村的公共支出投资，紧张的劳动力市场，农业工资的上升之间的联系在印度农村得到了很好地证明。[①] 在其他农村地区，当有大规模农业商业投资，产生一批正式非农非熟练劳动力，他们会激发令人惊奇的一大批非农就业，这种动力会出现。这恰恰就是济瓦依（Ziway）所发生的，这个埃塞俄比亚小镇自2001年以来就在几个大型花卉和酿酒企业周围快速增长。[②] 图8.3显示了这一增长，从图的右下角可以看到2018年以前该地区大幅扩张被温室所覆盖；原来（黑色）区域已经被西面和北面新建住宅矮化的程度是显而易见的。谷歌彩色卫星图片更清晰地显示了2001年济瓦依先前的建筑物密度，每一块可用的土地都转化为向外来打工者提供住房。

这类降低贫困的动力机制还与其他的例子。在塞内加尔北部，这里从2003年以来修建了5个大型农业庄园，庄园雇工的工资就快速增长。[③] 在坦桑尼亚，几个新兴城市中心（EUCs）变成了“农村移民中心”，经常为提供庄园经理和工人们提供各式各样的服务。1990年代，当领薪水的人口增加了，入学、健康、金融服务就改善了——而且为附近和远处的非熟练移民的非农业就业机会也就增多了。[④]

依照传统理论，增加***所有***小农场产出的策略会产生为更穷的人带来新的付薪就业机会的结果，因为受益人不仅需要在收获季雇佣额外的季节性劳力，而且他们会用他们增加的收入消费额外的农村生产的劳动力密集型商品和服务。但是我们不太相信这种间接机制的强度和减低贫困的可能的影响。虽然一些农场主确实会增加对商品和服务的消费，但只有一小部分有能力雇佣更多的劳动投入。农业规模相对较大的人脉广泛的个人将占消费的增长源于国家和非政府性组织（非政府组织）干预。[⑤] 这些个人也可能在购买所有雇工日中占很大比例：例如在坦桑尼亚，占百分比最大的小农场主更可能比百分比最小的小农场主雇佣劳动力；拥

① Sen and Ghosh（1993）．后期研究参见 Himanshu and Kundu（2016）。

② Crame，Di John，and Sender（2018）．

③ Van den Broeck and Maertens（2017）．

④ Lazaro et al.（2017：24）．

⑤ Cramer et al.（2014a）；Ragasa，Mazunda，and Kadzamira（2016：22）；Gray，Dowd-Uribe，and Kaminski（2018）．

有更大片水浇蔬菜的农场主比缺少水浇地的雇佣更多劳动力。[①] 在雇主是当地劳动力市场垄断者的地方，（雇工的）谈判力和付给农业从业者的日工资率可以是很低的。[②]

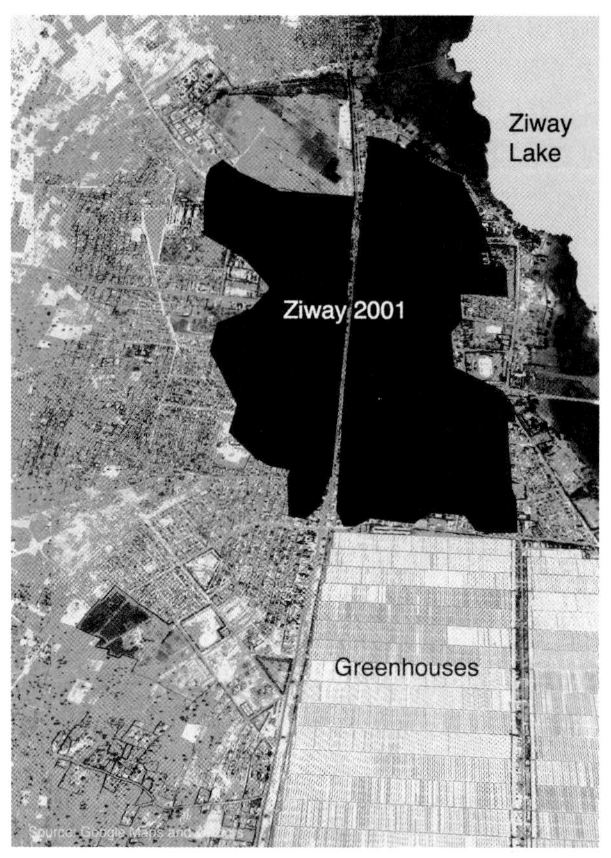

图 8.3　绘制 Ziway 的农业综合企业和工人住宿图，2001

如果相反，工人们能在更大规模的农场找到工作，他们会降低在旺季之外找不到工作的风险，如过去 30 年我们在在埃塞俄比亚、津巴布韦、南非和乌干达的调查结果显示的，他们一般会获得比在小规模农场

---

① Wineman and Jayne（2018：24）；Benali，Brümmer，and Afari-Sefa（2018：table 5）.

② Bardhan and Rudra（1980a，1980b）.

工作时的工资高，工作条件好。[①] 在非洲，农业经济学家和捐助者很少讨论和提倡旨在提高农村从业人员年平均工资——而不是提高“小”生产者利润的政策倡议。把监控农业工人实际工资作为贫困的趋势指标的需要几乎没被认可。

没有任何先验的理由可以假定，农村工资工人的支出所产生的非农业联系，特别是如果他们得到较好的工资，与靠种植少量作物勉强生存的微型农民所产生的联系相比，减少贫困的作用将会***更弱***、更少。相反，我们有充分的证据表明，即使是非洲最贫穷的农业临时工，其目标也是购买一些当地生产的消费品，如新衣服、桌子、床或橱柜。[②]

认为减少贫困的联系***只能***来自小型农场发展的假设也是不能令人信服的，因为它严重依赖于“小型”的奇怪而难以捉摸的定义。关于非洲农场规模分布的现有数据是不一致和不可靠的，但在许多国家，每户经营的农场面积中值可能低于 1 公顷。[③] 所以很奇怪，梅勒和他的同事们认为一些农民种植 75 公顷小。在非洲，他们选择将所有家庭农场（即“商业”和“中间”农民，他们有可靠的水源）的分布的高端定义为“小”。例如，在埃塞俄比亚，这些作者采用了一个特殊的“小”类别，其中包括种植了多达 33 公顷农田的农民。[④] 在吹嘘支持小农户的旗舰政策是优惠的时候，这些古怪的定义是有用的。[⑤] 但这是虚伪的，对政策官员极其无益。

第五节　减贫的迷雾：如何不关注最穷的人

安格斯·迪顿（Angus Deaton）认为，“黄金标准”——世界银行（World Bank）衡量贫困的核心指标——“本质上是不可靠的”。[⑥] 他指出继续很难解释措施之间的巨大差异的消费从国民收入来源于家庭调查

---

① Cramer et al.（20167）.

② Sender，Cramer，and Oya（2018：597）.

③ Lowder et al.（2016：14）.

④ 关于巴基斯坦的调查参见 Mellor and Malik（2017：3）；关于埃塞俄比亚的调查参见 Dorosh and Mellor（2013：423）。

⑤ Hazell（2019：150）.

⑥ 迪顿还反对另外一种“黄金标准”，即随机控制试验能够得出有效的解决方案。Deaton and Cartwright（2018：2）认为随控制试的任何特殊地位都是没有证据的。

和统计数据。他还认为，传统评估贫困的方法被“技术上的迷雾所笼罩。[①] 我们将努力消除这迷雾在我们讨论最广泛使用的常规方法。

判别穷人的“传统基础”，即“核心指标”或“黄金标准”，是指在住户调查中收集到的有关每个家庭成员消费的详细信息，特别是生活水平衡量调查（LSMS）。基于这些昂贵的、相当不可靠的、经常是过时的信息，每个没有达到每天最低消费水平（分界线）的家庭都被定义为“贫困”。如果一个人的日常消费支出低于国际贫困线（世界银行设定的2011年购买力平价（PPP）为1.90美元）的下限，他们就会遭受“极度贫困”（见图8.1）。

用官方汇率来比较各国之间的生活水平，尤其是低收入国家和经合组织（OECD）国家之间的生活水平，被认为不是一个好主意。以官方汇率为例，1美元在达累斯萨拉姆通常可以买到比在纽约多得多的商品和服务，包括数杯茶和数次理发。更“正确”的汇率将使1美元的价值保持不变，即在低收入国家和经合组织成员国拥有相同的购买力。购买力平价汇率是在这个意义上对“正确”汇率的估计，而这一估计需要收集世界各地数百万种可比商品的价格。在购买力平价汇率两端可能存在25%的误差。[②]

选择1.90美元贫困线（最初是“每天1美元”）的方法和国家的组合，似乎受到了世行自身公共关系要求的强烈影响，以及希望与先前估计数字保持一致的愿望，而不是通过考察穷人的生活经历。目前国际贫困线的早期版本略低于1.90美元，但世界银行决定将这个数字四舍五入。[③] 安格斯·迪顿（Angus Deaton）标注的日常支出的水平被选为贫困线以下截止的“悲惨的微薄”，而让·德雷兹（Jean Dreze）指出的，例如（甚至高于贫困线）一个“非贫困”人每月花在健康上的支出将几乎不能买得起一片阿司匹林；他们每月的总支出不可能“满足体面生活的要求”。[④] 有人指出，任意选择的低贫困线，是受到了点赞政府和国际机构对实现一个令人印象深刻的减少贫困的成功渴望的影响。[⑤]

在撒哈拉以南非洲，2015年有很大比例的人口（41%）的消费水平低于这一分界线，而世界银行将所有这些人定义为生活在极端贫困中。

---

① Deaton（2016：1223）. Drèze and Deaton（2017：66）.

② Deaton（2013：228）.

③ Ferreira et al.（2016：161）.

④ Deaton（2013：223）；Drèze（2019：55）；https：//www.youtube.com/watch？v=zfxH6qL9_ik.

⑤ Edward and Sumner（2016：10）.

在撒哈拉以南的 11 个非洲国家，“超过一半的人口生活在极度贫困中”。[①] 根据最新的估计（2016 年），有不少于 86% 的南苏丹的农村人口，生活在极度贫困。[②] 大部分非洲家庭消费水平仅略高于或低于国际贫困线水平。[③] 有个启示就是，宾夕法尼亚州一个经济学家运用购买力平价率的重新计算，或在华盛顿的一个很小的提高/降低贫困线的提议会立刻使数以百万计的非洲人会立即转变成或摆脱贫困。例如，一个国际购买力平价贫困线（从 1.90 美元到 2.00 美元）的微小增加会使极端贫困的人数将增加 1 亿人。[④]

世界银行（World Bank）认为，“2015 年，全球一半以上的贫困人口居住在撒哈拉以南非洲”，并预测，到 2030 年，全球大约 87% 的贫困人口将居住在撒哈拉以南非洲。[⑤] 但撒哈拉以南非洲国家（相对于南亚）所占全球贫困的比例是取决于世界银行有问题的设置相对较低的国际贫困线决定的。那些刚刚生活在这条线之上的人现在是否真的“不贫穷”，取决于我们是否接受这样一个事实：当一个人的消费水平如此之低时，他是否可以体面生活。政策制定者还应意识到，当家庭调查问卷或调查方法在不同时期发生变化时，以及当现有的消费者价格指数不能准确反映出不断变化的极贫困家庭消费篮子时，减贫趋势很容易被夸大。例如，由于这两个原因，乌干达的减贫被夸大了；卢旺达的减贫也被通过操纵消费者价格指数而夸大了。[⑥]

对贫困趋势的任何乐观评估也取决于我们是否接受这样一种说法，即家庭调查可靠地反映了处于分配末端的个人的消费，例如，建筑移徙工人、棚户区居民和农业雇佣劳工的消费很低。撇开这些处在消费末端个人的问题，甚至包括正式“贫穷”个人并没有享受到，体现在撒哈拉以南非洲地区作为一个整体的总趋势消费收益：在大约南非 2010 年和 2015 年之间“穷人”消费负的增长率，和在大约同一时期的乌干达、赞比亚、加纳、尼日尔，在卢旺达和埃塞俄比亚几乎没有出现过正的（消

① World Bank（2018：27）.

② Pape and Parisotto（2019：3）.

③ World Bank（2018：75）.

④ Aguilar and Sumner（2019：2）.

⑤ World Bank（2018：4）.

⑥ Daniels and Minot（2014）；ROAPE（2018）.

费增长率)。[①] 因此，目前的国民收入中穷人所占的份额微不足道就不足为奇了。关于最贫穷者收入份额（定义为图 8.4 中最低的 20%）的最新分类数据显示，非洲国家之间差异很大，而且最贫穷的 20% 的收入份额**总是**不成比例地小，在一些国家，这一比例低于 10%。

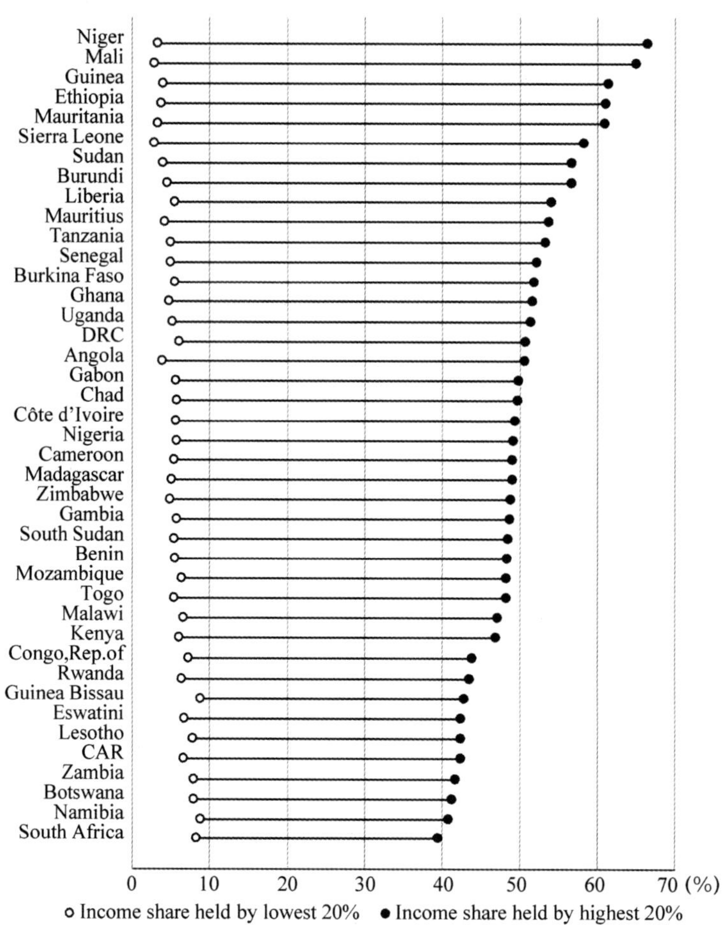

图 8.4 撒哈拉以南非洲收入不平等（最低和最高 20% 人权所占比重）

资料来源：世界银行 PovCalnet（2019）.

① http：//iresearch. worldbank. org/PovcalNet/povOnDemand. aspx；see also Clementi，Fabiani，and Molini（2019）.

第六节 “黄金标准”的替代选项?

我们讨论了利用常规人均消费和分界线来分析贫困的一些问题。许多发展经济学家都意识到，LSMS 数据在非洲存在这些（或其他）困难。尽管如此，当经济学家建议政策制定者如何选择识别穷人的“最佳”方法时，唯一的选择标准仍然是预测家庭人均支出的准确性。[①] 决策者没有必要接受这个定义的“最佳”指标：他们可以改用完善的贫困和社会经济地位的替代指标，比如基于国土安全部数据的财富或资产指数。

在非洲，资产指数已被相当成功地用于识别包含受教育程度较低的人比其他家庭有更多的健康问题、更高的生育率和更大的儿童发育不良风险的农村家庭。[②] 政策制定者还可以在他们这里获得其它益处：这些益处通常是由几个二分法构建的资产所有权和住房特征指标（住房特征指标包括，如：房子里有/无收音机、环境卫生状况是否得到了有效改善、地板上是否布满了尘土或者是肮脏的动物粪便）。对这些问题的回答不需要受访者做出脱离实际的回忆，而且收集起来更便宜、更快，而且可能比 LSMS 中大量关于过去和当前支出的问题的测量误差更小。（在乌干达和坦桑尼亚 LSMS 的成本大约每家庭调查 400 美元。）[③]

在回答有关家具（例如床）的无生命物品所有权的问题时，计数员可以在视觉上证实回答的准确性。但是，对非洲农村其他关键资产——拥有的鸡和动物的数量——的回答总是很不可靠。[④] 当试图构建这些资产指数时，人们还面临着其他重要问题：如果目标是使用资产指数代表财富，研究人员必须使用折旧值或做出任意如何计量不同的资产的选择；但在贫困的农村地区，估计折旧的相关时间序列价格不太可能获得。此

① Ngo and Christiaensen（2018）.

② Stifel et al.（2018）.

③ Kilic et al.（2017：21）.

④ Lesnoff（2015）；Himelein，Eckman，and Murray（2014）.

外，质量的差异总是难以解释：可能明显的是，对所有计数员来说，非洲最常见的手机（Tecno T201—价值约 15 美元）与苹果手机是不一样的，但不太明显的是，例如，一个厨具的质量远远低于另一个自制厨具，或者获得卫生条件的质量的巨大差异，那些能用上 24/7 自来水的人和只有断断续续供水的人之间的卫生条件差别。① 同时，在坦桑尼亚就有农村资产的巨大季节性价格变化的记录，例如，干季自行车的价格相对于湿季可以增加一倍以上。②

在关于农村贫困的公开研究中，关于如何证明选择特定项目纳入资产指数的合理性以及如何对这些项目进行加权的理论和实践问题常常被回避。大多数研究都满足于遵循早期社会科学家建立的惯例和程序。研究人员承认，几乎没有基础理论支持在使用统计过程中包含变量的选择——如国土安全部使用的主成分分析（PCA）法。③

此外，社会经济地位的未加权指数已被发现在确定社会经济地位较低的农村家户方面的表现，往往与使用主成分分析估计权重的指数不相上下。④ 因为许多政策制定者可能不倾向于解释所使用权重的意义或质疑该参数包括一个资产，而不是另一个资产，PCA（和其他统计技术等多个对应分析）似乎只是借给传统政策处方一个虚假的科学、精确量化的光环而已。⑤

如今，非洲的政策制定者们正面临着一大堆令人眼花缭乱的，明确或模糊加权指数大杂烩以及晦涩难懂的贫困定义。除了资产/财富指数和货币“黄金标准”措施，混合各种新***非货币性***指标自助贫困已经添加到清单上，包括指数，如勇敢尝试量化水平“授权决策”的相对自治指（RAI），提供了一个直接衡量女性动机自主权。另一个不那么流行的非货币指数，滑稽地宣称跟踪公共机构的管理质量的——总厕所指数。⑥

---

① https：//humantechlab. org/2019/01/10/which-chinese-phone-giant-dominates-sales-in-africa-against-apple/；Gulyani，Rizvi，and Talukdar（2019）.

② Kaiser，Hruschka，and Hadley（2017：2）.

③ Tusting et al.（2016：651）；Ngo and Christiaensen（2018：12）；Rich，Desmond，and Makusha（2019：494）.

④ Sender，Cramer，and Oya（2018）；Liu，Esteve，and Treviño（2017）；Kabudula et al.（2017）. 当然，并没有所谓的未加权指数，它只是意味着指数的组成部分被赋予相等的权重。

⑤ Vollmer and Alkire（2018）概述了一些统计方法。

⑥ Vaz，Pratley，and Alkire（2016）；Mahajan（2014）.

一些贫困专家混合和匹配使用这些新的指标，结合越来越时尚的多维贫困指数（或其他“混搭指数”的报告，例如，女性的比例“缺失了至少三个维度”，或儿童的比例缺失三到六个维度。[①]

多维贫困指数的一个显著特征是，不能包括任何从根本上很重要的决定生活水平的指标——如农村儿童和成人的生活，也就是说，他们的工资和工作条件，或者关于儿童的少女怀孕情况。[②] 在2018年的多维贫困指数指标中，世界银行努力解释其不包含任何雇佣指标，但引用相关性和数据质量的意识形态不一致和毫无根据的观点：

> 就业不是这里提出的多维贫困衡量的一部分，原因有二。首先，许多高收入国家经常使用的就业指标，如……付薪就业，由于劳动力市场结构非常不同，在低收入国家不那么相关。第二，不管就业相关指标存在与否，这些指标的不可获得或不能充分协调到这里所涉及的不同调查报告中去。[③]

自2009年以来，世界银行推广了一个对机会不平等敏感的发展指数，也就是说，该指数可以考虑到女性平均受教育机会或孕产妇健康服务在非洲已经改善这样的事实，一些（农村）妇女没能很大程度上受益于扩大医保覆盖范围。但是，这种人类机会指数（HOI）与联合国开发计划署（UNDP）的人类发展指数（HDI）高度和显著相关；世界银行的多维贫困指数得出的全球贫困状况与以1.90美元的贫困线标准为基础的货币“黄金标准”类似。[④] 我们的结论是，许多新近推出越来越多的贫困指数是多余的——他们似乎满足了非政府组织对非货币性的、更多的“人类”的发展措施的需要，但他们没能让我们更靠近识别现实经济生活最贫穷的人，他们也不能帮助政策制定者增强对这些穷人的关注。

---

① Ravallion (2012); Beegle et al. (2016: 108).

② Alkire et al. (2017: table 1).

③ World Bank (2018: 94).

④ Brunori, Ferreira, and Peragine (2013: 17); Aguilar and Sumner (2019: 22).

第七节　最脆弱的人们："常识"和没有争议的程式化事实

尼古拉斯·卡尔多（Nicholas Kaldor）用程式化的事实来批评新古典主义经济学家发表的理论和解释；他认为他们犯了这样一种错误，即他们所提出的理论所基于的假设甚至都是不完全正确的，因此不能作为解释或政策分析的理由。[①] 类似的东西对贫困和当代非洲经济发展的经济分析有很大的影响。大多数经济学家都同意关于非洲贫困的几个传统观点。在这一节中，我们首先列出并质疑这三个流行的关于贫困的传统命题的相关政策。然后，我们介绍了一系列关于贫困的程式化事实，这些事实没有争议，更不可能误导政策制定者。最后，我们介绍了一个特定的程式化的事实，它常常被忽视或因为它与理解贫困的总体趋势或制定政策无关而被放弃，但我们认为它是问题的核心。

第一个传统智慧：贫困在农村

在大多数非洲国家，大多数穷人生活在农村而不是城市地区。贫困的定义方式几乎没有什么不同——用货币指标、资产指数、人体测量值分割线，或者多种测量指标的组合：农村主导着贫困状况。2010 年代，生活在农村地区的贫困人口比例大约比生活在城市地区的贫困人口比例高 3 倍。[②] 在一些国家，总人口的三分之二的撒哈拉沙漠以南的非洲生活在农村地区，例如，布隆迪、乌干达、马拉维、尼日尔、南苏丹和埃塞俄比亚，超过 80%。

但这无助于政策制定者设计非常精确或有效的干预政策。[③] 地理上的策略定义声称有益于"农村"的家户，在本章第二节政治经济原因已讨论过，将可能排除最贫穷的家庭。此外，在非洲迅速分化的农村中，

---

① Lawson（1989：76）.

② Beegle et al.（2016：10）；De La O Campos et al.（2018：9）.

③ Aguilar and Sumner（2019：table 5）；World Bank（2018：table 4C. 1）.

越来越多的农村家庭并不贫穷；他们经营中、大规模的资本主义企业。①

简单的城乡分布在政策上的相关性还受到另一个原因的怀疑：在非洲，农村和城市之间的界限正在非常迅速地转移，而且经常受到质疑。② 当他们住在一个城市过时和任意划定的行政边界之外，许多***非贫困***家庭是被错误地分类为“农村”。③ 如仔细检查，他们主要从事城市职业和已经很好地融入城市经济活动，包括，在某些情况下（从事）房地产投机。如果相对富裕的城市居民能够谎称自己生活在拥有土地权利的“农村”家庭中，那么相对贫困的农村居民可能会再次排在分配宝贵资源的队伍的最后。

与贫困人口的比例一样，一些国家的城乡人均消费差距要比其他国家大得多。例如，农业综合调查（LSMS-ISA）表明，坦桑尼亚城市的人均消费水平比坦桑尼亚农村高 2.2 倍，而乌干达的城市人均消费水平是农村的 3.3 倍。④ 非货币性的贫困指标还可以提供国家间城乡福利差距证据. 例如，在塞拉利昂农村 5 岁以下儿童死亡率（U5MR）非常高，城市死亡率不是低得多；但在尼日利亚，城市人口出生率远低于农村人口出生率；在肯尼亚，城乡差距已经消失，城市的 U5MR 实际上高于农村的比率。⑤ 虽然这些变化非常重要，23 个非洲国家的平均数据可以用来说明农村的一般缺点（图 8.5）。这一数字突出了，特别是在接受适当教育和产前保健的能力方面，农村妇女面临的巨大劣势。

地理上的不平等只是用来调查生活水平差异和设计政策的不平等的***一种***形式，但通常的常识是把重点放在地理和行政单位上，而不是放在政治经济和阶级分析上。普遍接受的看法是，贫穷指标的地理制图可以对减少贫穷战略的设计作出重大贡献。⑥ 但有充分的证据表明 U5MR 的模式，以及其它健康风险指标，***无法***解释是住在农村或城市。相反，城市健康优势的大部分（如果不是全部的话）可以用家庭财富和母亲教育

① Jayne et al.（2016）; Lay, Nolte, and Sipangule（2018）; Whitfield（2017）; Greco（2015）; Schaefer（2016）.

② Pincus and Sender（2008）.

③ Van Noorloos and Kloosterboer（2018）.

④ De Magalhães and Santaeulàlia-Llopis（2018: table 2）.

⑤ Beatriz et al.（2018: table 1）.

⑥ Marivoet, Ulimwengu, and Sedano（2019）; Oxford Poverty and Human Development Initiative（2018: 71）; Alkire（2018: 11）.

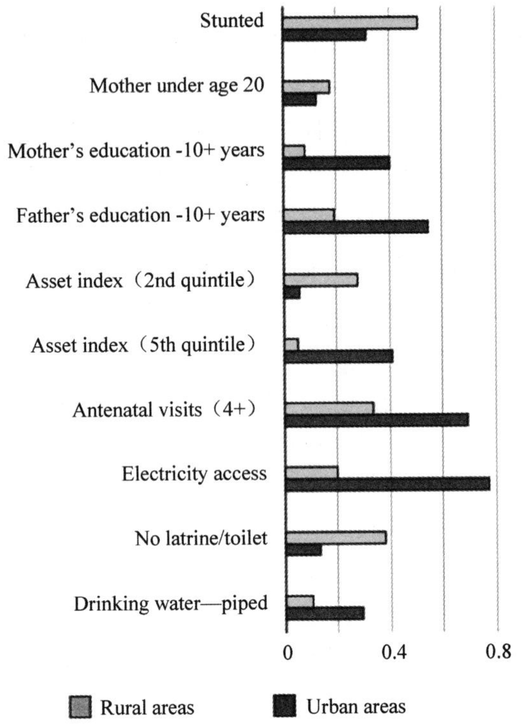

图 8.5 城乡不平等：部分变量均值比较（23 个撒哈拉以南非洲国家）

资料来源：Stifel et al.（2018）.

等社会经济因素来解释。① 例如城市化似乎与儿童营养状况和饮食***没有***直接和正向的联系。当将社会经济控制引入线性概率回归时，结果表明城乡儿童营养差距并**不**显著；而不是地理因素，“农村人口的关键营养劣势主要源于社会和经济贫困”。②

有影响力的民粹主义者几十年来一直声称，如果重新平衡干预措施，使之有利于农村地区而非城市地区，那么穷人将会受益，但政策制定者面临着一项更困难的任务——减少农村和城市地区***内***生活水平方面不可接受的差异。③ 笼统的宣称非洲大多数穷人很年轻对政策制定者来说也

① Beatriz et al.（2018）.

② Stifel et al.（2018）.

③ Bates（1980）和 Lipton（2012b）是研究减少“城市偏见”运动的专家。

不是非常有用（或意料之外）；从定义上说这也是正确的，因为儿童和青年占非洲总人口的比例如此之高（约60%）。[①] 霰弹枪瞄准“用枪瞄准穷人”式的把穷人看作“青年”引发了在高等教育和培训支出的大幅增加，虽然声称偏向穷人，但主要受益的是富裕孩子的父母，而最贫穷的年轻人却很少收益。它还受到供应学派迷思的驱动，即更多的教育投入将整齐划一地带来更多的增长和就业，这是另一个与证据相矛盾的传统智慧。

传统观念二：最贫穷的人住在大家庭里

有一个悠久的传统，强调贫穷妇女过度生育的负面社会后果；这些观点往往助长了倒退的政策干预和道德恐慌。[②] 在英国19世纪结束的时候，一位伦敦经济学院的创始人相信，因为移民天主教徒和犹太人不负责任的劣质“无价值的和不负责任的繁殖”，孩子们生活在大型家庭有着贫困的风险。[③] 事实上，在19世纪，最穷的10%的家户——乞丐和流浪汉——生活在非常小的家庭。非熟练工人生活在比富人小得多的家庭。[④]

在非洲，人们通常认为较大的家庭更容易陷入贫困。例如，一项基于LSMSs的乌干达贫困分析得出结论：“长期贫困人口拥有相对较大的家庭……那些从未贫穷过的人有小的家庭。”[⑤] 但认为大家庭更可能比其他家庭可能是穷人的观点有点同义反复倾向。

家庭被定义为贫困，因为家庭***人均支出***/消费低于临界水平。如果分母（即家庭的规模）很大，那么较大的家庭中贫困发生率较高的算术结果就不足为奇了。它还可以从算术上得出，如果由于新生儿死亡等原因而使分母变小一点，就可以立即使***人均***家庭支出超过贫困线。

一个家庭是否被划分为贫困家庭，明显受到家庭成员数的准确性和

---

① United Nations (2017: 10).

② Shepard (2007).

③ Cited in Aldrich (2019: 19).

④ Schürer et al. (2018: table 9).

⑤ Van Campenhout, Sekabira and Aduayom (2016: 150)；关于埃塞俄比亚的类似观点参见Abebaw and Admassie (2013: 127)；一般可参见Beegle, Coudouel, and Monsalve (2018: 50)；还可参见Beegle et al. (2016: 130) and World Bank (2018: 38)。

计算方法的影响，即调查估计值的分母大小。问题是，在许多非洲国家，这些估计是不可靠的。他们仍然依赖于对“家庭”及其“居民”先验的、标准化的、狭隘的和不恰当的定义，尽管几十年来强烈的批评表明，在研究非洲农村时使用传统的（居住的）家庭定义是困难的。[①] 毫无相干的调查计数员应如何划定家庭的边界和计数员访问模式，这可能需要：“很少有人注意到的问题是这些调查中‘家庭’是什么意思，它是如何定义的数据收集目的，定义结果的分析与解释意味着什么。”[②] 此外，“发现家里没有人的概率在一个人家庭是大于多人家庭。在调查中小的家庭因此可能被少计了。”[③]

虽然根据家庭支出数据，贫穷往往与大家庭联系在一起，但在使用财富指数分析贫穷时，得出的结论却大不相同。例如，国土安全部的调查数据显示，2011 年，较贫穷的五分之一国家（而非支出）的家庭规模小于较富裕的五分之一国家（乌干达和埃塞俄比亚）。在南非，英国的家庭贫困人口不会明显大于其他家庭，如果贫穷是定义一个资产指数而不是人均支出。[④]

历史上的观点支持这样一种观点，即非常小的家庭面临更大的风险。非洲最著名的贫困问题历史学家指出：“在非洲的几种语言中，‘贫穷’这个词很常见……暗示着亲人和朋友的缺乏，而虚弱的家庭，失去了强壮的男性劳动力，可能是整个非洲可恢复的历史中最常见的贫困来源。”[⑤] 对于一些非常小的家庭来说，支持成功农业是不可能的直觉的调查证据自埃塞俄比亚、加纳、南非和其他地方：作物生产的挑战可能是不可逾越的，小的家庭缺乏与成年男性足够密切的联系，或需要获得土

---

① Guyer and Peters（1987）；O'Laughlin（1995）；Adato，Lund，and Mhlongo（2007）；Akresh and Edmonds（2010）；Cramer et al. （2014b：178 –9）.

② Randall，Coast，and Leone（2011：217）. 预测维多利亚时代英国的家庭规模也很困难，因为人口普查人员的指令发生了变化（Schürer et al.，2018：tables 1 and 3）。

③ Hoogeveen and Schipper（2006：77 –8）. 贫穷的寡妇也可能代表性不足（Randall and Coast，2016：150）。

④ Rich，Desmond，and Makusha（2018：8）. 在越南，Dinh Vu Trang Ngan，Pincus，和 Sender 对 LSMS 将贫困与大家庭联系起来的结果进行了详细的批评（2012）。

⑤ Iliffe（19877，238）. 工业革命期间，英国穷人的家庭比其他社会阶层小得多（Allen，2019：92）。

地，农业投入，季节性信贷和某些类型的劳动力的当地网络关系。[①] 这些困难的一个含义是艾利夫（Iliffe）很多年前指出的，但仍然没有获得足够重视，也就是说，在这些小而非常贫穷的家庭的主要或最可靠的收入来源可能是临时雇佣劳动邻里，更大的家庭。

传统观念三：女性为户主的家庭是最贫穷的

在联合国机构中，继续着重于家庭之间的比较，特别是男、女为户主之间的家户的比较。如何定义“女性领导”这个棘手的问题常常被忽视。[②] 世界银行出版物还继续说，“在几个国家里，更大份额的多维贫困人口生活……在女性为户主家庭”。尽管一些经济学家承认，以男性或女性做主的家庭作为分类是“不是很有用”。[③]

在撒哈拉以南的非洲地区（以及其他地区），人们曾多次尝试将贫困与“女性户主”或“女性农场经理”联系起来，但通常都得出模棱两可的结论。[④] 一个原因是，像农村的家庭，女户主家庭是非常混杂的。受过高等教育的女性在职业生涯中可以选择花一些时间在自己平静的农场里独自抚养孩子们；她的丈夫可能很少会离开他在城市的高薪工作去看望她，但他每月都会给她寄一大笔钱。这个妇女所享有的田园生活水平，很难同没有土地的寡妇或离婚者在没有任何成年男子支持的情况下在农村地区养育子女和孙辈的生存斗争相比。这两类女人之间的鸿沟被联合国妇女署的关键文件所掩盖，而“对妇女之间的差异缺乏考虑是一个反复出现的主题”。[⑤]

一个问题是，“如果通常的男性户主是在外地工作的移民，那么这个家庭可能会报告为一位女性户主，在这种情况下，这个家庭可能会从汇款中受益，从而降低他们变穷的可能性。”[⑥] 更普遍的是，我们已经指出，绝大多数调查员在确定“家庭”户主（或列出所有批准的“成员”）

---

① Siyoum（2012：50ff.）；Skalidou（2018：table 9）；Palmer and Sender（2006）.

② Bradshaw，Chant，adn Linneker（2017：16）.

③ World Bank（2018：109）；Boude et al（2018：4）. 非洲非政府组织的非洲领导人普遍认同一个家庭应由女性当家（ACPF，2019：33）。

④ Milazzo and Van de Walle（2015）；Liu，Esteve，and Trevino（2017）；Djjurfeldt，Dzanku，and Isinika（2018）；Fransman and Yu（2019）.

⑤ Bradshaw Chant，and Linneker（2017：13）.

⑥ Castenada et al.（2018：257）.

不区分简单的打勾规则和当地社会规范。如果调查员得到充分的训练和监督，以便收集***所有***必要的数据，以了解非洲农村居住安排的流动性以及劳动力流动和汇款在生育战略中的作用，那么**个人**（以及家庭）所面临的性别化劣势就可以得到强调。2018 年的一项建议是，贫困分析人士应该放弃以“家长”和性别对家庭进行简单分类的做法，转而采用一系列新的家庭类型，例如“多名成年人，只有女性带着孩子”，这或许是朝着正确方向迈出的一步。[①] 但是，受访者枚举***所有***家庭成员（目前居民或非居民）和它们之间的经济关系的调查仍然有困难。

（存在，译者加）家庭佣人和其他女性（和男性）移民工人将他们的部分工资收入汇给农村的其他个人（的情形，译者加）。不幸的是，传统调查中没有记录关于汇款工人的任何信息。这种信息上的差距使人们很难理解最贫困的农村家庭实际上是如何支付儿童的学费和食品费用的；性别和权力的代际传递以及劳动力市场的不平等在农村的黑盒子“家庭”中被掩盖了，特别是，和通常的情况一样，如果“非居民”的教育水平和性别没有被记录。

在我们自己的调查中，我们既试图克服这些困难，又试图分析非洲农村贫困的性别经验——而没有尝试去确定“户主”。我们的方法创新已经在其他地方详细讨论过了。[②] 我们研究的广泛目的是收集脆弱工资工人数据，尤其是女职工从事城市中心以外的季节性、临时性低薪工作。我们认识到，这些人中的许多人往往***不是***家庭中的“居民”。他们长期生活和工作在流动工作营地，建筑工地，和非法棚户区，或者他们在收获季节能得到一些空间居住，在他们的工作场所或工作时佣人：他们是“***没有住所的人***”。[③]

由于有关更多的个人的资料比通常记录在 DHS 或 LSMS 家庭名册上的资料更多，我们有了这些资料，以便对男女个人之间经济流动的性质和影响有更清楚的了解，不论他们目前在何处。如果所有上榜的成年人中超过 75% 是女性，那么我们将这些家族称为“女性主导”；这些家庭

---

① Boudet et al.（2018：25ff）.

② Cramer et al.（2014b）.

③ Breman（2010：135）.

比其他家庭更有可能极度贫困。[①] 拟议中的“女性主导”的定义以及如何衡量“极端”贫困——一个简单的指数不需要任何技术上复杂的加权，烟雾或镜子。我们使用一个透明的、易于构造的、直观的、有吸引力的指数。

第八节　选择带有极端贫困指数的典型事实

我们遇到的一些农村妇女让人难以忘怀，尤其是当谈话的时她们满是尴尬的表情，她们甚至不能给我们提供一个坐的地方，——甚至连最简单的凳子或椅子都没有。她们住在光秃秃的房间里。这些妇女帮助我们认识到，拥有一些消费品可以使农村生活的质量得到巨大的绝对改善。没有可靠的电力供应，火炬使夜晚更安全；睡在泥地上不能和睡在床上相比；一台收音机和一部手机可以扩展知识的视野，降低隔绝感，甚至有助于寻找临时的带薪工作。如果受访者拥有“令人尊敬的”或“带来声望的”消费品（如沙发），他们或许也能以不那么明显的方式获益。当然，我们采访过的南部和东部非洲贫穷农村地区的妇女都很清楚这些好处，我们的调查确实显示，拥有这种消费品是相当广泛的。例如，在乌干达和埃塞俄比亚，大约一半的受访者拥有一台收音机，超过一半的受访者拥有一张桌子，而60%的受访者拥有一张床。从直觉上看，***无法***获得或几乎没有这些基本工资性商品的人是极度贫困的。

基于这种直觉，我们摒弃了统计驱动的资产指数构建和加权方法，设计了一种新的、非常简单的测量方法——极端贫困指数（EDI）。EDI的实际意义在于，它提供了一种快速、可靠和具有成本效益的方法来识别遭受极端贫困的人，并评估政策干预的分配性影响。EDI消除了“确定谁是穷人不可避免的猜测”，而RCTs的主要倡导者似乎只是简单地接受了这一点。[②] 我们做了一个特定情形下10个***基本非食品类***工资***商品***，其中任一项在非洲许多地区都可能改变农村的生活质量。我们选择的商品是：橱柜、金属床或木床、钟表、沙发上、火炉或炉具、热水瓶、火

---

① Sender, Cramer, and Oya（2018：table 4）.

② Banerjee（2015：8）.

炬、移动电话、收音机、还有卡带式/ CD 播放机。我们没有对这些商品的价格进行估计，也没有试图证明一个复杂的加权系统是合理的：EDI 对所选的 10 种基本消费品的所有权分别给予 1 分；我们的调查对象中***得分最低的五分之一要么没有得分，要么最多得分为2 分***。我们将这些记录 EDI 分数分布最低的五分之一的受访者定义为生活在“最贫困”的家庭。

其他调查显示，最低支出/财富五分之一家庭中的很大一部分非洲农村家庭没有消费到阻止孩子发育不良的必要食物，[①] 但是这些调查也同意，相对贫困家庭的支出花在了一些非食品类消费品；他们经常设法获得与简单的家具和其他基本消费品非常相似的物品，（这是）我们建议这些物品应该是构建特定情形的 EDI 的基础（的原因）。例如，在肯尼亚贫困家庭一个随机样本里，农村家具的支出弹性—“床，椅子，桌子，等等。”—被发现是非常高的。[②]

我们使用了来自乌干达和埃塞俄比亚的调查数据来比较 EDI 底层五分之一家庭（“最贫困”家庭）和其他家庭的特征；我们发现，几乎没有证据支持有关大家庭或女性户主家庭脆弱性的传统结论。但我们确实发现，在“最贫困”的家庭中，***小的和女性比例要高得多***。[③] 在东非的农村环境，女性和寡妇经常遭受残酷形式的歧视和性别不平等是普遍的，这或许并不令人意外，“最贫困”的家庭包含成年男性相对较少，相对较少的家庭定期能获得成年男性的任何金融支持。[④] 例如，在乌干达的产茶区，大约一半的‘最贫困’的家庭没有男性的定期支持，而其他家庭是 15% 。

我们还使用 EDI 来确认其他关于性别关系和贫困的无可争议的典型事实的重要性。例如，人们普遍认为，少女怀孕对母亲和儿童都是有害的。[⑤] 少年母亲在非洲和其他地方比更成熟的母亲死亡率的风险更大；

---

① Black et al. （2013）.

② Haushofer and Shapiro（2013：30）. 南非的调查也显示出差不多的结果，可参见 Browne，Ortmann，and Hendriks（2007：571）。

③ Sender，Cramer，and Oya（2018）.

④ Marshall，Lyytikainen，and Jones（2016）；Semahegn and Mengistie（2015）；Bantebya，Muhanguzi，and Watson（2014）；Sharp，Devereux，and Amare（2003：56）.

⑤ Saloojee and Coovadia（2015：e342）.

她们的终生劳动收入很可能比那些十几岁时没有孩子的妇女的收入要低得多。[①] 在使用EDI确定为“最贫困”家庭里，20至30岁的年轻女性很可能有一个孩子是一个青少年母亲。在乌干达，例如，最贫困的家庭少年怀孕的风险非常高：在最贫困的家庭只有很低比例的（17%）年轻女性是在当他们成熟（20岁或以上）后有第一个孩子，而在其他家庭，更高比例（44%）的女性能够推迟自己的第一个孩子直到他们成年。

在非洲，低水平的女性受教育程度是普遍和正确地被视为一种特别有用的贫困标志和长期贫困的不良后果，因为一个女人的缺乏教育可能是代际传播、负向影响健康、生产力和她的孩子的终生收入。[②] 通过使用EDI，我们的分析证实了没有争议的典型事实的相关性和政策的重要性，父母的教育与贫穷是联系在一起的：例如，我们揭示了“最贫困”的家庭和没有任何成年人从中学毕业，孩子不上学，成人失败完成小学，和成人的功能性文盲之间的明确联系。[③]

另一个没有争议的、与政策相关的典型事实是，如果非洲儿童的饮食是单一的，如果他们只能获得较低的饮食多样性得分，那么他们很容易患上慢性营养不良。[④] 再一次，我们的农村调查是能够使用EDI确认这个联系的重要性。我们只是简单地询问受访者家里的人吃不同类型食物的频率。事实证明，EDI在预测饮食多样性方面非常有用：在“最贫困”的人群中，只有14%的人声称会定期食用高价值食品，而在其他家庭中，这一比例超过45%。

结论是，我们有可能确定非洲最贫困人口与政策相关的典型事实：他们生活在相对较小的、由女性主导的家庭中，无法定期获得成年男性的支持；这些家庭中的成年妇女和儿童可能没有接受或没有接受适当的教育；这些妇女和儿童受到少女怀孕的危险的威胁；他们还面临营养不良的风险，因为他们依赖单一和单调的饮食；他们几乎无法获得任何基

① Pradhan and Canning（2016：1）.

② Castañeda et al.（2018：258）；ICF International（http：//www.statcompiler.com）；Alderman and Headey（2017：456）；Bado and Sathiya Susuman（2016）；Ambel and Huang（2014：14）；Keats（2018：155）. See also：Tusting et al.（2016：653）.

③ Sender，Cramer，and Oya（2018：7 – 8）.

④ Hernández（2012）；Herrador et al.（2015）；Hirvonen，Taffesse，and Worku Hassen（2016）；Hirvonen et al.（2017）；Muhoozi et al.（2016）.

本的工资消费品。他们家中没有这些物品，调查员可以用EDI迅速（准确）地得到证实。这个指数可以可靠地、低成本地预测他们面临的许多困难。

也许这些典型事实，最不具争议性和最容易被接受的政策含义是就减少教育贫困的新基金达成一致，特别是允许农村女孩报考甚至上职业学校的投资。适当的教育支出可能会推迟怀孕和改善农村女性劳动力市场的前景，但是针对这些干预措施的目标——对“最贫困”的女孩的奖学金或有条件现金支付——将涉及到主要重新分配资源（见图8.2和8.4），和一个能够抵御强大的政治要求的能力，更广泛的包含或保留父权和其他原始特权。[①]

在一些非洲国家，提倡减少女孩和妇女对避孕未满足的高需求的政策（第二章）也将面临强烈的反对。在这些国家，只要对少女怀孕和贫困之间的关系轻描淡写或将其归咎于女孩的道德缺陷，就不会优先考虑这类有效政策。

第九节　雇佣劳工与贫困：最具争议的典型事实

更不可能的是，援助捐助者、资本主义雇主和非洲其他强大的政治力量不会热情地接受另一个经常被忽视的程式化事实的政策含义。这一典型事实，在这里和第七章中都强调过，就是最贫穷的农村人依赖于雇佣劳动。我们已经表明，乌干达和埃塞俄比亚“最贫困”的家庭依赖于农业工人的收入。同样，在较贫穷的马拉维家庭中，从事季节性农业劳动的妇女比例很高；一项覆盖了撒哈拉以南非洲地区一半以上人口的调查分析发现，“较贫穷的农村家庭往往有较高的农业工资就业率……对于较贫困的家庭来说，农业劳动收入的份额更重要”。[②] 经常关注这些证据太少，或者国际农业研究咨询组织（CGIAR）对东部和南部非洲小的玉米和小麦农场雇佣劳动力投入重要性的研究也很少。[③] 相反，有一个

---

① Abdulai（2019）讨论了加纳广泛包容的政治要求的强度。

② Koolwal（2019：8）；Davis，Di Giuseppe，and Zezza（2017：161 and table A2）.

③ Baudron et al.（2019）.

非洲农村家庭的自给自足弹性浪漫的压力，越来越多的证据表明，很大比例的农村家庭不仅购买他们的食物，还从事农业雇佣劳动。我们使用EDI来分析最近的劳动力市场经验，不仅包括我们的主要受访者，还包括所有其他（广义上）“最贫困”家庭的成员。我们一开始就把工作分成两大类：“最差的”和“较好的”。“最糟糕”是一个很大的类别，涵盖了所有收入最低、最不受欢迎和最受歧视的农村带薪工作，特别是露天进行的体力劳动。这一类的其他杂活包括为农村私人家庭做家仆和擦鞋。“更体面”的工作涵盖了许多不同类型（主要是）的非农业带薪工作，包括：护士、教师、警察、加工厂和包装工房内的监督工作等等。这类工人中最大的群体之一是“警卫”。与男性受访者相比，女性受访者找到“更体面”工作的可能性要小得多。

如果至少有一个家庭成员能够获得更多体面的工作，就有可能摆脱贫困。不幸的是，在过去12个月里，如果被调查者是从事体力劳动的农业工资劳动者，她/他不太可能生活在这样一个家庭中，即家庭名册上的某个人设法获得了一份更体面的工作。这表明，贫困的后果是可以累积的：依靠父母或其他家庭成员在劳动力市场上的成功来摆脱贫困可能永远都不是一件容易的事。1945年之后在美国，一个惊人的类似的故事可以告诉劣势累积为主，根植于劳动力市场不能为低受教育的人提供足够的工作机会。①

脆弱的农村妇女依赖于她们从雇佣劳动中获得的收入，从而依赖于她们获得的带薪就业的天数（以及实际的每日工资率），这一典型事实会产生什么样的政策影响？我们不大相信旨在提高这些妇女的工资和工作条件的立法干预会取得迅速成果，部分原因是有充分失败的记录，因为在南非的一系列进步立法和有一个相对强大的工会运动。② 也许是一个更好的理由有两个直接的干预：大规模增加监测和公布受教育程度低的季节性临时工的支出；投资的激增扩大了他们在农村地区的劳动力需求（直接和间接的）。定期公布这些工资数据，可能会引发期待已久的政策辩论、新的政治要求，甚至是组织性的成功。在第九章中，我们重点讨论了增加非洲农村工资就业和农业产出未开发的投资潜力。

---

① Case and Deaton（2017：29ff.）.

② Devereux（2019）.

第九章

技术变革与农业生产率

第一节　引言：从传教士的立场到现代慈善幻想

非洲的农村发展政策一直受到长期悲观主义和灾难性预测的拖累。传教士、殖民地官员和定居者都有他们的理由大声疾呼，担心灾难性的土地使用；他们对退化、干旱、粮食短缺和饥饿的可怕想象仍然影响着当前许多官方、学术和非政府组织（NGO）的出版物。

在这一章的开头，我们阐述了关于维持农业产出增长即使不是不可能，也将是多么困难的悲观观点的非凡持久性和普遍性。我们在现有的数据中发现，对非洲不可逆转的环境危机的概括几乎没有得到支持。我们不相信那些限制绿色革命技术应用的壁垒都是不可逾越的；相反，我们在本章第四节中指出干预和经济政策在提高农业生产力方面取得显著成功的证据。我们认为，在最近提高产量的干预措施取得成功的基础上，有相当大的农业生态潜力。

在第七章和第八章，我们坚持认为，政策制定者将明智地质疑用于讨论农业技术的数据质量，特别是用于证明减少土地退化和饥饿干预无效的数据，如农学家或其他人残酷地管制（安置）农村人口和如何耕种的需求变化，或者在农业推广官员的工资和对微型金融机构（MFIs）的补贴上的巨额支出。

第二节　恐慌和家长作风

19 世纪 20 年代，苏格兰传教士莫法特“倾向于预先指定奥兰治河以北所有干旱地区的居民应对道德和环境混乱负责”。莫法特称茨瓦纳人是“环境破坏者”，急需欧洲基督徒的保护。卫理公会传教士的反对得到了殖民地林业和保守主义官员的响应，“直接把非洲人焚烧草原和砍伐树木等同于道德堕落和犯罪”。[①] 到了1930年代造成水土流失极端危险的警告就变得越来越时尚了。在伦敦殖民的办公室和在东非的管理员已相信需要强制地进行干预，以调节非洲农民的农业实践，因为东非的许多地区在1926年至1935年期间，干旱的发生率明显增加，表明该地区变得越来越干燥的。[②] 第二次世界大战后，占主导地位的殖民观点是，非洲农民是无能的，因而他们要为保护区环境衰退的负责。[③] 殖民地的经济统计局办公室（和他的法国同行）怀疑“根本技术变革”的可能性。[④]

在后殖民时期，新马尔萨斯主义的危言耸听影响了许多非洲国家的农业政策。非洲的历史证据并没有为这些政策提供多少支持，这表明在土壤退化和人口增长之间没有直接的联系：“有些情况下，‘更多的人口’伴随着‘更少的水土流失’，也有些情况下，尽管人口压力下降，土壤退化仍然发生。”[⑤] 不过在非洲，官员与农业有关的文化经济学家和农学家继续声称人口增长导致环境恶化。例如，非洲开发银行（African Development Bank）的统计主管警告称，在整个非洲存在经济螺旋式下降和农村贫困进程的危险：

> 人口快速增长，粮食产量不足……和日益恶化的自然资源的创造了一个贫困的恶性循环和环境退化，尤其是在农村地区[⑥]。

联合国贸易和发展会议（UNCTAD）的非洲经济发展报告强调了同样的趋势。[⑦] 一些最具影响力的美国农业经济学家重复这些警告，声称

---

① Grove（1989：166，184）.

② Anderson（1984：322－3）.

③ Shanguhyia（2015：2）.

④ Cooper（2004：20）.

⑤ Koning and Smaling（2005：5）.

⑥ Lufumpa（2005：369）.

⑦ UNCTAD（2018：17－18）.

非洲农民的选择是错的：

> 目前，大多数非洲小农户似乎并不是选择可持续发展的道路，因此农村贫困的危机，人均农业生产率下降，[①] 和环境恶化。

这种长期的焦虑和对即将到来的农村灾难的周期性恐慌可以部分解释为精英们对政治风险的关注。如果土地退化和农业生产率下降导致“气候难民”加速离开农村地区，导致贫民窟人口和城市危险阶层的增加，或者侵占更肥沃的资本主义农场的棚户区人口的增加，这可能会对当权者构成威胁。例如，在内罗毕，农村地区向棚户区的快速移民似乎强化了“政府”的非正规定居者是缺乏教育、不健康和危险的观念。事实上，非正式定居点被视为罪犯聚集区[②]。

这些关于移民的传统观点没有得到足够的证据支持。关于非洲农村人口的迁移，还有其他一些（而且已经得到充分证实的）事实颠覆了这些传统观点：首先，气候变化的影响将只会导致非洲城市人口预计增长中非常小的一部分—根据最近的估计，大约为0.1%；其次，城市冲突和粮食骚乱在非洲有复杂的原因和并不能简单的归因于大量的“气候难民”流入或人为气候变化，粮食产量变化、粮食供应或价格；[③] 最后，有证据表明，气候变化将——自相矛盾地，对那些不熟悉赫希曼隐藏的手（见第6章）的人来说—创造***农村***到***农村***迁移的重要机遇，鼓励***增加***粮食产量和农民收入的投资，在南方种植咖啡的在区域，例如西南埃塞俄比亚高原。[④]

在国际上，对“气候难民”的道德恐慌受到一些更排外的媒体、非政府组织、政治煽动者和欧盟民粹主义运动领导人的鼓动。[⑤] 想象中的非洲农业衰退或停滞的政治后果不需要进一步的讨论。我们建议，在沉

---

① Reardon et al. （1999：377，389）. 类似观点参见 Nhamo et al. （2019：2）；and Rigaud et al. （2018：82）。

② Kyed，Stepputat，and Albrecht（2017：24）. 关于英国工业革命时期城市资产阶级的恐慌可参见 Enzensberger（1974）。

③ Rigaud et al. （2018：87）；Selby（2014）；Mach et al. （2019）.

④ Moat et al. （2017）.

⑤ Kelman（2019：11）；Bettini（2013）.

浸在狂热的猜测政治未来之前重要的是要密切关注证据，我们转向对非洲农村技术变革一个更详细的，最普遍的（负面）评估考察，尤其是结论，非洲的绿色革命已经是被“延迟和微弱的”。

第三节　预先告知失败的编年史

在20世纪60年代后期几年里的绿色革命，谷物产量从每公顷1吨跃升至2吨甚至更多，这被称为现代历史上最重要的农业创新；世界银行（和其他组织）已经花了十多年来试图解释为什么它没有发生在撒哈拉以南非洲。[①]

> 在撒哈拉以南非洲农业创新的影响不能与1960年代—1990年代的许多亚洲和拉丁美洲国家成功的农村经济转变相提并论。[②]

在1960年代之后，公共资金被用于“将科学的遗传学知识应用于开发适合发展中国家生长条件的改良作物品种”。小麦和水稻高产品种（HYVs）的初步研究取得了非凡的成功，导致小麦和水稻高产品种从研究中心到类似农业生态地区的许多农场迅速传播，特别是向那些有大量灌溉和/或可靠降雨的国家的相关地区。在其他地区和其他作物，包括非洲特别重要的作物，扩散的时间要长得多。[③] 例如，在1965年和1983年之间的18年，小麦和水稻高产品种生产出来的大米和面粉的采用在亚洲和拉丁美洲超过1.2亿公顷（但只有撒哈拉以南非洲地区7.000万公顷）。[④]

据说，非洲经历了一场“延迟的、微弱的绿色革命”，这种失败可以用不同的方式来解释：非洲没有大面积的农业生态相似的土地，可以与东南亚的灌溉低地或南亚的印度河—恒河平原相媲美；非洲的生产环境极为多样化和本地化，因此无法推荐和分发单一区域或地区的HYVs

---

① World Bank（2007：55）；Goyal and Nash（2017：7）.

② Ogundari and Bolarinwa（2018：19，3）.

③ Gollin，Hansen，and Wingender（2018：2）.

④ Fuglie and Marder（2015：339）.

和农用化学品；非洲土壤通常是贫穷和退化；[①] 非常低水平停滞的肥料使用加剧了土地退化；[②] 目前，非洲的大部分土地是干旱区，对农药投入效果不佳和一般的不利于农业；许多干旱地区的交通基础设施严重不足，因而，许多生活在这些区域的农业生产者，大约1.71亿人，需要花极其漫长的时间到达最近的大城镇；[③] 如果他们购买农业投入则成本会相对较高，他们的肉猪出栏价格可能相对较低，[④] 相比南亚总耕地面积可灌溉39%和东亚的29%，非洲总耕地面积可灌溉不到3%。自1961年以来，非洲灌溉面积的扩大速度比热带亚洲慢得多，自1995年以来平均每年只有1%；在若干非洲国家，2000年至2015年期间，用于灌溉的可耕地比例有所***下降***；在非洲每公顷灌溉项目的成本远远高于其它地区，一定程度上是因为非洲灌溉项目相对太小了，小到不能利用规模经济来减少单位成本。[⑤]

水稻和小麦高产品种生产的迅速发展似乎依赖于两种较早的具体投资形式：第一，灌溉历史的长期积累和农村运输所需的基础设施；第二，在20世纪60年代之前，发达资本主义国家对小麦和水稻进行了几十年的适当的早期研究。关于农作物——木薯、山药、小米、高粱——以及在非洲特别重要的混合作物，当时还没有类似的科学知识储备。[⑥] 高粱和珍珠小米约占三分之一的非洲的耕地面积，但几乎没有任何的非洲科学家们目前正在研究这些作物——全职等效（FTE）研究人员不到5%。自1960年代以来，非洲国家农业研究项目收到的资金相对很少，尤其是对他们的运营预算，从1980年代中期到1990年代末，他们的支出特别是不确定和和受挤压。[⑦]

一个来自这个缩减的困难清单的政策结论涉及到退化地区土壤的培养和无规律的降雨模式将决定是否专门种植矮化水果，也就是说，给区域***直接***生产潜力更高的和受低气候风险冲击的地区分配更多的资源。每

① Tittonell and Giller (2013: 88).

② World Bank (2008: 55).

③ Cervigni and Morris (2016: 115 and 49 - 63). See also You (2008: 1).

④ Porteous (2020: 2).

⑤ Nhemachena et al. (2018: table 3); Inocencio et al. (2007).

⑥ Gollin, Hansen, and Wingender (2018: 12, 8 - 9).

⑦ Alwang (2015: 15); Beintema and Stads (2017: fifigures 11 and 13).

一个行政区域应该得到类似数量的国家资源促进农村发展的口号可能在政治上诱人（因为这涵盖了区域不平等，历史性的忽视或种族歧视）但是从失去了积累和技术进步的机会来看这是昂贵的。这是对资源配置“包容性”不足问题错误的补救措施。

如果非洲在复制破纪录速度的亚洲绿色革命方面由于给定（和其他）原因失败了，那么政策制定者就没有必要绝望，也没有必要接受那些生态末日的预言。因为做出某些消极类型的预言并不难：例如，我们可以自信地预测，世界上大多数国家将无法培养出很多像基普乔吉（Eliud Kipchoge）或玛丽 凯塔尼（Mary Keitany）***一样快***的马拉松运动员。但是，如果我们使用一个***不那么严格的标准***，我们可以预测许多非肯尼亚的有志向的运动员将取得巨大的成功，也就是说，我们可以相信他们完成马拉松的平均时间将大幅下降。政策制定者不应该被一长串失败的原因吓倒；他们可以拒绝非洲农业生产通常的故事，因为它笼罩在一种悲观的不可避免的气氛中，注定的生产力停滞——失败的预言。不太严格的标准可以用来评估非洲农业的成功，例如相对于非洲自己过去的表现，或者相对于欧洲工业化时的农业增长率，产出和产量增长的速度。

同样重要的是，政策制定者应该回顾过去对非洲农业产出未来趋势的预测失败的经验。例如，在 1980 年代和 1990 年代，曾有许多人自信地预测，由于艾滋病毒的流行，农业生产将逐步下降；但后来一些学术预言家发表了一篇罕见的***认错文章***，承认“随着倡导的盛行，科学飞出了窗外”。当一些地区对用来支持这些灾难性预测的原始数据来源重新调查时，人们发现，“艾滋病的流行似乎并没有像 20 年前预测的那样，对东非这一地区产生深远的长期影响。”① 没有足够的反思产生这些错误的原因，包括研究人员的“乌干达农业系统”聚合概念模型的严重局限性和不可靠的（但信以为真）的数据收集方法。

第四节 衡量农业和粮食生产

关于非洲粮食生产的断言通常是相当悲观的。例如，“将 1970 年代

① Barnett, Dercon, and Seeley (2010: 958); Seeley, Dercon, and Barnett (2010: 333).

与现在相比”，非洲的农业状况显然要差得多。[①] 有一个特别的焦虑，因为更多的融入全球市场，整个非洲粮食生产遭受了困难。因此：

> 大多数发展中国家都屈从于开放和自由贸易的要求。这导致地区转向出口作物，导致粮食增长率下降到低于人口增长率，导致人均产量和粮食供应下降……我们发现，在每个重要的发展中地区，人均粮食产量下降，人均可出口粮食产量快速增长……和整个撒哈拉以南非洲地区。[②]

但我们认为，这些主张——通常由援助官员以及马克思主义者或新马克思主义者做出——是有问题的。这是一个我们当中的一员质疑非洲粮食生产悲观主张时所做作的，三十多年前延续至今的观点，其在当时和现在一样受欢迎。[③]

自 1980 年代中期以来变化太少：在使用非洲粮食和农业生产统计数据时仍然有许多理由（保持）极度谨慎，包括农业普查已不那么普遍的事实。粮食及农业组织的（FAO）自身认为，撒哈拉以南非洲只有两个国家在数据收集方面有高标准，而其他 21 个国家的标准仍然很低，其余非洲国家无法评价。[④] 在食品和农业组织企业统计数据库（FAOSTAT）和国别数据库网站公布的数据并不总是认同谷物和淀粉根茎作物生产的水平，例如在尼日利亚和赞比亚。[⑤] 粮农组织认为自 1950 年代以来，高标准，可靠的产量估计只能通过使用他们的推荐的“黄金标准”方法，也就是说，作物采伐调查。但在乌干达一个测量玉米地作物采伐样品严格的讨论中，即使运用了最昂贵的作物采伐方法，有关衡量的准确性的几个担心还是问题被提出来了。[⑥]

大多数关于饥饿问题的评论家仍然依赖于粮农组织公布的关于粮食

---

① Bryceson（2009：56）.

② Patnaik（2016：145）. 类似观点参见 Sundaram and Chowdhury（2017）; and Traore and Sakyi（2018：6）。

③ Sender and Smith（1986：100）。

④ Carletto, Jolliffe, and Banerjee（2015：137，134）.

⑤ Luan et al. （2019：15）.

⑥ Gourlay, Kilic, and Lobell（2017：10）.

资产负债表的数据中对国内粮食产量的估计，这些数据是对所有非洲国家人均粮食消费量的估计。但更可靠的个人层面的国家膳食调查已经证实，粮农组织的估计往往会高估或低估大多数类型的食品消费。[①] 这些众所周知的问题与粮农组织粮食生产和消费数据，以及自述的饥饿度盖洛普数据，没有阻止联合国开发计划署（UNDP），例如，基于一些数据的消极观点认为非洲膳食参考摄入量增长过于缓慢，非洲粮食生产增长的速度非常缓慢。[②] 例如，其他联合国官员包括。一个联合国经济发展助理秘书长，也对非洲的营养状况感到担忧，但因为非常不同的原因："在赞比亚，更多地使用农业种子和化肥使玉米产量增加三倍，但却没有减少该国非常高的……营养不良率。"[③] 没有提供任何证据来支持这一矛盾的断言：事实上，在赞比亚 2004 年和 2006 年，2015 年和 2017 年之间，营养不良（PoU）的盛行和儿童发育不良**下降**了。悲观也由迈克尔·利普顿传播，他很清楚非洲主要主食产出数据是毫无价值的，然而却在 2012 年宣称，"在大多数非洲国家人均热量的产出和摄入没有高于 1960 年代初的水平"。[④]

尽管引用了所有这些令人沮丧的声明，但令人惊讶的是，利用粮农组织［以及美国农业部（USDA）］的数据来质疑对非洲粮食和主食生产以及人均可用热量供应的悲观评估是很容易的。我们不认为图 9.1 和 9.2 所使用的数据是可靠的。我们将继续为政策制定者提供更多的有效论据来批评他们。但这些数字中引用的官方对粮食生产和粮食供应总数据，能达到在第 7 章国际劳工组织（ILO）的质疑非洲就业趋势数据的类似目的：他们搭建了框架和提供了纠正经济学家广为流传的非洲悲剧性经济绩效的观点。

我们现在把注意力转向那些对非洲穷人的消费至关重要的基本粮食产量和产量的上升趋势。玉米生产的趋势特别重要，因为玉米是非洲最

---

① Del Gobbo et al.（2015），Grünberger（2014：4）. de Weerdt et al.（2016）总结了对粮农组织粮食资产负债表的批评。

② Chauvin，Mulangu，and Porto（2012：4）.

③ Sundaram（2019）.

④ Lipton（2012a：3）.

常见的谷类作物。[1] 因为作物歉收、干旱和收益率波动在非洲非常普遍，重要的是要看长期数据：玉米和大米的生产数据图 9.2 涵盖的时间超过五十年。

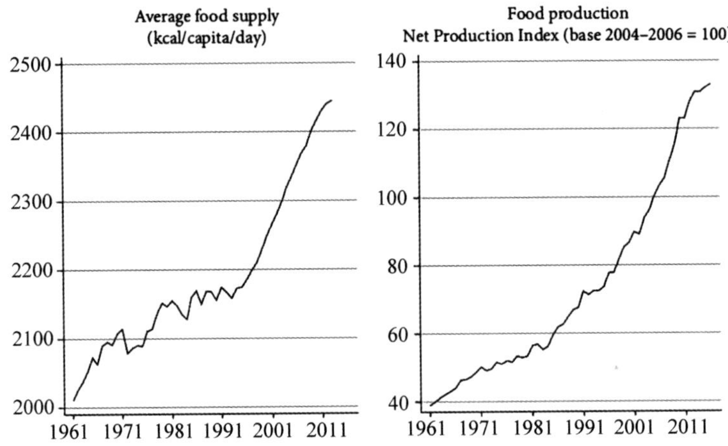

图 9.1　1960—2015 年，撒哈拉以南非洲粮食生产和平均粮食供应

注：国家包括：安哥拉、贝宁、博茨瓦纳、布基纳法索、佛得角、喀麦隆、中非共和国、乍得、刚果、科特迪瓦、埃斯瓦蒂尼，埃塞俄比亚、加蓬、冈比亚、加纳、几内亚、几内亚比绍、肯尼亚、莱索托、利比里亚、马达加斯加、马拉维、马里、毛里塔尼亚、毛里求斯、莫桑比克、纳米比亚、尼日尔、尼日利亚、卢旺达、圣多美和普林西比、塞内加尔、塞拉利昂、南非、多哥、乌干达、坦桑尼亚联合共和国、赞比亚、津巴布韦。

资料来源：FAOSTAT（2018）。

需要再次重点强调的是非洲经历的异质性：最近一些非洲国家和地区的农业绩效比其他国家和地区的表现要令人印象深刻得多。例如，1990 年—1992，2012—2014 年间，当马拉维、埃塞俄比亚、加纳、莫桑比克和坦桑尼亚总量的快速增长和人均农业生产记录增长相对快时，而在同一时期在津巴布韦和人均农业产值下降，在塞内加尔，科特迪瓦人均产出的增长率相对是缓慢的。在各国国内，市场上的农业总产出中有很大一部分是由少数农场生产的，而且可能还在增加，许多农民生产的数量很少，甚至还在减少。更细的分解数据的农业生产的政策含义将在本章的第五节和第七节讨论。而在非洲，普通农产品出口的增长和食品

① Wiggins（2018：28）. 非洲的证据表明，谷物和块茎作物的收入弹性较低（Choudhury and Headey，2016：table 2. 1）。

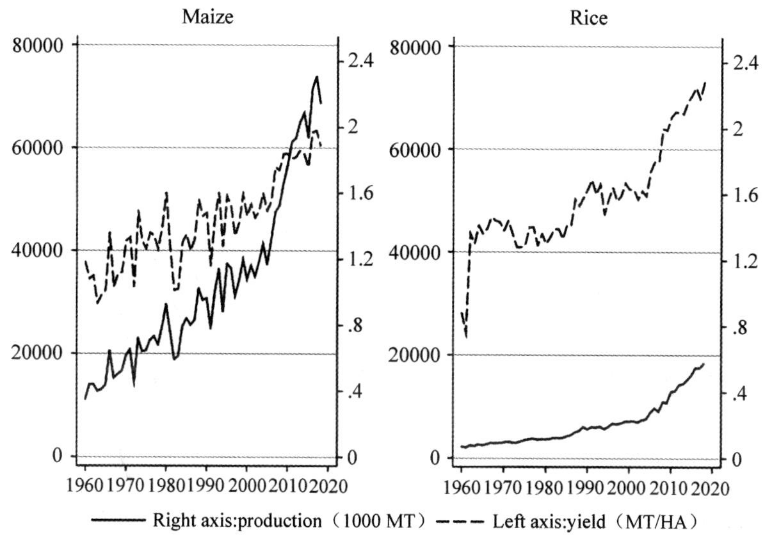

图 9.2　1960—2018 年，撒哈拉以南非洲玉米和水稻产量和产量

资料来源：USDA（2019）。

进口的快速增长仍占所有食品消费的一个很小的比例（2%）[①]——如第五章中讨论的。

图 9.1 和图 9.2 显示的数据不可靠的趋势显示在可以被认为在某种程度上是合理的，它们与更可靠的证据是一致的，如营养不良［衡量儿童发育不良和提供的联合国儿童基金会（UNICEF）、世界卫生组织，世界银行集团联合营养不良的估计］。这些估计数字表明，在 1990 年至 2016 年期间，撒哈拉以南非洲地区 5 岁以下儿童发育不良的比例有所下降，从 45.7% 降至 33.6%。

如果撒哈拉以南非洲地区的粮食产量、可获得性和卡路里摄入量实际上没有改善，那么有充分证据证明的儿童发育不良率普遍下降就变得难以理解了，因为营养摄入的改善似乎确实在非洲婴儿的生长表现中发挥了重要作用。[②] 除了发育不良率的下降，一个更加全面的指标还显示了，自 1990 年以来在撒哈拉以南非洲的慢性饥饿健康负担巨幅减少。残

① Vorley and Lançon（2016：8）

② Stewart et al.（2019）.

疾调整生命年（DALYs）被用来衡量可直接归因于慢性饥饿的人口健康生命年损失的数量。一个计量经济学分析表明，非洲的粮食供应总量上升已经降低了慢性饥饿在非洲的负担。①

联合国粮农组织（与其他国际组织合作监控食物、饥饿和营养不良的国际农业发展基金（IFAD）、联合国儿童基金会、世卫组织和世界粮食计划署（WFP）发布了一份年度报告，这份报告似乎是为了让双边和其他资助者补充这些组织的预算的需要。2018 年，这份重量级的报告指出，“几乎所有的非洲区域内营养不良和粮食安全问题都在加剧”。值得注意的是，粮农组织本身就对这一有关营养不良近期趋势的自私自利的报告标题作出了附录说明：

> 由于概率推理的性质和边缘的不确定性与每个模型中参数的估计，营养不良（PoU）估计的精度通常是低。②

第五节 反对小农场正统观念的辩护背后的低劣尺度

最近捐助者为提高作物生产和产量数据的质量所作的努力，即生活标准衡量研究——农业综合调查（LMS-ISA），是由盖茨基金会资助，由世界银行管理，而不是粮农组织或非洲统计机构。实施始于 2010 年，但迄今为止，这些家庭小组调查仅覆盖 8 个非洲国家。在第 8 章中，我们已经注意到 LMS-ISA 调查的一个非常重要的方法局限性：它们对国家农业部门的不完全覆盖和排除了最具活力的大型资本主义农场企业。此外，LMS-ISA 用于测量抽样农户的作物产量的方法是不可靠的：这些调查收集农民报告的关于地块一级作物生产的信息；但在乌干达和埃塞俄比亚的研究表明，***农民报告的***数据存在系统性误差，导致对产量和产量的估计有偏差。与更可靠的产量测量方法（基于遥感和整块土地的砍伐，而不是从一块土地上的小样本进行砍伐）相比，农民报告的产量特别可能

① Gödecke, Stein, and Qaim (2018: 25 -6).

② FAO et al. (2018: 142). 考虑到误差，很难评估撒哈拉以南非洲的营养不良率从 22.3% 增长到 23.2% 的意义（ibid.: table 1）。

是对小块土地的过高估计；平均而言，在乌干达，这些自我报告的产量几乎是用更精确方法测量的产量的两倍。[①] 同样，在埃塞俄比亚的调查表明，自我报告的小地块玉米产量生产可能会高报50%，但大地块会低报25%。[②]

这一错误立即引起了人们对一种意识形态上强大的传统智慧的质疑。因为这意味着非洲家庭调查中支持规模大小—生产率负相关向的证据是非常不可靠的。政策制定者**不应**认为，规模较小的农场每公顷的产量通常高于规模较大的农场，或者认为非洲的大型农场不太可能从规模经济中获益。对小农相对有效率和生产力的信念—常识的强大基石（见第三章）它支撑着几乎所有关于农村发展和减贫的政策建议，但是这个建议似乎是基于天真地认为最大的和富有的农场主实际上已经包括在全国抽样框架所使用的农业家庭调查（通常会乐意告诉官方测量员他们农场的产出和收益率的真相）中，小农能给出自己产量一个精确的描述。

传统的看法是，“在撒哈拉以南非洲的大多数地方，生产率最高的农场将是小型的”，而且这些农场由于是“由家庭成员主要从事劳动经营”，因此可以减少对雇佣劳动力的监督成本，避免逃避以获得高产量。此外，在可预见的未来，非洲农场规模分布的分化或改变，以及农业资本家的日益壮大都是不太可能的：“运转不良的土地市场……帮助保持农场小规模的工作，因为它们使租用或购买土地的风险和成本保持在无谓的高水平”。[③] 这传统智慧支持了如下活动：

> 梅林达和我开始意识到，世界上最贫穷的人有一个共同的职业：他们都是小农。结论是显而易见的：他们可以种植更多的食物以支撑他们家庭的（生活）。[④]

世界银行（World Bank）农业与农村发展小组证实，“撒哈拉以南非洲地区的大多数农村发展战略都着眼于提高小农农场的生产率”。[⑤] 当证

① Lobell et al.（2018：13）.

② Desiere and Jolliffe（2018：90 – 1）.

③ Larson，Muraoka，and Otsuka（2016：9）.

④ https：//www. gatesfoundation. org/media-center/speeches/2012/02/bill-gates-ifad.

⑤ Larson，Muraoka，and Otsuka（2016：2）.

据是模棱两可或与迷信这些农场生产潜力的主导思想相悖，一些迷你农场冠军（尤其是那些训练有素的主流微观经济学家）他们会拿起另一个武器，捍卫自己的信念：他们可以运用简单的新古典模型单个农场家庭，证明小农民可以的（理论上）更有效率的，‘如果’市场缺陷和信息不对称消失了。这些新古典主义经济学家可以很自信地预期这种市场小故障的消失，一旦适当的机构，例如，合作社，高科技电子商品交易所和竞争性金融/保险服务从空中通过挥舞魔杖或挥舞手机变出来。[①]

源于小农户模式和对非洲技术进步的悲观看法的两项最重要的政策和支出优先事项涉及提供额外信贷和推广咨询的努力。就连对新古典主义方法持批评态度、对非洲发展前景持乐观态度的经济学家也一致认为，这些政策是迫切需要的。例如，Ha-Joon Chang 认为，“向小农提供信贷一直是政策制定者在经济发展初期面临的最重要挑战之一”。[②] Chang 相当正确地强调国家规定的意义，补贴，农村信贷的监管，但似乎太过信任我们已经证明是一个非常模糊的和有问题的类别的‘小’农民。我们在第六节中质疑这些支持推广服务和私营部门向小农户提供信贷的受欢迎政策的影响；在第七节中，我们将讨论替代政策和投资优先事项的潜力。

第六节 没有建议和补贴信贷，农民会失败吗？

农民有充分的理由不向局外人和参与农村发展专题小组讨论的访客说实话。但我们确实认为，他们对推广官员的一些说法，或他们从农业部聘用的具有技术资格的年轻人那里得到的建议，应该得到认真对待。我们曾见过一些成功的农业资本家，他们只是嘲笑那些缺乏经验、乳臭未干的顾问知道自己在说什么，而且可能有一些有用的话要说。最贫穷的人，尤其是那些耕种面积很小的土地的妇女，她们没有钱购买农药和

① 在 Sender 和 Johnston 的书中（2004）对生产率反比关系的信徒提出的关于农村贫困的脆弱的经济逻辑、零零散散的证据和可疑的主张进行了更详细的讨论．Burrell 和 Oreglia 批评了农村地区的贫困生产者使用手机获取更准确、更低成本的市场价格信息的说法（2015）。

② Chang（2009：489，494）．

小麦和水稻的高品质品种，她们告诉我们，没有任何顾问曾经到过她们的农场；他们甚至不知道当地分局官员的名字，也不知道他或她办公室的确切位置。

但我们不必依靠自己的轶事来质疑农业推广服务对非洲的影响。最成功的非洲农村技术变革的历史学家强调非洲商人和资本家的作用，而不是农业推广官员——来解释 1900 年至 1916 年间可可豆在阿曼西的引入和异常迅速的扩张。[①] 最近，已经有数百个对推广支出对农业生产影响评估。政策制定者可能会觉得费力读完所有很乏味的这些研究，因为当有礼貌和明智的主流经济学家得到资金来评估推广的影响时，他们通常会在证据上两面下注："这些研究的结果是混合的，很少能做出概括"；"关于推广和咨询服务对贫困的影响的系统审查的证据非常少"；"关于……的有效性，严格的证据是有限的。发展中国家公共机构提供的推广服务潜在地可伸缩"。[②] 这些外交辞令般敷衍了事的结论表明有一头大象在房间的尴尬事实，没有人愿意提及。

令人不适的事实是，几十年来，政府经常开支的很大一部分用于支付推广工作人员的工资，但不能证明他们的工作提高了农业生产力。对推广服务的负面评价有时会导致捐助者愿意资助的推广项目***类型***发生变化。例如，高经常性费用培训和访问模式风靡世界银行，从 1975 年到 1998 年在五十多个国家推广，但它在非洲的失宠，取而代之的是更具有参与性的模型，面向农民田间学校和平庸而不是"进步"的农民，对性别关系敏感的和农民的需求，基于农民—农民的互动和分散的类型。[③] 但没有证据表明新时尚带来了多大的影响。例如，在肯尼亚，一项关于短信影响的实地实验得出结论："我们没有发现一致的证据表明，通过移动电话提供的建议在增加知识或使用推荐的投入方面是有效的。"[④] 在埃塞俄比亚，对非政府组织的研究项目在沙瓦北区（培训农民学习水土保持）得出结论，"与会者和未参会者作物生产率没有差异，农民更高

① Austin（1987）.

② Alwang et al.（2019：2）；Bernstein，Johnson，and Arsalan（2019）；Kondylis et al.（2017：13）；Fabregas et al.（2017：8）；Waddington et al.（2014：37）. See also Ragasa et al.（2013）and Berhane et al.（2018：22）.

③ Anderson，Feder，and Ganguly（2006）.

④ Fabregas et al.（2017：iii）.

的培训参与率与在村级土地利用强度没有关系”。[①] 在加纳上沃尔塔地区，一项对更大的提供土壤肥力管理培训计划的非政府组织评估也不能证明其对以家庭为单位的组织成员产生积极的影响。[②] 例如，在埃塞俄比亚和马拉维，政府提供建议通过受薪顾问干部似乎是同样无效。[③]

那么，为什么如此多的政府、捐助者和非政府组织继续投入资源，为非洲的小农提供培训和咨询呢？有几个可能的答案：从政治上来说，裁减大量的政府工作人员，或者让那些受过大学教育、有志成为公务员的年轻人失望，可能是困难的；在政治上也可以方便地监视村庄，并通过罚款和监禁他们或拒绝向他们提供补贴性投入和信贷等手段来监控潜在的麻烦制造者。卢旺达和埃塞俄比亚提供良好的例子，农村地区政府官员和党内官员之间的界线是模糊的，开发和扩展代理人，乌木杜古领导人或**代表**的一个重要的功能可能是消除敌对和巩固现有精英的权力。[④]

增加农业推广支出的持续要求，例如增加用于农业信贷、微型信贷和普惠金融的资源水平的建议，往往得到主流经济学家的意识形态支持；国内和国际的政治压力也放大了这些需求，政策制定者不能轻易忽视这些压力。根据主流理论，非洲农村地区的农民和其他潜在的资本家之所以遭殃，是因为他们被切断了投资、承担风险和分散风险的机会，而这些机会本可以通过更好的金融整合，进入更大的全国和全球金融市场。他们无法获得关键的金融服务，因为他们受到分散、不完善的市场的“折磨”；在非洲农村市场不像新古典主义理想市场类型——在农村地区执行合同的信息不对称和高成本是采用新投入以加快发展的主要障碍。[⑤]

那些主张减少市场缺陷、允许不受约束的个体企业家领导非洲经济发展的人所制定的政策是可以预见的：国家和捐助者应把重点放在支持机构上，以确保金融合同的合法执行，使担保权更加安全，并传播市场信息。当然，各国还应取消一切形式的“金融抑制”导向的信贷以及妨碍新的私营（特别是外国）贷款机构进入和扩大在非洲业务的规定。最近，主流政策结论变得更加微妙：人们有时承认，私人贷款机构和金融

① Chesterman et al.（2019：7）.

② Andam, Makhija, and Spielman（2018）.

③ Bowser（2015：22）；Ragasa（2019）.

④ Cramer and Sender（2019a）；Huggins（2017：729）.

⑤ Conning and Udry（2007：2859－60）.

机构可能不得不“挤进来”；他们需要被贿赂以非常低的价格私有化资产，***额外***的国家补贴，特别是如果目标是引入（如农作物保险现在大量补贴由美国国际开发署（USAID）和盖茨基金会）的创新性金融产品。[①]

传统的自由化政策组合的倡导者无法避免的令人不快的结论是存在国家和捐赠支出补贴农村信贷情形，因为他们无法找到基于主流理论预期“金融抑制”（见第4章）的任何私营部门贷款激增的证据，尽管在上世纪80年代到90年代末期间，公共部门的农业信贷大幅削减，为私营部门的举措创造了空间。[②] 现在的主流观点是，非洲的农村信贷需求能有效提供补贴的小额信贷机构，受益于比规模更大的官僚主义和更正式的银行，如国家农村发展银行，较低的交易和信息障碍。到了1990年代，每年由捐助者提供给新时尚的小额信贷行业的补贴成本大约是10亿美元。[③]

尽管有大量的补贴和不断的提高利率的政策建议，撒哈拉以南的非洲地区很少有小额信贷机构显示出任何实现可持续性运营或获得大规模运营成本优势的迹象。与向穷人发放小额贷款的机构相比，那些在帮助贫困农民方面效果最差的机构获得了更多补贴。[④] 在非洲农村地区的大多数信贷仍然是由家人、朋友，放高利贷的店主/贸易商，寻求低于当地市场的安全工资劳动力的雇主。在能够获得小额信贷的地方，它似乎对化肥等新农业投入的使用没有明显的影响。这是在坦桑尼亚和肯尼亚案例研究的结论，例如，面板数据还表明，水稻产量和家庭收入没有因信贷的使用而增加。[⑤]

甚至有更好的证据表明，大多数小额信贷机构未能向最小的农民和最贫穷的农村人提供任何信贷。处于收入分配底层的非洲家庭获得任何形式的正式信贷的机会都非常低，在2011年至2017年期间几乎没有增加。[⑥] 在肯尼亚大肆宣传的金融科技创新数字成功转账（M-Pesa）不能

---

① De Bock and Gelade（2012）．非洲小额保险的参保率和续保率仍然很低。

② De Bock and Gelade（2007：2867）．

③ Hudon and Traca（2011：966）．

④ Cull，Demirgüç-Kunt，and Morduch（2018）．

⑤ Nakano and Magezi（2019）．

⑥ Awaworyi Churchill（2018）；Bernards（2019：4）；Adjognon，Liverpool-Tasie，and Reardon（2017：table 5a）．

显示减少了与相对富裕的人没有多少联系的肯尼亚人的贫困。在乌干达西部，妇女获得合作社小额贷款并不是“无条件的福利”。在南非，小额信贷泡沫以非同寻常的速度扩大，2008 年到 2015 年国民收入动态面板数据调查表明，最贫困的农村妇女获得小微和非正式贷款对他们的生活质量有***负面***影响。[①]

非洲的信贷分配通常不包括农村地区的贫穷借款者，导致金融可持续性问题。大多数捐助者和万事达基金会和花旗银行的公关人员现在更愿意把重点放在小额信贷机构对“普惠金融”这一模糊目标的贡献上，而不是坚持旧的和广泛错过的减贫目标。[②] 无视补贴农村信贷支出的影响的证据可能因其他原因显得方便：当局经常用短期信贷的导向支持富裕和强大的农村贷款者，以寻求吸引有影响力的政治掮客，不只是远低于法律上的向私营部门收取的非正式贷款利率，但也隐含的理解是事实上将来也不用偿还。我们认为，大多数促进小额信贷机构支出和对普惠金融的意识形态和政治原因还会持续：历史上的那些国家机构（例如在日本，巴西，韩国，荷兰，奥地利和瑞士）***没有***非常成功地把提供储蓄和货币传输设施—邮局—金融资源分配给相对贫穷的人们。[③] 相反，有捐赠者限制邮局和其所扮演角色的压力，在一些非洲国家（例如，马里）结构调整计划导致设施和网络的消亡。[④]

第七节　维持和提高每公顷产出的巨大潜力：政策机遇

有几种方法可以更现实地评估非洲改善其农业绩效的潜力。我们首先强调，在同一农业气候带，一些农场的实际产量与其他农场的低产量之间存在巨大的差距。这些仔细测量***均质区内***耕地产量差异的一个重要含意是，如果目前能观察到的最佳耕作作法在该区各地推广，就有增加

---

① Bateman, Duvendack, and Loubere (2019); Bateman (2014); Meier zu Selhausen and Stam (2013); Greyling and Rossouw (2019: 10).

② Bateman and Chang (2012: 17).

③ Mader (2018: 479); Rillo and Mlyamoto (2016).

④ D' Alcantara, Dembinski, and Pilley (2014: 9).

产量和生产力的巨大潜力。[①] 采用卫星图像的一个重要贡献是识别了每个非洲国家产出分化的热点；政策制定者可以利用它们作为将投资集中于特定的次区域决策依据，也可用于更密切地监测政策对产出的影响。

目前采用高产品种（HYVs）的水平也提供了一个表明作物产量大幅度增加潜力的良好指标。尽管 21 世纪头十年，撒哈拉以南非洲地区 HYV 的采用率可能与前 40 年一样高，但产量差异数据表明，高产品种（HYV）的采用率远未达到普遍水平。到 2010 年，全国粮食良种播种面积超过 3700 万公顷，是 2000 年的两倍多；但这一令人印象深刻的成就仅占这些作物种植面积的 35%。[②] 例如采用率，在撒哈拉以南非洲地区改善豇豆品种的只有 23%；在一些国家，一种关键粮食作物（木薯）的改良品种的价格低至 20%。虽然目前在西非和中非的玉米总面积的 57% 上种植了改良品种，但该区域的一些国家只在不到 10% 的玉米面积上种植了改良品种；在莫桑比克和安哥拉，改良的玉米品种也只在 10% 的玉米面积上种植，而在肯尼亚约为 70%，在赞比亚约为 81%。

通过现代作物育种技术提高非洲耕地的优良品种比例，可以对提高生活水平和经济增长作出巨大贡献。[③] 根据计量经济学模型的估计，在撒哈拉以南非洲地区采用改良品种已经平均提高了净作物产量 0.55 吨/每公顷，相当于增加到 1976—1980 年期间平均产量以上的 47%。一些非洲国家采用 HYVs 的速度之所以比其他国家快，部分原因是这些国家在农业研究上投入了更多的资金，使它们能够发放更多的新品种，并实现了更快的传播速度。[④] 不幸的是，在一个相当大数量的撒哈拉以南非洲国家公共农业研究支出的增长率在 2000 年和 2014 年之间被停滞不前（七个国家）或负增长（五个国家）。[⑤] 更糟糕的是，尽管估计致力于研究和开发研发支出的回报率远高于其他类型的农业公共支出，在一些国家农业公共支出份额比在推广服务的份额要少。[⑥] 迫切需要有远见的政

---

① Luan et al.（2019）.

② Fuglie and Marder（2015：338）.

③ Gollin, Hansen, and Wingender（2018：32 – 3）；Walker and Alwang（2015：74 – 122 and 206 – 227）.

④ Fuglie and Marder（2015：356 – 7）.

⑤ Beintema and Stads（2017：7）.

⑥ Benin, McBride, and Mogues（2016：115）.

策研讨来研究如何提高公共农业支出的水平和功能分配。我们认为，将支出重新分配到研发和出口作物上的建议现在应该被提到政策议程的首位。但改善政府政策的先决条件是非洲当前模式的公共农业支出的更加透明，一致和准确的数据可用性。①

高产良种（HIV）率，尤其是新品种玉米、大米和蔬菜，可以通过优先考虑公共部门在灌溉和水的控制的投资来提高，因为正如9.3节中提到的，这些“主要投入”的投资不仅提高HYVs引入的前景，而且包括配套投入：如化肥和农药投入，农民可以使用其来最大化农作物产量。在南亚，灌溉面积约占可耕种面积的42%；在撒哈拉以南非洲，目前种植的大部分地区（至少95%）是在雨季种植的，而***没法***灌溉；在数量和时间方面，生产者面临着极其不确定的水源供应的风险。② 减少依赖旱作种植（通常是致命的）风险是潜力的相当大的：对这种潜力的精确估计大小各不相同，这对于潜在假设成本，收益，内部回报率等等是敏感的，但是所有人都认为***可能***回避一些旱作生产的风险；经济上和技术上可行的扩大灌溉面积投资的余地是相当大的。

在撒哈拉以南非洲的干旱地区，目前大约有520万公顷的土地得到灌溉。很有可能再灌溉1 400万公顷土地，相当于目前在旱地上耕种总面积的8%左右。这一经现实评估灌溉面积增加对撒哈拉以南非洲地区作物生产的影响的将是“转型性的”：一个估计是旱地谷物产量可能增加52%。③ 在这些国家开发占面积的很大一部分可耕地用于灌溉的影响是特别显著的。例如，在马拉维70%可耕种的区域的旱地完全可以得到灌溉，在加纳和坦桑尼亚可比比例超过25%。尼日利亚有灌溉数百万公顷旱地的潜力，但许多其他国家包括安哥拉、布基纳法索、乍得、加纳、马达加斯加、马里、尼日尔、塞内加尔、索马里、南非和乌干达。也有可能大面积灌溉—200000公顷或更多。④

HYVs的成功栽培通常与水利管理的改善有关，并依赖于这些种子对肥料的极好积极反应。肥料使用量的增加似乎在全世界提高谷物产量

---

① Mogues and Caceres（2018）.

② Walker（2016：xvi）.

③ Ward（2016：53，64）.

④ Ward（2016：58）.

和促进结构变化方面发挥了关键作用。[①] 在撒哈拉以南非洲地区许多农民目前***没有***充分获益于植物遗传改良提供的潜在产量增加，因为它们没有给土壤用足够的养分。[②] 在一些非洲国家，尽管最近消费相对快速的增长，但化肥消费仍远低于在南亚录得的水平：在孟加拉国，例如，每公顷平均消费约为280公斤，而撒哈拉以南非洲的平均每公顷15公斤。从非洲很低的基数增加化肥和改进化肥的使用有巨大的潜力，这已激发丹格特（Dangote）集团等投资者在许多非洲国家投资数十亿美元生产化肥。[③]

将增加非洲灌溉面积与增加（但适当的）养分使用水平相结合的政策会提高非洲的产量。加强对农业研究与开发的投资，应该会产生与促进公共部门在农村的灌溉和交通基础设施方面的投资相联系的更分散、更有效的肥料使用建议，而这恰恰是那些最具工资性就业和出口生产潜力的农村地区。

① McArthur and McCord（2017）.

② Tittonell and Giller（2013）.

③ Oxford Business Group（2019：18）.

第四部分

走向可能主义的决策

第十章

非洲的“高产品种”政策

第一节 引言：证明哈姆雷特是错的

许多政策的种子已经在非洲大地播下，但它们的产量常常被认为是令人失望的。这些种子通常是较老的种子，而不是最新改良的和杂交品种，是以引用最多、最著名的经济学家的民间智慧播下的；它们代表了我们在整个书中所注意到的各种常见的政策思想。

我们的比喻可以延伸到其他相似之处：遵循许多非洲农民的实践，政策官员经常试图在他们的领域通过混合不同类型的种子和种植植物，以弥补低和不稳定的收益率，希望至少有一些能茁壮成长，甚至产生现金的回报。正是这种希望和逃避风险的漫无目的方法也反映在无穷无尽的愿望清单和未加权的建议列表中，这些建议充斥在政府政策计划、国际机构建议和咨询报告的最后部分。相比之下，我们所主张的是集中于非常少的优先事项和标准，并致力于正在进行的研究和开发（R&D），以支持能够适应特定非洲经济社会政治背景的高产品种政策（HYVPs）。

如果高产品种政策（HYVPs）要蓬勃发展，需要两种研发。首先，必须适应特定的地点，开发最合适的现代政策品种，利用储存在基因库的植物库存材料，这些材料已被作为一种公共产品进行管理。对此有大量的研究可以借鉴：在大范围的历史背景下分析“起过作用的政策”。在本书中，我们已强调了许多行之有效的政策。它们通常不同于适用于所有非洲经济体的政策组合，我们已经解释了标准组合实际上通常是不合适的原因。但是，第二，在一种环境下有效的方法——一种政治的、历史上等同于特定农业气候区的方法——在其他地方不一定完全有效或以同样的方式有效。

这适用于特定的水稻品种，例如：非洲（新稻）新大米（NERICA）品种是亚洲栽培稻与适应本地的和具有多种抗病特性的非洲栽培稻品种杂交的结果："新稻品种可以抑制杂草，抗旱和抗虫害，像非洲母稻一样可以在在贫瘠土壤的生长。和它的亚洲母本一样，NERICA 的产量也很高。"但是 NERICA 品种在一些非洲国家和地区的一些类型的农民中要比其他品种成功得多。[①] 适应非洲更加困难和复杂的高地和旱作环境的改良水稻品种的推广相当少；在灌溉凹地的种植品种通常更成功。[②] 就犹如基因药物对一些病人来说是有效的，但对其他人就无效，经济政策也是如此。市场的自由化：比如肥料和种子分发——在一个国家初期会有积极的结果，但在另一个国家，其特定的政治经济状况和在全球性垄断肥料生产商的压力下的国家独立行动能力，它可能只是重新配置集中的市场势力而没有促进更低的价格和更高效的推广。支持一家国有航空公司可能会借鉴一些国家的成功范例，甚至在一个非洲经济体中也是如此（第六章），但这并不意味着一家国有航空公司在另一个非洲经济体中将是可行的。

这是我们无法提供政策蓝图的一个原因。提出一个简洁的计划是令人满意的，而且有很多这样的尝试。它们是相当于公平贸易标签：政策官员可能希望"做正确的事"，然而，关于正在处理的复杂现实和资本主义的历史发展，他们拥有的详细证据或知识太少，因此，一个整洁蓝图会缩减他们的信息死角，并引导他们去采用普遍认为有效的方案。但这样的计划基本上是毫无意义的。当他们的建议一次又一次地被移接到不同的情形时，即使是从理论上优异的模型或从一些随机对照试验结果中推断出来的，也无法奏效。（我们还认为，无论如何它们往往是建立在糟糕的理论和证据之上。）

由于不确定性，制定一个品牌化蓝图也将是徒劳的。根本的不确定性，在累积因果动态中偶然性的作用，以及紧张、不平衡和斗争总是胜过均衡的事实，意味着对可归纳的政策有效性规律的笼统断言是不可信的。此外，意想不到的后果并不总是积极的。如改良品种这等绿色革命

① Arouna et al.（2017：55）.

② Diagne et al.（2015：203）.

举措是有着社会、经济和环境影响的集约化政策的一部分。其中一些是对环境和分配不利的。使用新型投入的新作物生产制度对性别和劳工关系产生了相互矛盾的影响；它们很可能在短期内加剧家庭内部的冲突。例如，有人认为抗病转基因香蕉扩大种植更有可能有益于乌干达西南部的农民资本家（男性）胜过给大量依赖剥削家庭女性工人的中部和东部小厂商的益处①。也有人认为绿色革命在旁遮普和哈里亚纳邦有严重的环境后果，部分原因是它与破坏土壤和人类健康补贴的尿素应用水平和相关模式有关。② 高产品种经济政策还需要不断的监测和应对突发性和破坏性的分布和环境后果。

因此，我们用怀疑来回避政策讨论，并向官员发出严厉警告，提醒他们警惕意外的不利后果。政策的成功在很大程度上在于分配充足的资源，以增强政策制定者收集数据、密切监测其效果的能力；如果需要，还可以灵活地改变策略。如果不大规模投资基础设施，尤其是灌溉设施，高产作物品种很难实现其产量潜力；如果不对数据收集和监控的基础设施进行类似的投资，高收益政策就不太可能有效，甚至无法避免灾难。培养一种制度化的能力不仅是学习的必要，而且是从失败中学习的必要。出于这个原因，我们主张像在在法拉利的总部一样设立一个政策官员版的“错误内阁”。法拉利公司经常在一个房间里举行董事会会议，房间的墙壁上排列着玻璃柜，里面陈列着故障的发动机部件。每当一辆法拉利赛车在比赛中发生故障，就会对问题部件进行研究，并在了解问题的基础上做出改进。

尽管如此，有些事情我们可以自信地说。有证据表明，有些战略决策几乎在任何地方都是重要的，某些国家的政策官员可以研究这些决策，考虑如何调整、修改和适应当地情况。如果要使经济发展的活力得以持续，并对福利产生广泛的渐进影响，就必须满足一些标准。因此，本章从前几章中提取了一些含义，强调了政策的优先领域和官员在作出资源分配决策时确实需要考虑的少数标准。

决定我们优先考虑的事情和标准的是我们的承诺，是与赫希曼和他的姐夫科莱尼（他也是一位反法西斯活动家）同样的承诺，“证明哈姆雷

---

① Addison and Schnurr（2016）.

② Abrol et al.（2017）.

特是错的”。如果说，哈姆雷特没完没了的自我反省让他在莎士比亚的戏剧中无所作为，赫希曼和科莱尼则强调了怀疑的多产性——怀疑的重要性：即使面对明显的压倒性和野蛮的障碍，怀疑也能***激发行动***——“可能主义”。因此，基于赫希曼的思想，我们将鼓励政策官员，即使是在最贫穷的非洲经济体，也要抱有一种“对希望的偏见”：这不是一种由宏大理论或泛非主义梦想推动的空想主义，而是一种对可能性的坚持，这种坚持是由现实分析和证据支持的。

就像对高产绿色革命投入带来的非预期不利生态后果的怀疑一样，这些怀疑不应导致不可能论者放弃对低产量未来的追求，而应加倍研究努力以实现适应。这意味着，我们将自己的方法与许多发展思想家和“悲观”经济学家的不可能主义悲观区分开来。① 不可能主义者继续着：大刀阔斧地批评雄心勃勃和大型项目；坚持全球资本主义不允许非洲内部的经济发展，也不允许雇佣工人发展防御性的政治力量；认为偏离纯粹的比较优势原则是毁灭性的；指称国有企业必然浪费效率；要相信，对寻租、肚子里的政治、腐败，或德瓦尔所说的“政治市场”的控制，意味着不可能实施渐进政策的理念。

第二节　可能主义和实验

一些发展经济学家最近开始承认一个先前被认为是站不住脚的论点：资本主义的发展总是欠着制造业的特殊债务；而且，无论在什么地方，工业化总是依赖于国家干预，这种干预导致了“价格错误”。但最常见的回答仍然是：好吧，这可能以前有用——在台湾、越南或其他地方，但请不要自己尝试！他们的论点是，失败的风险如此之高（历史记录当然也显示出许多失败），非洲的能力如此之低，因此试图效仿经济史上的“教训”是不明智的。例如，保罗·克鲁格曼（Paul Krugman）意识到，理论上讲，有一个很好的理由忽略比较优势的原则，但是，他认为，

① 人们普遍认为，悲观的科学指的是那些古典经济学家（最初的不可能主义者），尤其是马尔萨斯，他认为资本主义增长不久就会停止（Heilbroner，1987：78）。

官员应该坚持这一原则，生产非复杂的商品，否则政治将妨碍和破坏东西。[①] 相反，谨慎的非洲政策官员应该等待他们的时间，使得良好治理的元素配齐，逐步构建能力，把自己局限在温和的工作促进的状态。非洲国家，如这个貌似合理的不可能常识版本所示，应该进行干预，不要超过他们目前的能力水平。

与此同时，另一种不可能主义常识提出了一系列警告，表明几乎所有的政策或积累策略都根本没有成功的机会，因为全球资本主义主导的物质和意识形态力量都不利于低收入的外围国家。全球价值链受到强大的系统集成商的严密控制，这些系统集成商无法容忍发展中国家的生产商进行重大的技术升级，这些生产商仍被限制在生产处于较低的阶梯上相对简单的产品。在贫穷国家生产的所有商品的世界市场价格波动很大，因此无法可靠地获得动态增长和政治稳定所需的进口。世界贸易组织（WTO）实施的规则对发展中国家具有如此大的约束力，以至于发展中国家现在无法利用之前“赶超”国家在贸易和金融领域成功运用的政策。

我们承认，在发展政策方面，失败比成功更容易——往往更多是出于国内政治原因，而非可衡量的技术官僚“能力”。例如，在加纳和肯尼亚，政治压力——有时比其他国家更大——压倒了复杂的经济技术官僚。[②] 我们也承认发展中国家经济体面临的外部金融和经济环境和政府倾向于剧烈波动，经常充满敌意，对改善福利构成风险。但政府仍有很大的、已被证明的空间进行干预，以支持一种加速的积累动态、结构变化，而不是意义重大的福利改善。政府有机会在现有能力水平之外进行干预和试验的空间。

第三节　经济制度的政治起源和政策的转变

凯恩斯强调，根本的不确定性可能会阻碍理性行为者的投资。一些东西，比如政府支出所激发的类似动物精神的情绪，是促使私人投资者

---

① Krugman（1987）.

② Fahnbulleh（2006）.

采取行动所必需的。打个比方，理性的官员在为一个国家工作时，面对的是一系列严格的全球治理规则，以及其他非洲和拉丁美洲经济体许多失败的证据，可能像哈姆雷特（Hamlet）一样，没有起到任何决定性作用。需要一些东西来推动他们以有效的方式行动。

教科书经济学家们一直回避这个问题：不可能建立模型。它可能采取不同的形式，其中可能包括民族主义浪潮或迫在眉睫的外部军事威胁。近年来，我们对机构的经济作用和影响有了更深入的了解“与我们对机构的政治起源的了解不相配”[①]。有人认为非洲经济发展在“坏邻居”，一个关键的防止经济增长的“陷阱”[②]；被陷于不稳定和暴力的国家包围可以当然有负面溢出效应，但这样望文生义将是不明智的，因为区域的影响（就像内陆，另一个“陷阱”）可能引发创造性的政策回应，带来***更快的***增长。历史上，战争以及内部和外部威胁的存在，在推动经济增长、国家组织和能力、财政收入以及政策制定一致性方面发挥了重大作用。总体而言，政治危机的冲击往往比先决条件（治理、能力、相对优势）的稳定组合更能推动经济政策和生产的重大重塑。不平等的减少也一样：“纵观整个历史，我们可以在记录中观察到的每一次物质不平等的革命性爆发都是由一个或多个水平器驱动的：灾难性的战争、同样的暴力革命、社会乃至国家作为一个整体而崩溃、或者可怕的流行病忽然盛行以及提出贫困工资补贴的人突然减少”。[③]

同样，历史上，国家制造了战争，战争又制造了国家。这项工作的主要机制是调动资源。各国需要设法动员人民参加战斗，调动资源使战斗部队有饭吃、有衣穿、有武装，因此采取了各种勒索、借贷的手段，而且随着时间的推移，最重要的是征税。那些最有效地增加收入的国家不仅赢得了战争和国家安全，而且还建立了持久的国家机构。[④] 战争也往往（远达不到一直）导致国家干预经济和社会中在政治上可以接受的程度和类型（甚至可以想象）的变化。它主要影响大型资本主义企业的组织以及它们与国家机构的联系往往战争结束后长期保存下来。[⑤]

---

① Doner, Ritchie, and Slater (2005: 327).

② Collier (2008).

③ Scheidel (2017: 36).

④ Tilly (1992).

⑤ Cramer (2020).

例如，在韩国和台湾等东北亚经济体中，“系统脆弱性”在与“发展中国家”和经济快速增长相关的制度和政策的政治根源中发挥了非常重要的作用。一种观点认为，只有当政治领导人面临格外受限的政治环境时，才会出现这样的机构，特别是在他们盯着：

> 三种不同的观点：(1) 可信的威胁是，受欢迎行业民众生活水平的任何下降都可能引发无法控制的大规模骚乱；(2) 由于国家不安全而需要更多的外汇和战争物资；(3) 易得资源的稀缺导致的硬预算约束。①

可以说，埃塞俄比亚也存在着类似的制约因素的转变—与当时的总理梅莱斯·泽纳维（Meles zenawi）有关——转向创建一个“民主发展型国家”的努力。埃塞俄比亚是世界上最贫穷的国家之一，没有丰富的自然资源租金，埃塞俄比亚人民革命民主阵线（EPRDF）是在“缺乏容易的收入来源”的背景下掌权的。邻国的暴力不安全以及同其中一些国家的紧张关系，包括埃塞俄比亚对索马里的军事干预和同厄立特里亚的战争，导致“由于国家不安全而增加了对外汇和战争***物资***的更高的需求”。在埃塞俄比亚政治经济面临根本压力的情况下，国家不安全也是脆弱的。历史上，高原地区政治力量的来源与低地区域的经济再生产来源之间存在着长期紧张关系。② 这种紧张关系是创建埃塞俄比亚国家统一的“想象共同体”③未完成项目的核心，加剧了人口快速增长，快速城市化进程，持续贫困，和不断上升的2000年代埃塞俄比亚人民革命民主阵线的政治挑战。④ 然后，埃塞俄比亚人民革命民主阵线总理梅莱斯和他的继任者德萨伦（Desalegn）博士致力于通过追求合法性而推动经济发展。政策方向在2019年发生的最新戏剧性转变，或许可以用这样一个事实来解释：持续且异常快速的经济增长未能解决这一系统性脆弱性，而外汇短缺正变得更加紧迫。

---

① Doner, Ritchie, and Slater (2005: 328).

② Clapham (2017).

③ Anderson (1987).

④ Markakis (2011).

戏剧性的政治动荡也是美国历史上国家生产组织和生产力重大飞跃的核心。在脱离英国的独立战争之后，亚历山大·汉密尔顿成为美国工业政策的先驱。汉密尔顿参与实际政策制订导致他在《***关于制造业的报告***》中提出，亚当·斯密的学术方法导致了“几何上正确”但“实际上错误”的命题。[①] 1860年代美国内战导致了一系列的技术、组织、和政策创新的持久后果。[②] 之后，美国最终进入第二次世界大战时，罗斯福总统推出了他建立一个“民主的阿森纳”的竞选活动。带来胜利的战略包括创建“一个生产系统，将武器的技术创新与吸收和整合技术变革的生产能力联系起来”，换句话说，就是将美国首创的大规模生产系统移植到技术先进的战争生产系统中。[③] 随之而来的工业帝国的资金都来自于公共部门的创业精神，在非市场的形式通过国家融资租赁系统资助了三分之二的私营部门为战争生产。[④]

第四节　经济发展战略的优先选项

我们这本书的主要用途之一是提供实用的建议，如何反对没有证据或理论上不连贯的流行的政策。我们还提供了执行其他一些讨论较少的经济政策的指南，尽管我们知道，这一指南可能只在特定的政治条件下是有用的。

在这里提出的证据和论点，特别是在第四章至第九章，导致我们提出以下广泛的战略优先选项。

目标1：高投资率

各国政府应将促进高投资率作为一项紧急优先事项。刺激持续的投资占国内生产总值（GDP）的高比例对迅速和持久的增长和结构变化的前景至关重要。历史证据清楚地表明了这一点。国家必须通过承诺经济

---

① McNamara（1998）.

② Cramer（2006）.

③ Best（2018：27）.

④ Best（2018：24－54）.

有效的公共支出来引导这种投资。这并不需要通过放松对金融部门的管制来融资。事实上，有证据表明，金融领域的过度和过快自由化破坏了这一战略目标。

目标2：国家冠军企业

政策官员应该优先考虑创建和资助大型国家冠军企业的成功，并确保公共和私人倡议的互补性，而不是供应方面的“小即是美”创业项目。这些大公司可以捕获规模收益递增的生产率增长，他们比中小企业（SME）（其倒闭比例通常很高）更有可能生存，他们出口方面做出更大的贡献，他们更有可能创造大量体面和有工会组织的工作。①

官员们应该承认历史证据表明，主要私营部门投资公司通常是在政府的支持下发展起来的。这种支持采取了多种形式，包括：贸易保护主义和“幼稚工业”政策，建立国有企业，采购政策、支持法律卡特尔，通过公共基础研发为私营企业奠定基础、和其他“企业家政府”机制，以及社会冲突的有效管理和提供安全的资本投资和生产的条件。这些不仅仅是具有历史意义的政策。它们是世界各国政府（在经济合作与发展组织（OECD）经济体和中低收入经济体）——为支持成功的大型企业所做的事情——并取得了不同程度的成功。这就是巴西政府通过创新融资机制支持第二代生物技术公司所做的事情。有时候，大公司是在政客和商业赢家之间的利益博弈中产生的，就像国家选择赢家一样。阿里科·丹格特（Aliko Dangote），一个巨型尼日利亚的今日已遍布全非洲的水泥公司的创始人就是一个恰当的例子。多年来，丹格特通过从一些“裙带资本主义”贸易企业积累租金，努力发展非常密切的政治关系，包括与奥巴桑乔（Obasanjo）将军的关系。“丹格特利用他与奥巴桑乔的密切关系，影响尼日利亚政府对尼日利亚水泥行业采取并维持落后的一体化政策（BIP）。”② 很明显这些是历史的偶然因素，但它确实有助于官员意识到可能的范围，而不是继续浪费资源追逐幻想，通过微小的初创企业来发展和改变结构。

① 关于中国的“国家冠军”与中国向东亚其他经济学习而制定的产业政策，可参见 Li and Chen（2020）。

② Akinyoade and Uche（2018：835）.

目标 3：进口和出口的快速增长

由公众主导的投资增长必然意味着进口增长速度加快。只有在出口快速增长的情况下，这才是可持续的。投资热潮往往会导致债务问题。这是自然的。重要的是防止债务***问题***演变成债务***危机***。有各种各样的谈判和管理外债的方法，所有这些都是精明战略的重要组成部分，包括：确保债务期限的合理延长，限制非减让性借款，重新谈判偿还结构，防止不受管制的私营部门向国外借款，等等。非洲投资进口的繁荣也可以部分依靠优惠的外国基金或援助。但是，正如商业债务是有风险的，过分依赖太少的外国援助来源也是有风险的，因为个体捐助者可能是不可靠的，而且由于某些援助附带的条件很难与持续经济增长的战略目标相协调。管理进口快速增长的真正关键是促进非常迅速的出口扩张。尽管有反对者，这仍然是可能的。尽管扩大非洲内部贸易的范围（并降低其成本）可能有利于经济活动，但它不太可能成为最大限度地扩大对需求的出口（就质量、植物卫生、劳动力或其他标准而言）的有效替代品。非洲内部贸易应该是更广泛的全球经济一体化战略的补充，而不是逃避。

目标 4：促进对特定类型经济活动的投资

投资，特别是对基础设施和国有企业的公共投资，以及旨在鼓励私营部门生产性投资的政府政策，都需要有针对性地针对特定类型的活动。这里有三个特别重要的标准需要记住。首先，如果投资集中于那些最有可能创造对教育程度低的妇女的劳动需求增长的活动，它将产生更大的经济和社会影响。（这应与延长女童就学时间的措施结合起来：既提高她们自己的知识和技能，又收紧劳动力市场。）这种投资可以是高价值的农业（不仅仅是“农业加工”），它应该被认为是工业化的、复杂的、工业化的生产，以及城市/半城市的制造工厂。补充政策可能通过减少劳动力流动的财政和社会成本来支持这两种投资，因为劳动力从低生产率的就业形式转向生产率较高的就业形式（低成本的住宿、旅行、与家人通信和将储蓄转移回家的电话网络使用成本等）。

第二，需要投资来支撑出口的快速增长。因此，如果可能，吸收农村地区非熟练女工移徙者的选定活动也应迅速对外汇收入作出净贡献。这涉及一系列政策，包括竞争性低估汇率。

第三，作为对出口能力投资的补充，我们已经表明，配置投资资源以增加粮食和其他基本工资产品的供应是极其重要的，这反过来又支撑着投资的活力。需要投资来监控实际工资，并迅速干预食品市场，以平抑价格上涨。从更长远的角度来看，加速农业生产和出口商品的投资需要研发支出和有针对性的基础设施建设，重点放在特定的农作物上（例如，用于出口的咖啡和牛油果，以及用于最贫困消费者的木薯或山楂，而不是乳制品或苔麸）：这需要押注于那些实力强大的农场，也就是那些在扩大出口或为国内消费者生产大量剩余的基本食品方面有着良好记录的农场。显然，这将是理想的结合几个战略目标，选择国家和“出口”的冠军，雇佣了大量的，尤其是来自贫穷农村背景的女性，或者选择最具活力和效率的生产者为低收入国内大众市场提供工资商品，也雇佣了大量的非熟练工人（见第三章）。

目标 5：培养监测和训练的能力

为目标明确的投资推广设计激励措施并不困难。但是，如果没有同时发展监督企业绩效和惩罚企业（包括取消豁免或补贴等）的能力，向企业引入激励措施几乎是毫无意义的。这种交换条件—确保企业实现出口、投资、就业和生产率目标的相互控制机制—是有效政策的***必要条件***。

如果要提高劳动生产率，如果要减少赤贫，资本主义公司的业绩有一个方面特别需要加以监测。作为对国家支持的回报，企业不仅要设定出口等方面的目标，还要鼓励企业雇佣工人的组织性和有效的话语权。我们很清楚，在非洲（和其他地方）企业能够而且确实规避了适当水平的就业保护立法。但是，最低工资、健康和安全规则、儿童保护、性别权利和其他加强体面工作条件的立法可能仍然会产生积极影响，鼓励工会的增长并加强其谈判能力。即使国家似乎无法对资本主义者施加严格的约束——确保所有受补贴的企业都遵守一致同意的规则——就业保护立法也可以为组织工人的斗争提供号召力和参考点。工人组织和专业协会以及效率相对较高的公司也可能向国家机构施加压力，以监测和惩罚那些继续在非法工作条件和低劳动力的基础上竞争的公司。

政策制定者有很多很好的理由认真努力，创建机构和机制来监控所有工资工人的实际工资（最好是每月监控一次），尤其是工资最低的女性工人。公布这些工资的趋势将提高关于减贫和支持目标 6 的公共辩论的质量。它也将有助于迅速查明失败的投资项目，并使政府对犯错的受补贴的资本家采取合法的严格纪律行动。最重要的是，它将向新出现的工人组织提供必要的资料，以便将其有限的资源用于特定的部门和雇主。

目标 6：通过粮食市场管理保护福利、利润和政治稳定

本书（主要在第三章和第六章）分析的一个主要特点是强调了基本工资性食品（特别是粮食）的非通货膨胀供应的重要性。这保护了雇佣工人的公司的能力，以确保利润不会受到工资上涨的侵蚀，而工资上涨是工人满足基本生活成本上涨所必需的；在这种情况下它还能保护政客们不受工资没有充分上涨的政治后果的影响。战略的一部分（目标 4）涉及促进对基本粮食供应的投资（特别是最贫穷的工薪工人购买的谷物）。但来自其他地方（尤其是亚洲）的证据表明，该战略的一部分还必须包括直接干预粮食市场，以防止价格飙升。如果出口收入增加，某些食品的长期国际市场实际价格下降，非洲（和其他地方一样）的成功积累战略将包括增加粮食进口数量（以及操纵粮食进口关税以平息国内价格波动）。

第五节　结论：没有什么是不可能的

最后，我们在本书中强调了分析和论证的两个特点。首先，我们认为变异很重要。从描述上看，确定政策和业绩的变化对分析至关重要，而且通常会被平均水平抹杀。例如，对差异的密切关注表明，撒哈拉以南非洲国家***内部***的差异通常比非洲国家之间的差异更大——如营养不足、财富、受教育的机会等等，尽管如此，国家之间的差异本身比人们通常认为的更为显著。但我们也认为，重要的是要问：在什么方面存在差异？例如，很多贫困分析都集中在类别上——简单的地理区分，如农村/城市或类别，如“女性户主家庭”——这可能会产生误导。我们认为，这些分析模糊了“类别内”的差异，例如，被归类为农村地区的不平等，或“小农”或“女性户主”生活水平的巨大差异。我们还举了一些例子来说明我们认为更有用的分类区别。广义经济“部门”之间的区别也是同样的情况，我们已经论证过，从分析角度来看，这些部门甚至比过去更没有用处。模糊边界“服务化”和“新鲜的产业化”捕获的想法是易于重新调整评估哪种活动与经济政策目标最相关，从而导致了新变化的识别。

然后，变异可能成为政策可能性的一个来源。与布隆迪相比，卢旺达的生育率有可能急剧下降，尽管在“结构”、历史和禀赋方面有许多相似之处，或者在肯尼亚与乌干达相比，或者在加纳与尼日利亚相比（第二章），这都表明了政策的明确作用。这些国家的政策历史证实，在生育率急剧下降的国家，它们明确承诺满足妇女长期以来的避孕需求。同样，经杀虫剂处理的蚊帐的发生率或其分配的公平性的变化不能简单地从捐赠基金的指数中“扣除”，而是反映了有目的的政策设计和执行。同样，在同一农业生态区，一些农场的农业产量远远高于其他农场，这一事实表明，官员们有明确的职责来确定原因，并推行能够在更大范围内明显提高产量的政策。和非洲国家之间采用高产品种的差异率（HYV）种子反映了变化的一个重要政策选择：对农业研究的公共支出（第九章）。也是极其重要的强调，在第四章，一些非洲国家已经采取措施实现更高和更持续比其他国家更高的公共部门投资水平。

其次，我们不仅表明，主流经济分析和政策建议在经验上是没有根据的，有深刻的理论缺陷，并没有产生坚持声称的结果，而且我们还提供了一个连贯的（和可能的）替代方案。但批评主流相对容易，也很常见。用一种非主流的批评来替代其他的观点，这更不常见，而且我们认为是必要的。由于这些替代方案已被非洲的非经济学家和非正统经济学家毫不迟疑地接受，正统经济学家和顾问们很容易就能利用不可靠的定量证据，将这些替代政策建议搁置一边。我们在冒着疏远那些我们通常使用和同意，也试图提供一个最普遍的替代批判主流的风险：那些振荡以人类面孔抑制不可能主义者和幻想之间的预期资本主义转换，南南团结、均质和相互支持的农村社会，小规模资本主义的胜利（基于数以百万计的非常小的农民和企业家）。

最重要的是，我们试图提供分析和证据，方便政策官员追求一些变体去追求梅莱斯·泽纳维（Meles Zenawi）所说的“辛纳屈模式”决策—评估在某些情境下有效的政策和适应特定的非洲实际，然后用“我的方式”实施。